计量经济学学习辅导

庞　皓　主编

科学出版社
北　京

内 容 简 介

本书是与《计量经济学》（第二版）（庞皓主编）配套的学习辅导。第一至第十二章按照教材的内容体系编写，包括各章的基本内容总结、重点与难点分析、数理证明的补充与拓展、实验项目要点、补充案例与案例讨论、典型练习题参考解答等。为更有利于开展实验教学，还补充了EViews 基本操作、计量经济学上机实验等内容。

本书包含了作者长期从事计量经济学课程的教学体会，可作为高等院校经济管理类本科各专业计量经济学课程的辅助教材，不仅适合学习计量经济学的学生使用，对于从事计量经济学教学的教师也有参考价值，同时还适合自学计量经济学的读者阅读。

图书在版编目(CIP) 数据

计量经济学学习辅导／庞皓主编. —北京：科学出版社，2011. 3
ISBN 978-7-03-030196-3

Ⅰ. ①计…　Ⅱ. ①庞…　Ⅲ. ①计量经济学-高等学校-教学参考资料
Ⅳ. ①F224. 0

中国版本图书馆 CIP 数据核字（2011）第 019756 号

责任编辑：方小丽／责任校对：邹慧卿
责任印制：张　伟／封面设计：耕者设计工作室

科 学 出 版 社 出版
北京东黄城根北街 16 号
邮政编码：100717
http://www.sciencep.com
北京天宇星印刷厂印刷
科学出版社发行　各地新华书店经销
*
2011 年 3 月第　一　版　　开本：720×1000　1/16
2025 年 8 月第二十次印刷　　印张：17
字数：340 000

定价：45.00 元

前　言

本书是为科学出版社 2010 年出版的《计量经济学》（第二版）编写的学习辅导。

计量经济学是高等学校经济学类本科所有专业都必修的核心课程，计量经济学的教学越来越受到经济学类各专业的普遍重视。通过总结长期在财经院校从事计量经济学教学的经验和体会，充分借鉴国内外教材的优点，在对过去编写的教材不断改进的基础上，我们重新编写了《计量经济学》教材。受教育部委托，西南财经大学曾两次举办以该教材内容体系为基础的“全国计量经济学骨干教师培训班”。该书的第一版由科学出版社出版以后，两年多就重印了 8 次，发行近 8 万册，经过各个学校多年的教学实践，教师们普遍反映，这是一部很适合中国经济管理类院校使用的计量经济学本科教材。近年来，我们进一步加强了计量经济学课程的建设，2005 年西南财经大学的计量经济学被评为“国家级精品课程”，该书也成为国家级精品课程的主干教材；2006 年教育部确定该书为“普通高等教育‘十一五’国家级规划教材”；同年该书主编庞皓教授被教育部评为“国家级教学名师”；2008 年西南财经大学计量经济学教学团队被评为“国家级教学团队”；2009 年西南财经大学的“计量经济学课程着力培养学生创新意识和实证分析能力的综合改革与实践”获得国家级教学成果二等奖。在广泛征求校内外师生意见的基础上，我们对教材又作了修改，2010 年 6 月编写出版了《计量经济学》（第二版）。

在经济学类各专业的专业基础课中，师生们普遍反映计量经济学是有一定难度的课程。为了给计量经济学的教学创造更为有利的条件，进一步提高计量经济学的教学质量和学习效果，我们已经为使用该书的教师编写了教学用光盘。近两年，众多院校的一些教师提出建议，希望我们能够编写与该书配套的面向学生的学习辅导，本书正是在这样的背景下编写的。

计量经济学是理论性和实践性都很强的课程，计量经济方法是为解决实际经济问题服务的工具，计量经济的方法手段要服从经济活动的本质特征。对本科计量经济学课程的综合改革，我们最重要的体会是树立“重思想、重方法、重应用，着力培养学生创新意识和实证分析能力”的教学理念，坚持“课堂讲授、实验教学、课程论文”三结合的教学模式。这也是编写计量经济学学习辅导的原则。

本书的第一至第十二章直接对应《计量经济学》(第二版)教材各章的教学内容,第十三章“EViews基本操作”和第十四章“计量经济学上机实验”是补充的用于实验教学的内容。各章主要包括以下几个部分。

1)“本章基本内容”:以简洁的框图形式说明各章的基本内容和知识结构,并明确本章的教学目标。使读者从整体上更清晰地把握各章的教学内容和要求,避免在学习中“盲人摸象”。

2)“重点与难点分析”:着重剖析各章计量经济理论与方法的基本思想,对一些需要重点掌握的知识点和某些较难理解的问题加以分析。这部分内容基本上是我们在长期教学中的切身体会,很可能不一定全面,也许某些问题尚需进一步讨论。但是我们认为,这或许是对本课程教师的教学和学生的学习最有价值的部分。此外,在部分章节还对教材中没有加以证明的某些结论作了“数理证明的补充”,这些数理证明在本科教学中并不是必需的,但可供学有余力的读者参考,也有利于加深对有关问题的理解。

3)“本章实验项目要点”和第十三章“EViews基本操作”、第十四章“计量经济学上机实验”:这几部分都是实验教学的内容,在计量经济学教学中实验教学是培养学生创新意识和应用能力的重要环节。《计量经济学》(第二版)教材的特色之一,是所有计量经济学方法都要求在EViews软件上实现,将软件的学习与案例分析有机结合,并结合案例分别去介绍EViews各部分的操作。为了对本课程涉及的EViews操作有较为全面的认识,我们编写了“EViews基本操作”,作为重要的教学环节,又设计了7个具体的实验项目,还在各章的学习辅导中强调了实验教学的要点。其目的是使经济类院校的学生能体验到类似理工科的实验氛围,培养运用计量经济理论与方法分析和解决实际经济问题的能力与素质。

4)“本章补充案例与案例讨论”:在教材中我们通过“引子”用鲜活的实例从实际应用的角度提出将要解决的主要问题,每一章的最后一节又都有“案例分析”,通过实际经济问题的案例说明本章讨论的主要方法如何实际运用,这是教材的又一特色。为了帮助学生拓宽思路,我们在学习辅导中的每一章又提供了补充案例,可供教学中讨论使用。

5)“教材中典型练习题参考解答”:多年来,经常有其他院校的师生向我们索取教材中练习题的答案,考虑到更加有利于教学安排,更有利于学生独立思考,我们在学习辅导中只给出了单数序号练习题的参考解答,双数序号的练习题最好留给学生自己独立完成,或是教师在习题课中使用。

本书是西南财经大学计量经济学国家级教学团队集体完成的成果,主编庞皓教授拟定了全书的编写原则和编写提纲,各章编写者为:第一、第二章(庞皓);

第三章（郭建军）；第四章（龚金国）；第五章（任栋）；第六章（喻开志）；第七章（周惠彬）；第八章（张卫东、李伊）；第九、第十二章（黎实）；第十章（史代敏、刘田）；第十一章（李南成）；第十三章“EViews基本操作”和第十四章“计量经济学上机实验”（黎实、周惠彬、谢小燕、郭建军、周游、鲁万波、喻开志、龚金国等）。最后，庞皓教授对全书作了修改和补充。

由于编者水平有限，书中不足在所难免，恳请广大读者批评指正。

编　者

2010年11月

目　录

第一章

“导论”学习辅导

一、本章基本内容

（一）基本内容

第一章导论的基本内容见图1.1。

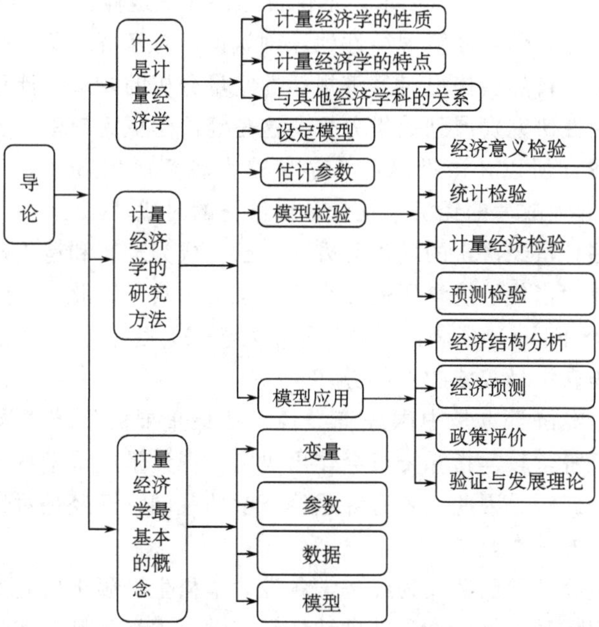

图1.1　第一章基本内容

（二）本章的教学目标

作为全书的“导论”，本章是整个计量经济学课程的“纲”，其目的是使读者明确计量经济学的性质和基本的研究步骤，从而对计量经济学从整体上有一个概略的认识。这种对事物从整体上的概略认识非常重要，只有明确了计量经济学的性质，才能正确认识经济理论、计量方法、经济数据等的相互关系和作用。只有明确了计量经济研究的基本步骤，才能充分理解计量经济学课程每一章所讨论的理论与方法在整个计量经济研究中的地位和作用。从系统论的观点看，对一个完整系统的深刻认识，应该先分析整个大系统的系统目标和系统结构，然后再分析各个子系统的结构及与大系统的关系。“导论”正是对整个“计量经济学”大系统的分析，而其他各章只是对“计量经济学”子系统的分析。“导论”是对整个大系统的认识，不明确所研究大系统的目标和基本结构，而直接面对子系统，势必会“盲人摸象”，不利于深刻认识所讨论问题的意义。

二、重点与难点分析

1. 经济学本科各专业为什么要学习计量经济学?

这是由计量经济学的性质以及它在经济学中的地位和作用所决定的。

首先，马克思强调：“一门科学只有成功地运用了数学时，才算达到了真正完善的地步。”（见拉法格的回忆录）不仅自然科学是这样，作为社会科学的经济学也是这样。随着人们对经济规律性的深刻认识，对经济现象只是进行定性的研究已经很不够了，自然会提出对经济规律性定量分析的要求。计量经济学的产生使经济学科从定性研究发展到定量分析，这是经济学更为精密、更为科学的具体表现和客观要求。所以，诺贝尔经济学奖获得者萨谬尔逊（P. Samuelson）强调：“第二次世界大战后的经济学是计量经济学的时代。”

而且，掌握计量经济学的理论与方法，已经成为理解和运用现代经济学的重要基础，已经成为当代经济学研究和交流的必备工具。因此，诺贝尔经济学奖获得者克莱因（R. Klein）强调：“在大多数大学和学院中，计量经济学的讲授已成为经济学课程表中最权威的一部分。”

此外，计量经济学也是中国经济类各专业最重要的经济学课程之一。1998年教育部全国经济学教学指导委员会作出决定，把计量经济学纳入经济学类所有专业必修的核心课程。因此，具有计量经济学的基础，已经是对经济学本科各专业完备教学体系的基本要求。

现在，计量经济学已经成为经济学各专业本科生、硕士研究生及博士研究生都要开设的课程体系，可以分为基础计量经济学、中级计量经济学、高级计量经济学等多个层次的课程。科学出版社出版的《计量经济学》（第二版）是为经济学本科各专业开设的计量经济学核心课程编写的教材，属于基础计量经济学，也是进一步学习中级计量经济学和高级计量经济学的必备基础。本科阶段计量经济学课程的教学目标，应当定位在使学生掌握计量经济研究的基本思想和最基本方法，并能够运用这些方法解决实际的经济问题。《计量经济学》（第二版）编写的原则是，既要满足本科教学的基本要求，又要与研究生阶段开设的中级和高级计量经济学有明确的分工，只能以经典计量经济学的内容为主，适当概要性地介绍一些非经典计量经济学新发展的方向。多年的教学实践说明，这是符合经济类院校绝大多数本科专业教学实际的。考虑到全国各个学校、各个专业的教学要求有一定差异，教材也安排了部分选讲内容，在相应的章节标题中以脚注标出，供本科教学中选择使用，但这些内容在本科教学中不是必需的，跳过这些内容，并不会影响对计量经济学基础的系统学习。

2. 本科学习计量经济学应“重思想、重方法、重应用”

为本科开设的基础计量经济学课程的教学具体目的如下：

1）掌握计量经济学最基本的理论与方法，也为进一步学习中级计量经济学和高级计量经济学等后续课程打下一定基础。

2）具有运用计量经济学方法解决实际经济问题的初步能力，能够作初步的经济计量分析与经济预测。

3）能够运用 EViews 等软件作一般性经济计量分析，初步掌握 EViews 软件的基本操作。

计量经济学本科教学的基本指导思想是什么？结合中国大多数院校经济学科的实际，我们认为本科计量经济学教学应该强调“重思想、重方法、重应用”。“重思想”指重计量经济分析的基本思想，注重经济背景，注重问题的提出、解决问题的基本思路，注重经济分析的目的和结果；“重方法”指重解决经济问题的基本方法，即“具体怎么去做”，要特别强调运用各种方法的前提条件；“重应用”指能运用计量经济方法，使用计算机软件，去分析和解决实际经济问题，要能真正读懂计量分析的结果。

为什么要强调重思想？本课程要用到较多的数学知识，但应强调，计量经济学是一门经济学课程，并不是数学课，数学推导与证明并不是本课程的重点，能看懂即可。对于理论方法，重要的是提出问题、解决问题的思想与思路，思路体现了理论方法产生和发展的方法论。掌握基本思想才是最重要的素质和能力所在，才可能有所发展和创新。能否把握解决问题的基本思想，是能力素质的具体体现，而数学过程只是实现计量经济分析基本思想的工具。

3. 深刻理解计量经济学的性质和特点

对计量经济学的定义有各种表述方式，这些表述方式的共性是计量经济学与经济理论、统计学、数学都有关系。具体来说，计量经济学是以经济理论为基础，以经济数据所表现的经济活动的事实为依据，运用数学和统计学的方法，通过建立数学模型来研究经济数量关系和规律性的一门经济学科。

应该特别注意：计量经济学研究的主体（或出发点、归宿、核心）是经济现象及其数量变化规律。计量经济研究的工具（手段）是模型、数学方法和统计方法。计量经济学要分析经济数据，并通过推断去揭示经济变量之间的数量规律性，必须要运用一些数学方法和统计方法。但是必须明确，在计量经济学中数学和统计方法是为解决经济问题服务的，方法手段要服从研究对象（经济活动）的本质特征，这是计量经济学与数学的根本不同之处。

计量经济学产生的重要意义，在于计量经济学是现代经济学的重要特征。从定性研究到定量分析的发展，是经济学科更为精密、更为科学的具体表现。但是计量经济学本质上是经济学科，不是数学学科。计量经济学课程也是经济学课程，不能当作数学课程去学习。计量经济学十分需要数学和统计学方法，“但离开了方法提出的经济背景，离开了方法本身的经济学解释，离开了方法应用的经济对象，计量经济学就只是一堆无用的数字和符号”。在计量经济学中，数学是为经济问题服务的“仆人”，而不是“主人”。此外也要看到，计量经济学有与其他西方经济理论不同的重要特点，即理论计量经济学只研究对经济问题定量分析的方式，计量经济学自身并没有固定的经济理论，正因为如此，计量经济学才具有更为广泛的应用价值。

计量经济学与经济理论、统计学、数学都有关系。但是正如弗瑞希所强调的：“经验表明，统计学、经济理论和数学这三者对于实际理解现代经济生活中的数量关系来说，都是必要的。但任何一种观点本身都不是充分条件。三者结合起来才是强有力的，正是这种结合才构成了计量经济学。”这说明明确计量经济学与经济理论、统计学、数学的关系和区别是重要的。计量经济学与其他学科的关系可以参考图 1.2。

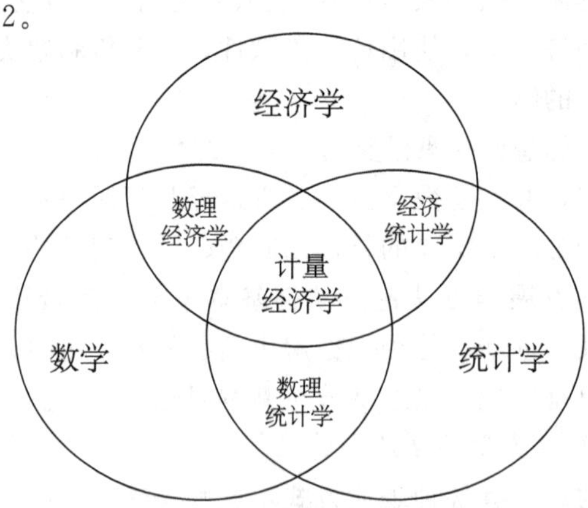

图 1.2 计量经济学与其他学科的关系

4. 深刻理解计量经济研究的三个基本要素

理论、数据和方法是计量经济研究的三个基本要素。

“理论”：指既有的、说明所研究对象经济行为的经济理论，这是计量经济研究的重要基础。计量经济学的目的是揭示经济变量变动的数量规律性，而经济理论正是人们经过研究形成的对经济规律性的理性认识，经济理论是我们作经济数量分析的重要依据。经济理论作为人们既有的认识，当然值得我们借鉴参考。但是，经济理论不一定就完全正确，还需要通过计量经济研究去检验、证实或修正。具体来说，所设定的计量经济模型（即对总体回归函数形式的设定），就是我们对经济理论（即经济数量规律性）的某种认识（或假定），计量经济模型中的模型形式和未知参数，正是经济数量规律性的某种具体体现。经济计量研究的目的，就是要具体对模型和参数所体现的规律性作出估计和检验。这种估计和检验可以验证既有经济理论的正确性，也可以形成对经济理论的新认识，从而发展经济理论。经济理论不仅对理论导向的经典计量经济学非常重要，即使是对于以数据导向的非经典计量经济学，表现经济实体之间本质特征的动力学关系的理论分析也仍然是十分必要的。①

“数据”：指对所研究的经济对象（实际经济活动）加以观测所得到的信息，这是计量经济研究的“原料”或依据。数据来自于对实际经济过程的观测，是经济实践或经济事实的具体表现。对经济实践加以观测得到的数据，本身就是人们对经济实践的一种感性认识，而经济理论说明的经济数量规律，则是人们通过多次的经济实践总结出来的对经济数量规律性的理性认识，经济理论的理性认识来自于经济实践的感性认识，并且要接受经济实践的检验。

“方法”：指计量经济研究中模型的方法与估计、检验、分析的方法，这是计量经济研究的工具与手段。从感性认识到理性认识，以及对经济理论的检验，都是不断升华的过程，将数据体现的事实与理论体现的某种认识联系起来，需要一定的方法。计量经济方法正是提供了从感性认识的数据去推断估计、检验和分析经济数量规律理性认识的工具和手段。计量经济学中的方法，是把体现经济事实的数据与经济理论联系起来的重要桥梁。

在计量经济学中，理论、数据、方法三个基本要素缺一不可。可以说计量经济研究充分体现了“实践是发现真理和检验真理的唯一标准”，这是一种科学的认识论和世界观。在经济研究中，计量经济方法的应用不能仅仅视为一种可供选择的研究范式和写作范式的变化，更为重要的在于这是经济研究思维方式的转变，这也是经济学各专业学生必须具备计量经济学素养的原因所在。

---

① 李子奈．2007．计量经济学模型方法论的若干问题．经济学动态，(10)：22

5. 对经典与非经典计量经济学的认识

经典与非经典计量经济学的划分，是对计量经济学学科发展进程和学科体系的概略表述。

经典计量经济学主要指20世纪70年代以前发展并广泛应用的计量经济学。其基本特征是：随机模型，理论导向建模，变量为线性或可线性化因果模型，数据为时间序列或截面数据，以最小二乘或极大似然法估计参数，应用于结构分析、政策评价、经济预测。

非经典计量经济学主要指20世纪70年代以后发展起来的，在模型类型、模型导向、模型结构、数据类型、估计方法等形成新的体系。主要包括：微观计量经济学、非参数计量经济学、时间序列计量经济学和动态计量经济学等。非经典计量经济学是计量经济学在当代的新发展。

计量经济学的理论与方法总是在不断发展，经典计量经济学强调严格的假定前提，有其局限性，计量经济学从经典向非经典的发展有其必然性。但是应当注意，在整个计量经济学体系中，经典计量经济学是计量经济学的重要理论和方法论基础，所谓“经典”是指历史较早、内容较为成熟、应用较为广泛，“经典”不等于过时的、陈旧的、无用的东西，经典计量经济学是学习非经典计量经济学的基础，而且现在经典计量经济学方法仍然被广泛应用。所以不应当忽视经典计量经济学的学习，也并非越是非经典就越实用。

教材从本科教学要求出发，以经典计量经济学的内容为主，适当概要地介绍某些非经典计量经济学的内容。对非经典的某些新发展应当有一定了解，才能正确理解和运用经典的计量经济方法。例如，需要对时间序列数据的平稳性问题有充分理解，以避免不顾及“伪回归”而误用经典计量经济方法。由于本科的计量经济学课程教学学时有限，更多的非经典计量经济学新发展、新领域，应放到研究生阶段计量经济学后续课程中去。

6. 为什么对经济模型只能设定

设定模型实际就是对客观存在的总体回归函数形式的主观认定，这是计量经济研究的第一步。在教材第九章以外的各章中，我们都假定模型的设定是正确的，没有对模型设定再具体深入讨论，所以在导论中明确计量经济模型及其设定的要求是很重要的问题。

经济模型是对所研究的经济现象、经济关系或经济过程的一种数学模拟，所体现的是客观存在的某种经济规律。为什么对经济模型要去设定（specification）呢？这是因为虽然经济规律是客观存在的，但我们对经济规律的认识总是有限的，而且实际的经济现象、经济关系或经济过程一般说来都不可能“复制”，其影响因素又极其复杂，经济模型只是研究者对所关注的那部分所作的某种模拟。模型只能抓住其中的主要因素和主要特征，经常不得不舍弃某些因素；对所研究的经济变量之间的关系，也只能选择适当的数学关系式近似地、简化地去表达。也就是说，经济模型只能是“漫画”，不可能是“照片”，更不可能是“高像素的照片”。因此，模型的设计和形式的取舍是研究者设定的，总是具有一定主观性。

构成计量经济模型的基本要素包括：经济变量、经济参数、随机扰动项。

例如，$Y_i=\alpha+\beta X_i+u_i$，其中消费支出 Y 和收入 X 是可以观测的变量，α 和 β 是参数，u 是随机误差项。

经济变量是在不同时间、不同空间的表现不同，取值不同，可以加以观测的因素。经济变量是模型的研究对象或影响因素。

经济参数是表现经济变量相互依存程度的、决定经济结构和特征的、相对稳定的因素。经济参数通常不能直接观测。

随机误差项是模型中没有包含的所有因素的代表。事实上不可能把所有因素都作为变量纳入模型中，抽象掉其他因素的某些理论模型可以没有随机扰动项，而计量经济模型要真实地表现实际的经济关系，就必须包含随机扰动项。

7. 怎样认识模型中的经济参数

经济参数是表现经济变量相互依存程度的、决定经济结构和特征的、相对稳定的因素。相对稳定的参数正是某种客观存在的经济数量规律性的体现，计量经济研究的直接目的就是要千方百计地寻求参数的真实值。一般来说，由于总体的变量通常不可能全面观测，而且经济关系有一定随机性，存在着随机扰动项，模型中的总体参数不能通过变量观测值去直接精确计算。所以真实的总体参数总是未知的，而且又是不可直接观测或计算的。我们可能办到的，只是通过变量的样本观测值，选择适当的方法，去对客观存在的未知的参数加以估计。可以说整个计量经济学的核心内容，都是围绕着如何通过变量的样本观测值科学地、合理地去估计和检验总体模型的参数而展开的。

要特别注意区分两个有重要区别的概念：“参数的估计值”（estimate）是指对参数估计的具体数值；“参数的估计量”（或估计式 estimator）是指通过样本观测值去计算参数估计值的公式。对实际经济问题的计量研究来说，我们是要努力谋求令人满意的“参数的估计值”；但对于计量经济学理论与方法的研究来说，是要寻求科学合理的（具有优良性质的）“参数的估计量”。

三、本章补充案例与案例讨论

在教材中本章没有案例，这里要求读者自行提出一些进行实际经济数量分析的实例，从中总结说明对经济变量数量规律性的分析需要具体做哪些基本的工作？能否从中总结出对经济数量关系计量分析的某些共性的问题？这种分析的目的，是试图从实际经济问题出发去初步体会计量经济学产生的客观必要性，体会计量经济学需要解决哪些问题。

实例 1 对中国经济增长及其影响因素的定量研究。

从数量上研究中国经济的增长，至少应该研究以下几方面问题：

1）中国经济总量的度量及增长的状况怎样？

经济总量通常可用国内生产总值（GDP）去度量，可以选择 GDP 作为所研究的经济变量。可以分析 GDP 的增长速度、波动情况等。

2）分析影响中国 GDP 增长的因素有哪些？

根据经济理论分析，影响中国 GDP 变动的主要因素可能有投资、消费、出口、货币供应量等。

3）中国的 GDP 与各种影响因素关系的性质是什么？

各种影响因素中，有的对 GDP 的增长有正面的影响，有的对 GDP 的增长有负面的影响。

4）各种因素对中国 GDP 增长影响的程度和具体数量规律是什么？

以 GDP 和其他影响因素的实际数据为依据，寻求一定的方法，分析当各种因素变动时，具体会引起 GDP 变动多少的规律性。

5）所作数量分析结果的可靠性如何？

需要寻求一定的方法去验证所得到的数量结论是否可靠。

6）对经济增长的政策效应分析、对中国 GDP 发展趋势的预测等。

实例 2 对中国家庭用汽车市场发展的研究。

对家庭用汽车市场发展的定量研究，至少应该研究以下问题：

1）家用汽车市场状况如何？

可以用汽车的销售量去观测家用汽车市场的发展情况。

2）分析影响汽车销量的主要因素是什么？

通过理论研究和实际经验，分析影响家用汽车销售的各种因素，如居民收入、价格、使用费用、道路状况、政府政策、消费行为特征等。

3）各种因素对汽车销量影响的性质怎样？

哪些有正面影响，哪些有负面影响？

4）各种因素影响汽车销量的具体数量关系是什么？

用汽车销售量与影响因素的实际数据，运用一定的方法分析其具体的相互关系。

5）所得到的分析结论是否可靠？

6）今后汽车市场的发展前景怎样？应如何制定汽车的产业政策？

实例 3 对中国股票价格波动的研究。

对股票市场价格波动的定量分析，至少应该研究以下问题：

1）股票价格变动的情况怎样（用股价指数观测）？

2）影响股票价格变动的主要因素是什么（如基本面、资金、政策、利率、公司业绩、投资者信心等)?

3) 股价与各种影响因素的关系是什么(利空、利多)?

4) 各种因素影响的具体数量规律是什么?

5) 所得的数量分析结果可不可靠?

6) 今后股票价格的发展趋势可能会怎样?

由以上三个实际问题可以看出，这类实例从方法论上需要研究的共性问题主要有:

1) 提出所研究的经济问题及度量方式(如GDP、汽车、股票价格)确定作为研究对象的经济现象的变量。

2) 分析主要影响因素(根据经济理论、实际经验)，选择若干作为影响因素的变量。

3) 分析各种影响因素与所研究经济现象的相互关系，决定相互联系的数学关系式。

4) 确定所研究的经济问题与各种影响因素间的数量规律，需要有科学的数量分析方法。

5) 分析和检验所得数量结论的可靠性，需要运用统计检验方法。

6) 运用数量研究的结果作经济分析和经济预测，对数量分析的实际应用。

结论：对以上问题的研究，从方法论上看具有普遍性，其中确定研究对象、分析影响因素和决定数学关系式具体体现为“模型设定”；确定变量间的数量规律体现为“估计参数”；分析检验可靠性体现为“模型检验”；经济分析与经济预测体现为“模型应用”。而且，这些共性问题的解决事实上有一定的规律可循，客观上需要有一门学科去加以研究，这就推动了计量经济学的产生与发展。

第二章

“简单线性回归模型”学习辅导

一、本章基本内容

(一) 基本内容

第二章简单线性回归模型的基本内容见图 2.1。

(二) 本章的教学目标

在计量经济模型中，只有两个变量且为线性的回归模型是最简单的，称为简单线性回归模型。简单线性回归模型形式简单，估计和检验的结果表述较为容易，其原理可以直接用代数式和平面坐标图形去直观表述，更容易使初学者理解和接受。而且先讨论简单线性回归模型，使其对计量经济学的理论和思想有较深刻的认识，然后可以很容易拓展到更一般的多元的情况。所以，本章从简单线性回归模型入手，讨论计量经济学最基本的理论与方法，为以后各章对计量经济学理论与方法的拓展和深化打下基础。

本章的教学目标是：深刻理解计量经济分析的基本思想；明确估计计量经济模型的基本假定；掌握估计和检验计量经济模型的基本思想和方法；能够运用简单线性回归模型作经济结构分析和经济预测等方面的应用；并要求初步掌握 EViews 最基本的操作方法。

二、重点与难点分析

1. 从条件期望的角度深刻认识回归函数的实质

总体回归函数（PRF）是将总体被解释变量 Y 的条件期望表现为解释变量

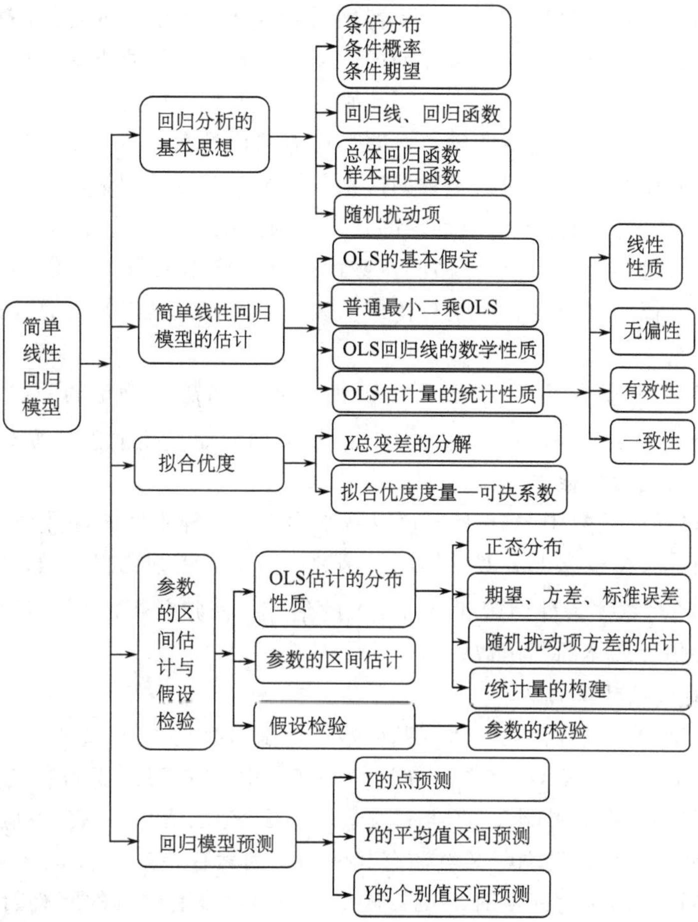

图 2.1 第二章基本内容

X 的某种函数。总体回归函数所体现的实际是经济现象或经济变量之间的客观规律性。由于受种种偶然因素的影响，经济变量之间的数量规律在经济现象的个别观测值中难以直接观测，只有从变量条件期望的角度才能揭示经济现象数量关系的规律性。作为经济总体运行的客观规律，总体回归函数是客观存在的，但是在实际的经济研究中总体回归函数通常又是未知的，只能根据经济理论和研究者的实践经验去设定。在计量经济学研究中，“计量”的根本目的是去揭示客观存在的经济数量规律，也就是要努力寻求总体回归函数。我们所设定的计量经济模型实际就是在设定总体回归函数的具体形式。

样本回归函数（SRF）是将被解释变量 Y 的样本条件均值表示为解释变量 X 的某种函数。样本回归线会随着抽样波动而变化，每次抽样都能获得一个样本，也就可以拟合出一条样本回归线，所以样本回归函数是不唯一的。

需要强调：在计量经济学中除了特别说明以外，被解释变量和随机扰动项的期望、方差、协方差几乎均为条件期望、条件方差、条件协方差，但为了使表述更为简洁，本教材各章的公式中除了特别说明以外都不标出其条件。但是在理解其意义时，一定要明确这些期望、方差、协方差均是在条件分布基础上确定的。

总体回归函数与样本回归函数的区别与联系，要着重理解以下几个方面：

1）总体回归函数是未知但确定的；样本回归线是随抽样波动而变化的。

2）样本回归函数是对总体回归函数的估计，样本回归线只是样本条件均值的轨迹，样本回归线毕竟还不是总体回归线，它至多只是未知的总体回归线的近似表现。

3）总体回归函数 $Y_i=\beta_1+\beta_2X_i+u_i$ 的参数 β_1 和 β_2 是确定的常数；而样本回归函数 $Y_i=\hat{\beta}_1+\hat{\beta}_2X_i+e_i$ 的参数 $\hat{\beta}_1$ 和 $\hat{\beta}_2$ 是随抽样而变化的随机变量，$\hat{\beta}_1$ 和 $\hat{\beta}_2$ 是对总体回归函数参数 β_1 和 β_2 的估计。

4）总体回归函数中的 u_i 是不可直接观测的；而样本回归函数中的 e_i 是可以计算的数值，e_i 在概念上类似总体回归函数中的 u_i，可视为对 u_i 的估计。

5）$\hat{Y}_i$ 是对总体条件期望 $E(Y_i|X_i)$ 的估计。回归分析的目的就是要用样本回归函数去估计总体回归函数。

2. 对随机扰动项的认识

随机扰动项的概念：在总体回归函数中，随机扰动项 u_i 是各个 Y_i 的实际值与其条件期望 $E(Y_i|X_i)$ 的偏差。在计量经济学中 u_i 有很重要的意义。如果列入模型的解释变量 X 是影响 Y 的唯一因素，那么 Y_i 与 $E(Y_i|X_i)$ 不应该有偏差。若是有偏差 u_i 存在，就说明必然还有其他影响因素存在，所以 u_i 实际代表了被排除在模型以外的所有因素对 Y 的影响，是模型中没有包含的所有因素的代表。

随机扰动项的性质：u_i 是期望为 0 且有一定分布的随机变量。

随机扰动项的重要性：计量经济模型中必须要有随机扰动项，模型是否包含随机扰动项是理论经济模型与计量经济模型的根本区别。因为在经济问题的研究中事实上不可能把所有的影响因素都纳入到模型中，Y_i 的实际值与其条件期望 $E(Y_i|X_i)$ 就总会有偏差，只有纳入了随机扰动项才能表现经济变量实际值之间的真实关系。在单一方程中必须要有随机扰动项，单一的定义恒等式不能作为单一方程计量经济模型，因为从理论上说，定义恒等式的参数应为 1，其随机扰动项应为 0，不需要再去估计其参数，而某些学生在作课程论文时往往忽视这一点。在联立方程组模型中虽然其中的定义恒等式可以没有随机扰动项，但在其他方程中也必须有随机扰动项。此外，随机扰动项是个随机变量，是计量经济分析中最活跃的因素，随机扰动项的分布性质往往决定着计量经济分析结果的性质和计量经济方法的选择。第四章以后的各章所讨论的问题，几乎都与随机扰动项的某些性质有关。

3. 对 OLS 估计基本假定的认识

（1）基本假定的内容

1）对变量和模型的假定：假定模型中解释变量的选取是正确的，被解释变量与解释变量都没有测量误差，假定解释变量 X 在重复抽样中取固定值；假定解释变量 X 是非随机的，或者虽然 X 是随机的，但与扰动项 u 是不相关的（即从变量 X 角度看是外生的）。假定模型的设定是正确的，主要是强调所设定的总体回归函数的函数形式正确地描述了被解释变量与解释变量之间的真实关系。

注意：解释变量非随机在自然科学的实验研究中相对容易满足，而在经济领域中对经济变量的观测是被动不可控的，X 非随机的假定并不一定都能够满足。但在本章中为了使所讨论的问题简化，需要假定解释变量 X 是可控的非随机变量，到后面有关章节中再去讨论解释变量出现随机变量的情况。

2）对随机扰动项 u 的假定：

① 零均值假定：$E(u_i | X_i)=0$。

② 同方差假定：$\mathrm{Var}(u_i | X_i)=\sigma^2$。

③ 无自相关假定：$\mathrm{Cov}(u_i, u_j)=0 \quad (i \neq j)$。

④ 解释变量 X 是非随机的，或者虽然 X 是随机的但与随机扰动项 u_i 不相关的假定：对模型中的变量有此假定，这里是从随机扰动项 u_i 的角度去看。如果解释变量是非随机变量，自然与随机扰动项不相关，如果解释变量是随机变量，则必须有与随机扰动项不相关的要求。

⑤ 正态性假定：正态性并不影响 OLS 估计的最佳线性无偏特性，也可以不列入基本假定中。但是正态性假定对确定参数估计量的分布性质以及区间估计和假设检验很重要。

（2）为什么要对模型作基本假定

1）只有具备一定的假定条件，对模型所作出的估计才可能具有良好的统计性质。所估计的参数才能“尽可能地接近”（即“尽可能准确地估计”）总体参数的真实值。在 OLS 估计的统计性质的证明中，基本假定是必备的条件。也就是说如果基本假定不成立，OLS 估计的无偏性、有效性或者一致性也就不一定成立。这一点通过对高斯定理的数学证明就能深刻体会到。

2）因为模型中有随机扰动项，所估计的参数也是随机变量，显然参数估计量的分布与随机扰动项的分布有关，只有对随机扰动项的分布作出某些假定，才能比较方便地确定参数估计量的分布性质，才可能在此基础上去对参数进行假设检验和区间估计等统计推断，也才可能对被解释变量作区间预测。

4. 对 OLS 回归线数学性质和 OLS 估计量统计性质的认识

(1) OLS 回归线的数学性质

1) 剩余项 e_i 的均值为零：$\bar{e}=\frac{\sum e_i}{n}=0$，或者 $\sum e_i=0$。

2) OLS 回归线通过样本均值：$\bar{Y}=\hat{\beta}_1+\hat{\beta}_2\bar{X}$。

3) 估计值 $\hat{Y}_i$ 的均值等于实际观测值 Y_i 的均值：$\frac{\sum\hat{Y}_i}{n}=\frac{\sum Y_i}{n}=\bar{Y}$。

4) 被解释变量估计值 $\hat{Y}_i$ 与剩余项 e_i 不相关：$\mathrm{Cov}(\hat{Y}_i,e_i)=0$。

5) 解释变量 X_i 与剩余项 e_i 不相关：$\mathrm{Cov}(X_i,e_i)=0$。

注意 OLS 回归线的数学性质是决定于 OLS 原则和最小二乘正规方程的结论，这些数学性质与基本假定并无直接关系。但是在 OLS 统计性质的证明中要用到这些性质。

(2) OLS 估计量的统计性质

可分为估计量的小样本性质和大样本性质。

1) 估计量的小样本性质指模型参数的 OLS 估计量具有以下特性。

线性特性：参数估计量是被解释变量（随机变量）的线性函数。

无偏性：参数估计量的期望等于参数真实值。

有效性：在所有的无偏估计量中具有最小方差。

具有以上小样本性质的参数估计量是最佳线性无偏估计量（BLUE），即高斯定理。

2) 估计量的大样本性质指当样本容量趋于无穷时，模型参数的 OLS 估计量具有以下特性。

渐近无偏性：当样本容量趋于无穷时，估计量的均值趋于总体均值。

一致性：当样本容量趋于无穷时，估计量依概率收敛于总体的真值。

渐近有效性：当样本容量趋于无穷时，估计量在所有的一致估计中，具有最小的渐近方差。

对模型参数的估计量若能满足小样本性质，自然也具有大样本性质，因此估计量的最佳线性无偏是我们努力追求的最令人满意的目标。但是，往往 BLUE 的前提条件不完全满足，这时可以“退而求其次”，能获得满足大样本性质的估计量，也是比较令人满意的，所以当小样本性质不满足时，应当考虑针对大样本的性质。

为什么要特别关注 OLS 估计量的统计性质呢？

计量经济模型中的参数是无法直接观测的，只能通过样本去估计，但参数样本估计值并不等于参数真实值。而且，由于样本的获得存在抽样波动，不同样本的估计结果也不一致。而且，估计参数的方法有多种，不同方法的估计结果可能不相同。这样，通过样本估计参数时，估计方法及所确定的估计量不一定都完备，不一定就能得到理想的总体参数估计值。因此需要对各种估计方法进行比较和选择，而对估计方法优劣的比较与选择，要求有一定的评价标准和原则。

对模型参数估计准则的基本要求，是参数估计值应该“尽可能地接近”（或“尽可能准确地估计”）总体参数真实值。什么是“尽可能地接近”原则呢？用统计语言来表述就是要具有优良的统计性质：即无偏性、有效性、一致性等。也就是说只有参数估计具有这样的统计性质，才是最理想的估计结果。

那么，为什么又要突显参数估计量的线性特性呢？这是因为正态变量的线性函数也服从正态分布，因此具有线性特性的参数估计量更有利于在正态性假定下确定其概率分布性质。

虽然在计量经济学的教学中应强调“重思想、重方法、重应用”，数学证明并不是教学的重点，但是要充分注意到，OLS 估计式统计性质的证明中，直接用到了零均值、同方差、无自相关等基本假定，如果没有这些基本假定的前提，OLS 估计式的线性特征、无偏性、有效性等优良性质将可能不成立。

5. 对拟合优度的认识

拟合优度是样本回归线对样本观测数据拟合的优劣程度，通常用可决系数去度量。拟合优度的度量建立在将 Y 的总变差分解为归于模型作出解释的变差和归于残差（模型未作出解释的变差）的基础上。

注意：样本可决系数 R^2 是随着抽样而变动的随机变量，仅从可决系数的数值还难以直接判断拟合优度是否足够好，拟合优度是否充分地好，还需要作显著性统计检验（见第三章的讨论）。

6. 对 OLS 估计量分布性质的认识

（1）为什么要分析 OLS 估计量的分布性质

对模型参数的 OLS 估计量 $\hat{\beta}_k$ 只是点估计，而且估计结果是随机变量，所估计的参数是否为抽样的偶然结果呢？还需要对估计的参数进行区间估计和假设检验。而要进行区间估计和假设检验，就必须明确作为随机变量的参数估计量的概率分布性质。

（2）OLS 估计量基本的分布性质

由 OLS 估计的线性特性容易判断，在正态性假定下，$\hat{\beta}_k$ 也服从正态分布。

$\hat{\beta}_k$ 的期望和方差：$E(\hat{\beta}_k)=\beta_k$，$\mathrm{Var}(\hat{\beta}_2)=\dfrac{\sigma^2}{\sum x_i^2}$，$\mathrm{Var}(\hat{\beta}_1)=\sigma^2\dfrac{\sum X_i^2}{n\sum x_i^2}$。

对随机扰动项方差 σ^2 的无偏估计：$\hat{\sigma}^2=\dfrac{\sum e_i^2}{n-2}$。

7. 对简单线性回归模型假设检验的认识

除了拟合优度检验以外，对简单线性回归模型的检验主要有对参数的显著性检验和对参数的区间估计。要深刻理解区间估计和假设检验的基本思想和方法。

为什么要对回归模型和估计的参数作假设检验？样本回归系数的估计量并不一定等于参数的真实值，而是随抽样而变动的随机变量，对其可靠性还需要进行统计检验。

简单线性回归模型中只有一个解释变量，对参数的显著性检验是根据样本估计的参数估计值，对参数真实值是否等于0进行检验，从经济意义上看，实际是检验解释变量对被解释变量是否有显著影响。检验的原理是数理统计中“在原假设条件下，小概率事件在一次试验中不应发生”的原理，在原假设成立的条件下，小概率事件竟然发生，则应拒绝原假设。在计算机软件广泛应用的情况下，要善于利用 P 值判断参数的显著性。

对参数区间估计的基本思想是：对参数作出的点估计是随机变量，虽然是无偏估计，但还不能说明这种估计的可靠性和精确性。如果能找到包含真实参数的一个范围，并确定这样的范围包含参数真实值的可靠程度，将是对真实参数更深刻的认识。

对参数区间估计的方法：如果在确定参数估计式概率分布性质的基础上，可找到两个正数 δ 和 $\alpha(0\leqslant\alpha\leqslant1)$，能使得（$\hat{\beta}_k-\delta$，$\hat{\beta}_k+\delta$）这样的区间包含真实 β_k 的概率为 $1-\alpha$，即 $P(\hat{\beta}_k-\delta\leqslant\beta_k\leqslant\hat{\beta}_k+\delta)=1-\alpha$，这样的区间称为所估计参数的置信区间。

要特别注意对区间估计结果的理解：参数的置信区间（$\hat{\beta}_k-\delta$，$\hat{\beta}_k+\delta$）是随抽样而变化的随机区间。从重复抽样的观点看，每次抽样都可构造一个区间，像这样构造的区间，平均来说有（$1-\alpha$）比例的次数包含 β_k 的真实值。但对特定样本来说，一旦估计出特定的 $\hat{\beta}_k$，区间（$\hat{\beta}_k-\delta$，$\hat{\beta}_k+\delta$）就不再是随机的，而是特定的，这时它或者包含 β_k（包含的概率为1），或者不包含 β_k（包含的概率为0）。

8. 对回归模型预测的认识

1）Y 平均值的点预测：$\hat{Y}_f=\hat{\beta}_1+\hat{\beta}_2X_f$。

2）Y 平均值的区间预测的基本思想：预测的目标是真实平均值 $E(Y_f|X_f)$，由于存在抽样波动，平均值的点预测值 $\hat{Y}_f$ 是随机变量，不一定就等于真实平均值 $E(Y_f|X_f)$，还需要对 $E(Y_f|X_f)$作区间估计。为对 Y 的平均值作区间预测，必须确定平均值点预测值 $\hat{Y}_f$ 的抽样分布。必须找出点预测值 $\hat{Y}_f$ 与预测目标值 $E(Y_f|X_f)$的关系，即找出与二者都有关的统计量，并需要明确其统计量的概率分布性质：

这个统计量是

$$t=\frac{\hat{Y}_f-E(Y_f|X_f)}{\sqrt{\widehat{\operatorname{Var}}(\hat{Y}_f)}}=\frac{\hat{Y}_f-E(Y_f|X_f)}{\hat{\sigma}\sqrt{\dfrac{1}{n}+\dfrac{(X_F-\bar{X})^2}{\sum x_i^2}}}\sim t(n-2)$$

从而有

$$P\left(\hat{Y}_f - t_{\alpha/2}\,\hat{\sigma}\sqrt{\frac{1}{n}+\frac{(X_f-\overline{X})^2}{\sum x_i^2}} \leqslant E(Y_f \mid X_f) \leqslant \hat{Y}_f + t_{\alpha/2}\,\hat{\sigma}\sqrt{\frac{1}{n}+\frac{(X_f-\overline{X})^2}{\sum x_i^2}}\right)$$
$$= 1-\alpha$$

3）个别值 Y_f 预测区间的基本思想：$\hat{Y}_f$ 是对 Y 平均值的点预测值。由于存在随机扰动的影响，Y 的平均值并不等于 Y 的个别值。为了对 Y 的个别值 Y_f 作区间预测，需要寻找与点预测值 $\hat{Y}_f$ 和预测目标个别值 Y_f 有关的统计量，并需要明确其统计量的概率分布性质：

这个统计量是

$$t=\frac{e_f-E(e_f)}{\sqrt{\hat{\mathrm{V}}\mathrm{ar}(e_f)}}=\frac{Y_F-\hat{Y}_f}{\hat{\sigma}\sqrt{1+\frac{1}{n}+\frac{(X_f-\overline{X})^2}{\sum x_i^2}}}\sim t(n-2)$$

从而有

$$P\left(\hat{Y}_f - t_{\alpha/2}\,\hat{\sigma}\sqrt{1+\frac{1}{n}+\frac{(X_f-\overline{X})^2}{\sum x_i^2}} \leqslant Y_f \leqslant \hat{Y}_f + t_{\alpha/2}\,\hat{\sigma}\sqrt{1+\frac{1}{n}+\frac{(X_F-\overline{X})^2}{\sum x_i^2}}\right)$$
$$= 1-\alpha$$

4）注意被解释变量 Y 区间预测的特点：Y 平均值的点预测值与真实平均值有误差，主要是受抽样波动影响；Y 平均值的点预测值与真实个别值的差异，不仅要受抽样波动影响，而且还要受随机扰动项的影响。

5）注意平均值和个别值预测区间都不是常数，是随 X_f 的变化而变化的，当 $X_f=\overline{X}$ 时，预测区间最小，随着 X_f 对 $\overline{X}$ 的愈加偏离，预测区间将越宽。预测区间的上下限与样本容量有关，当样本容量 $n\to\infty$ 时，个别值的预测区间才只决定于随机扰动的方差。所以当样本较小时，以及预测期偏离样本期过远时，对利用回归模型去作经济预测要特别谨慎，因为此时预测区间将会很宽，预测的可靠性非常低。

三、数理证明的补充与拓展

除了教材附录中已有的证明以外，补充以下教材中未给出的证明作参考。

对教材（2.72）式被解释变量点预测值 $\hat{Y}_f$ 方差的证明：

对于 $Y_i=\beta_1+\beta_2 X_i+u_i$，若已经由样本值估计出 $\hat{\beta}_1$，$\hat{\beta}_2$，而且

$$\hat{\beta}_1\sim N\left(\beta_1,\frac{\sum X_i^2}{n\sum x_i^2}\sigma^2\right),\qquad \hat{\beta}_2\sim N\left(\beta_2,\frac{\sigma^2}{\sum x_i^2}\right)$$

由 $\hat{Y}_f=\hat{\beta}_1+\hat{\beta}_2X_f$有

$$\mathrm{Var}(\hat{Y}_f)=\mathrm{Var}(\hat{\beta}_1)+\mathrm{Var}(\hat{\beta}_2)\cdot X_f^2+2X_f\mathrm{Cov}(\hat{\beta}_1,\hat{\beta}_2)$$

其中

$$\begin{aligned}\mathrm{Cov}(\hat{\beta}_1,\hat{\beta}_2)&=E[\hat{\beta}_1-E(\hat{\beta}_1)][\hat{\beta}_2-E(\hat{\beta}_2)]\\&=E\{[(\bar{Y}-\hat{\beta}_2\bar{X})-E(\bar{Y}-\hat{\beta}_2\bar{X})][\hat{\beta}_2-E(\hat{\beta}_2)]\}\\&=E\{[\bar{Y}-\hat{\beta}_2\bar{X}-\bar{Y}+\bar{X}E(\hat{\beta}_2)][\hat{\beta}_2-E(\hat{\beta}_2)]\}\\&=-\bar{X}E\{[\hat{\beta}_2-E(\hat{\beta}_2)][\hat{\beta}_2-E(\hat{\beta}_2)]\}\\&=-\bar{X}\mathrm{Var}(\hat{\beta}_2)=-\frac{\sigma^2\bar{X}}{\sum x_i^2}\end{aligned}$$

所以

$$\begin{aligned}\mathrm{Var}(\hat{Y}_f)&=\frac{\sigma^2\sum X_i^2}{n\sum x_i^2}+\frac{X_f^2\sigma^2}{\sum x_i^2}-\frac{2X_f\sigma^2\bar{X}}{\sum x_i^2}\\&=\frac{\sigma^2}{\sum x_i^2}\left(\frac{\sum X_i^2}{n}-\frac{n\bar{X}^2}{n}+\bar{X}^2+X_f^2-2X_f\bar{X}\right)\\&=\frac{\sigma^2}{\sum x_i^2}\left[\frac{\sum X_i^2-n\bar{X}^2}{n}+(X_f^2+\bar{X}^2-2X_f\bar{X})\right]\\&=\frac{\sigma^2}{\sum x_i^2}\left[\frac{\sum X_i^2+\sum\bar{X}^2-2n\bar{X}\bar{X}}{n}+(X_f-\bar{X})^2\right]\\&=\frac{\sigma^2}{\sum x_i^2}\left[\frac{\sum X_i^2+\sum\bar{X}^2-2\bar{X}\sum X_i}{n}+(X_f-\bar{X})^2\right]\\&=\frac{\sigma^2}{\sum x_i^2}\left[\frac{\sum[X_i^2+\bar{X}^2-2\bar{X}X_i]}{n}+(X_f-\bar{X})^2\right]\\&=\frac{\sigma^2}{\sum x_i^2}\left[\frac{\sum(X_i-\bar{X})^2}{n}+(X_f-\bar{X})^2\right]\\&=\frac{\sigma^2}{\sum x_i^2}\left[\frac{\sum x_i^2}{n}+(X_f-\bar{X})^2\right]\\&=\sigma^2\left[\frac{1}{n}+\frac{(X_f-\bar{X})^2}{\sum x_i^2}\right]\text{①}\end{aligned}$$

---

① 与《计量经济学》(第二版)一致，本书中大写字母 Y 和 X 均表示观测值，小写字母 y 和 x 均表示观测值与其平均值的离差

同理可以证明教材（2.78）式：

$$\mathrm{Var}(e_f)=\sigma^2\left[1+\frac{1}{n}+\frac{(X_f-\overline{X})^2}{\sum x_i^2}\right]$$

四、本章实验项目要点

本章计量方法的 EViews 软件应用，主要应当掌握：

1）有关 EViews 基本结构和基本操作，见本书第十三章“EViews 基本操作”部分。

2）数据的录入、修改、保存等。

3）熟悉利用 EViews 对简单线性回归模型的 OLS 估计方法。例如，通过基本命令“LS Y C X”，回车得估计检验结果。

4）正确解读 EViews 回归估计结果。

本章具体实验内容，见第十四章的实验一“简单线性回归”。

五、本章补充案例与案例讨论

补充案例　各地区城镇单位就业人员平均报酬差异的原因分析。

随着经济的快速发展，中国劳动者的平均报酬也逐年在提高，但是，目前中国各地区的城镇单位就业人员平均劳动报酬的差异还比较大。2007 年，北京的城镇单位就业人员平均劳动报酬最高，为 45823 元，而江西的城镇单位就业人员平均劳动报酬最低，为 18144 元，仅为北京就业人员平均报酬的约 40%。各地区城镇单位就业人员平均劳动报酬产生差异的原因是多方面的，或许有经济发展水平、产业结构、劳动者对报酬的期望、价格水平差异、城镇就业规模、民营经济发展状况等方面的原因。这些方面是否都是导致城镇单位就业人员平均劳动报酬有明显差异的因素呢？其中哪些因素才是更主要的原因呢？

案例讨论：

为分析各地区城镇单位就业人员平均劳动报酬差异的原因，我们选用“地区生产总值”表示经济发展规模，用“人均 GDP”表示经济发展水平，用“第一产业所占比重”表示产业结构，用“居民消费水平”表示当地劳动者对报酬的期望，用“消费价格指数”表示价格水平差异，用“职工人数”表示城镇就业规模，用“私营企业户数”和“私营企业就业人数”表示民营经济发展状况，并从《中国统计年鉴 2007》收集到有关数据，如表 2.1 所示。

表 2.1 各地区城镇单位就业人员平均劳动报酬及相关数据

地区	就业人员平均劳动报酬（Y）/元	地区生产总值（X_2）/亿元	人均 GDP（X_3）/元	第一产业比重（X_4）/%	城镇居民消费水平（X_5）/元	消费价格指数（X_6）/%	职工人数（X_7）/万人	私营企业户数（X_8）/万户	私营企业就业人数（X_9）/万人
北 京	45823	9353.32	58204	1.1	20729	102.4	478.9	33.7	295.4
天 津	33312	5050.4	46122	2.2	14140	104.2	176.0	9.4	98.6
河 北	19742	13709.5	19877	13.2	9941	104.7	486.2	18.8	259.5
山 西	21315	5733.35	16945	4.7	8979	104.6	366.7	10.9	110.1
内蒙古	21794	6091.12	25393	12.5	10930	104.6	243.5	6.3	82.9
辽 宁	22882	11023.49	25729	10.3	10950	105.1	472.9	21.2	288.7
吉 林	20371	5284.69	19383	14.8	9598	104.8	256.5	7.7	82.6
黑龙江	18481	7065	18478	13	8515	105.4	457.8	9.9	117.0
上 海	44976	12188.85	66367	0.8	25919	103.2	293.1	49.9	476.3
江 苏	27212	25741.15	33928	7.1	13165	104.3	667.3	67.6	1066.1
浙 江	30818	18780.44	37411	5.3	17486	104.2	632.7	45.0	759.1
安 徽	21699	7364.18	12045	16.3	9208	105.3	323.5	14.5	217.9
福 建	22277	9249.13	25908	10.8	13006	105.2	429.3	16.2	202.6
江 西	18144	5500.25	12633	16.5	9200	104.8	274.9	9.9	172.2
山 东	22734	25965.91	27807	9.7	12633	104.4	879.7	37.1	522.7
河 南	20639	15012.46	16012	14.8	9743	105.4	699.0	18.0	182.0
湖 北	19548	9230.68	16206	14.9	10593	104.8	443.7	17.0	161.8
湖 南	21060	9200	14492	17.7	10532	105.6	410.0	11.6	224.5
广 东	29658	31084.4	33151	5.5	17448	103.7	980.9	62.3	750.3
广 西	21251	5955.65	12555	20.8	9069	106.1	271.8	7.0	124.0
海 南	19220	1223.28	14555	29.5	8888	105.0	74.8	4.7	48.4
重 庆	22965	4122.51	14660	11.7	10698	104.7	220.8	10.0	135.8
四 川	21081	10505.3	12893	19.3	9559	105.9	520.4	22.7	293.4
贵 州	20254	2741.9	6915	16.3	9662	106.4	207.5	5.5	57.0
云 南	19912	4741.31	10540	17.7	9010	105.9	280.7	8.5	143.2
西 藏	42820	342.19	12109	16	7888	103.4	17.8	0.4	9.4
陕 西	20977	5465.79	14607	10.8	9362	105.1	330.9	10.6	158.3
甘 肃	20657	2702.4	10346	14.3	9150	105.5	190.5	4.7	58.5
青 海	25318	783.61	14257	10.6	8819	106.6	43.1	1.1	36.6
宁 夏	25723	889.2	14649	11	9793	105.4	56.3	2.4	39.9
新 疆	21249	3523.16	16999	17.8	8986	105.5	239.4	6.9	78.4

用EViews软件作城镇单位就业人员平均劳动报酬（Y）分别与地区生产总值（X_2）、人均GDP（X_3）、第一产业所占比重（X_4）、城镇居民消费水平（X_5）、消费价格指数（X_6）、职工人数（X_7）、私营企业户数（X_8）、私营企业就业人数（X_9）的相关分析：打开各变量数据，通过“View/Correlations”得到相关系数矩阵（表2.2）。

表2.2 相关系数表

	Y	X2	X3	X4	X5	X6	X7	X8	X9
Y	1.000000	0.133569	0.757337	-0.614638	0.737304	-0.773516	-0.019161	0.405562	0.277138
X2	0.133569	1.000000	0.430543	-0.410325	0.487273	-0.382059	0.937234	0.898028	0.894488
X3	0.757337	0.430543	1.000000	-0.768384	0.934696	-0.760284	0.305107	0.655717	0.514206
X4	-0.614638	-0.410325	-0.768384	1.000000	-0.714362	0.609372	-0.332877	-0.553404	-0.460420
X5	0.737304	0.487273	0.934696	-0.714362	1.000000	-0.705509	0.363594	0.725499	0.574530
X6	-0.773516	-0.382059	-0.760284	0.609372	-0.705509	1.000000	-0.273383	-0.548379	-0.423015
X7	-0.019161	0.937234	0.305107	-0.332877	0.363594	-0.273383	1.000000	0.769227	0.751556
X8	0.405562	0.898028	0.655717	-0.553404	0.725499	-0.548379	0.769227	1.000000	0.959944
X9	0.277138	0.894488	0.514206	-0.460420	0.574530	-0.423015	0.751556	0.959944	1.000000

可以看出，城镇单位就业人员平均劳动报酬与人均GDP、第一产业所占比重、城镇居民消费水平、消费价格指数、私营企业户数等有一定相关性，而与地区生产总值、职工人数、私营企业就业人数的相关性并不大。

为了进一步分析各种因素对城镇单位就业人员平均劳动报酬差异影响的显著性，再分别作简单线性回归：$Y_i-\beta_1+\beta_2X_{ki}+u_i(k=2,3,4,5,6,7,8,9)$。用OLS估计和检验模型的结果如表2.3所示。

表2.3 回归的估计检验结果

解释变量	GDP	人均GDP	第一产业比重/%	城镇消费水平	消费价格指数	职工人数	私企户数	私企就业人数
符号	X_2	X_3	X_4	X_5	X_6	X_7	X_8	X_9
$\hat{\beta}$	0.1321	0.4071	−745.51	1.3844	−6245.9	−0.6243	174.32	8.5596
t	0.7258	6.2454	−4.1961	5.8773	−6.4431	−0.1031	2.3883	1.5533
P值	0.4738	0.0000	0.0002	0.0000	0.0000	0.9185	0.0237	0.1312
R^2	0.0178	0.5736	0.3778	0.5436	0.5887	0.0004	0.1645	0.0768

由回归估计检验结果可以看出，对各地区城镇单位就业人员平均劳动报酬差异有显著影响的因素有人均GDP、第一产业所占比重、城镇居民消费水平、消费价格指数、私营企业户数，这些解释变量对应的参数的t统计量和P值都显示出，这些变量对被解释变量“城镇单位就业人员平均劳动报酬”的影响均显著。而地区生产总值（X_2）、职工人数、私营企业就业人数对“城镇单位就业人员平均劳动报酬”的影响都不显著。

从经济意义上看，具体分析对就业人员报酬差异影响显著的因素，X_3、X_5、

X_6 的可决系数相对高一些，表明经济发展水平较高地区对就业人员要求相对较高，就业人员平均劳动报酬相对也会高一些；物价水平偏高和居民生活费支出较大地区的劳动者对报酬的期望要高一些。其次，城镇就业人员大多在二、三产业就业，所以第一产业所占比重对城镇单位就业人员平均劳动报酬有负面的影响。民营企业户数虽然对城镇单位就业人员平均劳动报酬有显著影响，但可决系数只有 0.1645，说明其影响的程度是很有限的。

计量分析表明，经济发展总规模（地区生产总值）和职工人数对城镇单位就业人员平均劳动报酬的差异并没有显著影响。私营企业就业人数对城镇单位就业人员平均劳动报酬也没有显著影响，这可能与在私人企业就业的很多为农民工，工资水平还不高有关。

各地区城镇单位就业人员平均劳动报酬的差异是多种因素影响的综合结果，从本案例所作的简单线性回归结果看，模型拟合优度都不很高，说明只是从某一种单一因素的影响去分析城镇单位就业人员平均劳动报酬的差异都有局限，应当进一步考虑作多元回归分析，这正是第三章要讨论的问题。

六、教材中典型练习题参考解答

为有利于教学，留一部分练习题由学生独立完成，这里只给出作为典型练习题的教材中单数序号练习题的参考解答，双数序号题的解答留给读者自己完成[①]。

练习题 2.1 为研究中国的货币供应量（以货币与准货币 M_2 表示）与国内生产总值（GDP）的相互依存关系，分析表 2.4（教材表 2.9）中 1990～2007 年中国货币供应量（M_2）和国内生产总值（GDP）的有关数据。

表 2.4 1990～2007 年中国货币供应量和国内生产总值 （单位：亿元）

年份	货币供应量（M_2）	国内生产总值（GDP）
1990	15293.4	18718.3
1991	19349.9	21826.2
1992	25402.2	26937.3
1993	34879.8	35260.0
1994	46923.5	48108.5
1995	60750.5	59810.5
1996	76094.9	70142.5
1997	90995.3	78060.8
1998	104498.5	83024.3

① 以后各章也都只给出单数序号练习题的参考解答

续表

年份	货币供应量（M_2）	国内生产总值（GDP）
1999	119897.9	88479.2
2000	134610.4	98000.5
2001	158301.9	108068.2
2002	185007.0	119095.7
2003	221222.8	135174.0
2004	254107.0	159586.7
2005	298755.7	184088.6
2006	345603.6	213131.7
2007	403442.2	251483.2

数据来源：中国统计年鉴 2008，中国统计出版社

对货币供应量与国内生产总值作相关分析，并说明相关分析结果的经济意义。

【练习题 2.1 参考解答】

计算中国货币供应量（以货币与准货币 M_2 表示）与国内生产总值（GDP）的相关系数如下：

计算方法为

$$r_{XY}=\frac{n\sum X_iY_i-\sum X_i\sum Y_i}{\sqrt{n\sum X_i^2-\left(\sum X_i\right)^2}\sqrt{n\sum Y_i^2-\left(\sum Y_i\right)^2}}$$

或

$$r_{XY}=\frac{\sum(X_i-\bar{X})(Y_i-\bar{Y})}{\sqrt{\sum(X_i-\bar{X})^2\sum(Y_i-\bar{Y})^2}}$$

计算结果见表 2.5。

表 2.5 相关系数

	M_2	GDP
M_2	1	0.996426148646
GDP	0.996426148646	1

经济意义：这说明中国货币供应量与国内生产总值（GDP）的线性相关系数为 0.996426，线性相关程度相当高。

练习题 2.3 为了研究深圳市地方预算内财政收入与国内生产总值的关系，得到表 2.6（教材表 2.11）数据。

表 2.6 深圳市地方预算内财政收入与国内生产总值

年 份	地方预算内财政收入（Y）/亿元	本市生产总值（GDP）（X）/亿元
1990	21.70	171.67
1991	27.33	236.66
1992	42.96	317.32
1993	67.25	453.14
1994	74.40	634.67
1995	88.02	842.48
1996	131.75	1048.44
1997	142.06	1297.42
1998	164.39	1534.73
1999	184.21	1804.02
2000	221.92	2187.45
2001	262.49	2482.49
2002	265.93	2969.52
2003	290.84	3585.72
2004	321.47	4282.14
2005	421.38	4950.91
2006	500.88	5813.56
2007	658.06	6801.57

数据来源：深圳市统计年鉴 2008，中国统计出版社

1）建立深圳地方预算内财政收入对本市生产总值 GDP 的回归模型。

2）估计所建立模型的参数，解释斜率系数的经济意义。

3）对回归结果进行检验。

4）若是 2008 年深圳市的本市生产总值为 8000 亿元，试对 2008 年深圳市的财政收入作出点预测和区间预测（$\alpha=0.05$）。

【练习题 2.3 参考解答】

建立深圳地方预算内财政收入对 GDP 的回归模型，建立 EViews 文件，利用地方预算内财政收入（Y）和 GDP 的数据表，作散点图（图 2.2）可看出地方预算内财政收入（Y）和 GDP 的关系近似直线关系，可建立线性回归模型：

$$Y_t = \beta_1 + \beta_2 \mathrm{GDP}_t + u_t$$

利用 EViews 估计其参数结果如表 2.7 所示。

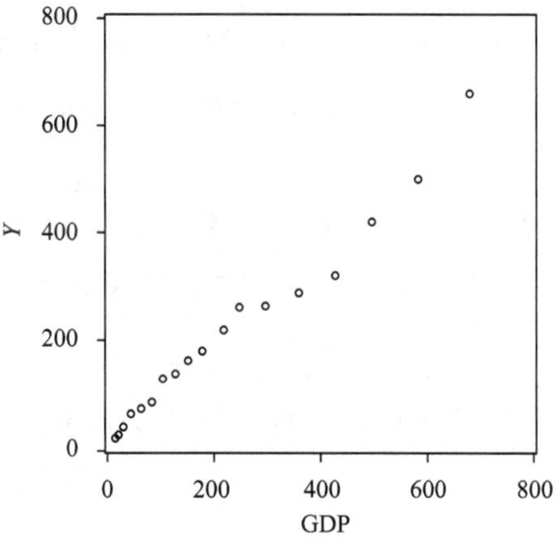

图 2.2　财政收入和 GDP 的散点图

表 2.7　回归结果

Dependent Variable: Y
Method: Least Squares
Date: 02/07/10　Time: 10:05
Sample: 1990 2007
Included observations: 18

Variable	Coefficient	Std. Error	t-Statistic	Prob.
C	20.46106	9.867440	2.073593	0.0546
GDP	0.084965	0.003255	26.10376	0.0000

R-squared	0.977058	Mean dependent var	215.9467
Adjusted R-squared	0.975624	S.D. dependent var	174.6014
S.E. of regression	27.26021	Akaike info criterion	9.553172
Sum squared resid	11889.90	Schwarz criterion	9.652103
Log likelihood	-83.97855	F-statistic	681.4064
Durbin-Watson stat	0.982033	Prob(F-statistic)	0.000000

即

$$\hat{Y}_t = 20.4611 + 0.0850\text{GDP}_t$$

$$(9.8674) \quad (0.0033)$$

$$t = (2.0736) \quad (26.1038)$$

$$R^2 = 0.9771, \quad F = 681.4064$$

经检验说明，深圳市的 GDP 对地方财政收入确有显著影响。$R^2=0.9771$，说明 GDP 解释了地方财政收入变动的近 98%，模型拟合程度较好。

模型说明当 GDP 每增长 1 亿元时，平均说来地方财政收入将增长 0.0850

亿元。

当2008年GDP为8000亿元时，地方财政收入的点预测值为

$$\hat{Y}_{2008}=20.4611+0.0850\times 8000=700.4611(\text{亿元})$$

区间预测：

为了作区间预测，取$\alpha=0.05$，Y_f平均值置信度95%的预测区间为

$$\hat{Y}_f\mp t_{\alpha/2}\hat{\sigma}\sqrt{\frac{1}{n}+\frac{(X_f-X)^2}{\sum x_i^2}}$$

利用EViews由GDP数据的统计量得到$\sigma_x=2031.266$，$\overline{X}=2300.773$，$n=18$，则有

$$\sum x_i^2=\sigma_x^2(n-1)=2031.266^2\times(18-1)=70142706.5669$$

$$(X_{f1}-\overline{X})^2=(8000-2300.773)^2=32481188.3976$$

取$\alpha=0.05$，$\hat{Y}_{2008}=700.4611$，$t_{0.025}(18-2)=2.120$平均值置信度95%的预测区间为

$$\hat{Y}_f\mp t_{\alpha/2}\hat{\sigma}\sqrt{\frac{1}{n}+\frac{(X_f-X)^2}{\sum x_i^2}}$$

$$=700.4611\mp 2.120\times 27.2602\times\sqrt{\frac{1}{18}+\frac{32481188.3976}{70142706.5669}}$$

$$=700.4611\mp 41.6191(\text{亿元})$$

Y_f个别值置信度95%的预测区间为

$$\hat{Y}_f\mp t_{\alpha/2}\ \hat{\sigma}\sqrt{1+\frac{1}{n}+\frac{(X_f-X)^2}{\sum x_i^2}}$$

$$=700.4611\mp 2.120\times 27.2602\times\sqrt{1+\frac{1}{18}+\frac{32481188.3976}{70142706.5669}}$$

$$=700.4611\mp 71.2181(\text{亿元})$$

练习题2.5 美国各航空公司业绩的统计数据公布在《华尔街日报1999年年鉴》（*The Wall Street Journal Almanac*，1999）上。航班正点率和每10万名乘客投诉的次数的数据如表2.8所示（教材表2.13）[①]。

① 资料来源：David R. Anderson等．2002．商务与经济统计．英文版·第2版．北京：机械工业出版社．405

表 2.8 航班正点到达的比率和每 10 万名乘客投诉的次数的数据

航空公司名称	航班正点率/%	投诉率/(次/10 万名乘客)
西南（Southwest）航空公司	81.8	0.21
大陆（Continental）航空公司	76.6	0.58
西北（Northwest）航空公司	76.6	0.85
美国（US Airways）航空公司	75.7	0.68
联合（United）航空公司	73.8	0.74
美洲（American）航空公司	72.2	0.93
德尔塔（Delta）航空公司	71.2	0.72
美国西部（Americawest）航空公司	70.8	1.22
环球（TWA）航空公司	68.5	1.25

1）画出这些数据的散点图。

2）根据散点图，二变量之间存在什么关系？

3）估计描述投诉率依赖航班正点率的回归方程。

4）对估计的回归方程的斜率作出解释。

5）如果航班正点率为 80%，估计每 10 万名乘客投诉的次数是多少？

【练习题 2.5 参考解答】

美国各航空公司航班正点率和每 10 万名乘客投诉次数的散点图如图 2.3 所示。

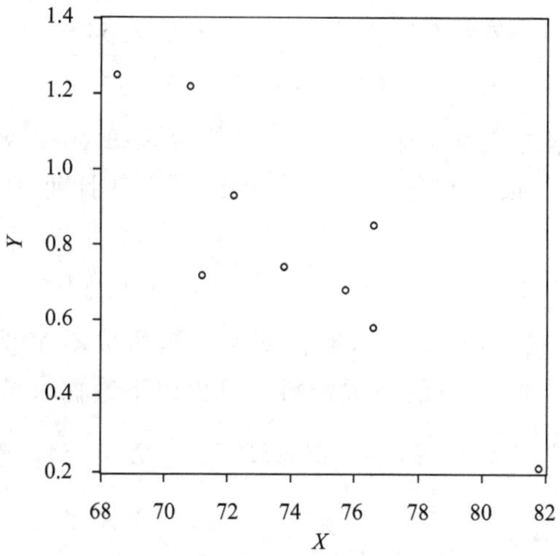

图 2.3 散点图

由图形看出航班正点率和每 10 万名乘客投诉次数呈现负相关关系，计算线性相关系数为−0.882607。

建立描述每 10 万名乘客投诉次数（Y）依赖航班正点率（X）的回归方程：

$$Y_i = \beta_1 + \beta_2 X_i + u_i$$

利用 EViews 估计其参数结果如表 2.9 所示。

表 2.9 回归结果

Dependent Variable: Y
Method: Least Squares
Date: 07/01/05 Time: 21:21
Sample: 1 9
Included observations: 9

Variable	Coefficient	Std. Error	t-Statistic	Prob.
C	6.017832	1.052260	5.718961	0.0007
X	-0.070414	0.014176	-4.967254	0.0016

R-squared	0.778996	Mean dependent var	0.797778
Adjusted R-squared	0.747424	S.D. dependent var	0.319991
S.E. of regression	0.160818	Akaike info criterion	-0.623958
Sum squared resid	0.181037	Schwarz criterion	-0.580130
Log likelihood	4.807811	F-statistic	24.67361
Durbin-Watson stat	2.526971	Prob(F-statistic)	0.001624

即

$$\hat{Y}_i = 6.017832 - 0.070414X_i$$
$$(1.017832) \quad (-0.014176)$$
$$t = (5.718961) \quad (-4.967254)$$
$$R^2 = 0.778996, \quad F = 24.67361$$

这说明当航班正点率每提高 1 个百分点，平均说来每 10 万名乘客投诉次数将下降 0.07 次。如果航班按时到达的正点率为 80%，估计每 10 万名乘客投诉的次数为

$$\hat{Y}_i = 6.017832 - 0.070414 \times 80 = 0.384712(\text{次})$$

练习题 2.7 设销售收入 X 为解释变量，销售成本 Y 为被解释变量。现已根据某百货公司某年 12 个月的有关资料计算出以下数据（单位：万元）：

$$\sum (X_t - \bar{X})^2 = 425053.73, \quad \bar{X} = 647.88$$
$$\sum (Y_t - \bar{Y})^2 = 262855.25, \quad \bar{Y} = 549.8$$
$$\sum (X_t - \bar{X})(Y_t - \bar{Y}) = 334229.09$$

1）拟合简单线性回归方程，并对方程中回归系数的经济意义作出解释。

2）计算可决系数和回归估计的标准误差。

3）对 β_2 进行显著水平为 5%的显著性检验。

4）假定下年 1 月销售收入为 800 万元，利用拟合的回归方程预测其销售成本，并给出置信度为 95%的预测区间。

【练习题 2.7 参考解答】

1）建立回归模型：$Y_i=\beta_1+\beta_2 X_i+u_i$。

用 OLS 法估计参数：

$$\hat{\beta}_2=\frac{\sum(X_i-\bar{X})(Y_i-\bar{Y})}{\sum(X_i-\bar{X})^2}=\frac{\sum x_i y_i}{\sum x_i^2}=\frac{334229.09}{425053.73}=0.7863$$

$$\hat{\beta}_1=\bar{Y}-\hat{\beta}_2\bar{X}=549.8-0.7863\times 647.88=66.2872$$

估计结果为 $\hat{Y}_i=66.2872+0.7863X_i$。

这说明该百货公司销售收入每增加 1 元，平均说来销售成本将增加 0.7863 元。

2）计算可决系数和回归估计的标准误差

可决系数为

$$R^2=\frac{\sum\hat{y}_i^2}{\sum y_i^2}=\frac{\sum(\hat{\beta}_2 x_i)^2}{\sum y_i^2}=\frac{\hat{\beta}_2^2\sum x_i^2}{\sum y_i^2}$$

$$=\frac{0.7863^2\times 425053.73}{262855.25}=\frac{262796.99}{262855.25}=0.999778$$

由 $R^2=1-\frac{\sum e_i^2}{\sum y_i^2}$ 可得

$$\sum e_i^2=(1-R^2)\sum y_i^2=(1-0.999778)\times 262855.25=58.3539$$

回归估计的标准误差为

$$\hat{\sigma}=\sqrt{\sum e_i^2/(n-2)}=\sqrt{58.3539/(12-2)}=2.4157$$

3）对 β_2 进行显著水平为 5%的显著性检验

$$t^*=\frac{\hat{\beta}_2-\beta_2}{\hat{SE}(\hat{\beta}_2)}=\frac{\hat{\beta}_2}{\hat{SE}(\hat{\beta}_2)}\sim t(n-2)$$

$$\hat{SE}(\hat{\beta}_2)=\frac{\hat{\sigma}}{\sqrt{\sum x_i^2}}=\frac{2.4157}{\sqrt{425053.73}}=\frac{2.4157}{651.9614}=0.0037$$

$$t^*=\frac{\hat{\beta}_2}{\hat{SE}(\hat{\beta}_2)}=\frac{0.7863}{0.0037}=212.5135$$

查表得 $\alpha=0.05$ 时，

$$t_{0.025}(12-2)=2.228<t^{*}=212.5135$$

表明 β_2 显著不为 0，销售收入对销售成本有显著影响。

4）假定下年 1 月销售收入为 800 万元，利用拟合的回归方程预测其销售成本，并给出置信度为 95%的预测区间。

$\hat{Y}_i=66.2872+0.7863X_i=66.2872+0.7863\times800=695.3272$(万元)

预测区间为

$$Y_F=\hat{Y}_F\mp t_{\alpha/2}\ \hat{\sigma}\sqrt{\frac{1}{n}+\frac{(X_F-X)^2}{\sum x_i^2}}$$

$$Y_F=695.3272\mp2.228\times2.4157\times\sqrt{\frac{1}{12}+\frac{(800-647.88)^2}{425053.73}}$$

$$=695.3272\mp1.9978$$

练习题 2.9 按照“弗里德曼的持久收入假说”：持久消费 Y 正比于持久收入 X，依此假说建立的计量模型没有截距项，设定的模型应该为：$Y_i=\beta_2X_i+u_i$，这是一个过原点的回归。在古典假定满足时，证明过原点的回归中 β_2 的 OLS 估计量 $\hat{\beta}_2$ 的计算公式是什么？对该模型是否仍有 $\sum e_i=0$ 和 $\sum e_iX_i=0$？对比有截距项模型和无截距项模型参数的 OLS 估计有什么不同？

【练习题 2.9 参考解答】

没有截距项的过原点回归模型为 $Y_i=\beta_2X_i+u_i$。

因为

$$\sum e_i^2=\sum(Y_i-\hat{\beta}_2X_i)^2$$

求偏导

$$\frac{\partial\sum e_i^2}{\partial\hat{\beta}_2}=2\sum(Y_i-\hat{\beta}_2X_i)(-X_i)=-2\sum e_iX_i$$

令

$$\frac{\partial\sum e_i^2}{\partial\hat{\beta}_2}=2\sum(Y_i-\hat{\beta}_2X_i)(-X_i)=0$$

得 $\hat{\beta}_2=\dfrac{\sum X_iY_i}{\sum X_i^2}$，而有截距项的回归为 $\hat{\beta}_2=\dfrac{\sum x_iy_i}{\sum x_i^2}$。

对于过原点的回归，由 OLS 原则：$\sum e_i=0$ 已不再成立，但是 $\sum e_iX_i=0$ 是成立的。

还可以证明对于过原点的回归为

$$\operatorname{Var}(\hat{\beta}_2)=\frac{\sigma^2}{\sum X_i^2},\quad \hat{\sigma}^2=\frac{\sum e_i^2}{n-1}$$

而有截距项的回归为

$$\operatorname{Var}(\hat{\beta}_2)=\frac{\sigma^2}{\sum x_i^2},\quad \hat{\sigma}^2=\frac{\sum e_i^2}{n-2}$$

第三章

“多元线性回归模型”学习辅导

一、本章基本内容

（一）基本内容

第三章多元线性回归模型的基本内容见图 3.1。

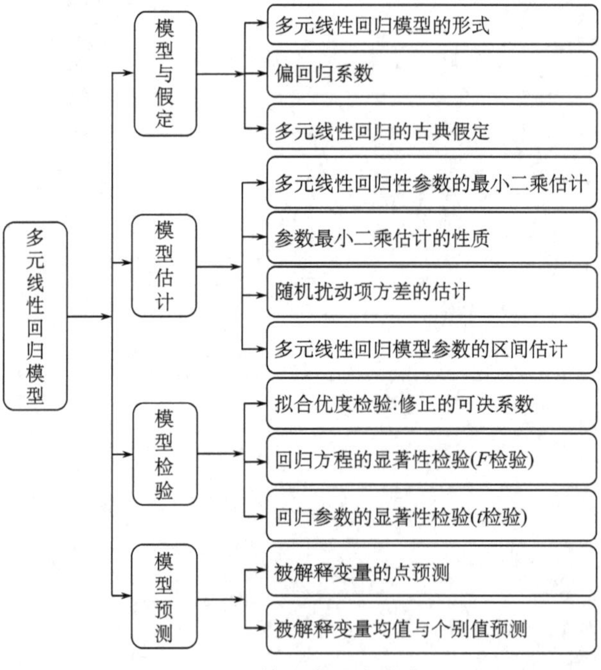

图 3.1　第三章基本内容

（二）本章的教学目标

在现实的计量经济分析中，事实上影响被解释变量的因素不止一个，通常会有多个影响因素；另外，即使我们的分析目的是仅考查某一个因素对被解释变量的影响，但为了得到该因素对被解释变量的“净”影响，也需要将其他影响因素作为“控制变量”，使其以显性形式出现在模型中，以提高模型估计精度。因此，在对现实经济问题进行计量经济分析时，通常需要建立包含两个及两个以上解释变量的计量模型，此类模型称为多元回归模型。

多元回归模型是在简单回归模型理论基础上的扩展，其建模的理论基础、基本思路、模型估计等与一元回归模型基本一致，只是因解释变量增多，从而带来一些新的内容，比如模型整体显著性检验（F 检验）、修正的可决系数（$\bar{R}^2$）以及解释变量之间多重共线性等问题。本章的教学目标是：深刻理解建立多元回归模型的目的；掌握多元线性回归模型估计、检验的理论与方法；熟练掌握多元线性回归 EViews 输出结果的解释。

二、重点与难点分析

1. 对多元线性回归模型参数意义的理解

多元线性回归模型的参数与简单线性回归模型的参数有重要区别。在多元线性回归模型中，解释变量对应的参数是偏回归系数，表达的是控制其他解释变量不变的条件下，该解释变量的单位变动对被解释变量平均值的“净”影响。

为了更深刻理解偏回归系数，可以两个解释变量的多元线性回归模型为例加以说明①。例如，被解释变量 Y 与解释变量 X_2 和 X_3 都有关，如果分别建立模型，

多元线性回归：

$$Y_i = \beta_1 + \beta_2 X_{2i} + \beta_3 X_{3i} + u_i$$

简单线性回归：

$$Y_i = a_1 + a_2 X_{2i} + u_{1i}$$

由于 Y 与 X_3 有关，可以作回归：$Y_i = b_1 + b_3 X_{3i} + u_{2i}$，若用 OLS 估计其参数，并计算残差 $e_{2i} = Y_i - \hat{b}_1 - \hat{b}_3 X_{3i} = y_i - \hat{b}_3 x_{3i}$，这里的 e_{2i} 表示除去 X_{3i} 影响后的 Y_i。

如果 X_2 和 X_3 也有相关性，并有 $X_{2i} = c_1 + c_{23} X_{3i} + u_{3i}$，若用 OLS 估计其参数，并计算残差 $e_{3i} = X_{2i} - \hat{c}_1 - \hat{c}_{23} X_{3i} = x_{2i} - \hat{c}_{23} x_{3i}$，这里的 e_{3i} 表示除去 X_{3i} 影响后的 X_{2i}。

再作除去 X_{3i} 影响后的 Y_i 对除去 X_{3i} 影响后的 X_{2i} 的回归，即 e_{2i} 对 e_{3i} 的回归，

① 证明见古加拉蒂《计量经济学》第四版，附录 7A.2

因为 e_{2i} 和 e_{3i} 的均值为 0，应为过原点的回归，即 $e_{2i}=\gamma_2 e_{3i}+v_i$。用 OLS 估计其参数，结果为 $\hat{\gamma}_2=\sum e_{2i}e_{3i}\Big/\sum e_{3i}^2$，并有

$$\hat{\gamma}_2=\sum e_{2i}e_{3i}\Big/\sum e_{3i}^2=\frac{\sum(y_i-\hat{b}_3x_{3i})(x_{2i}-\hat{c}_{23}x_{3i})}{\sum(x_{2i}-\hat{c}_{23}x_{3i})^2}$$

将 $\hat{b}_3$，$\hat{c}_{23}$ 代入得

$$\hat{\gamma}_2=\frac{\sum\left[y_i-\left(\sum y_ix_{3i}\Big/\sum x_{3i}^2\right)x_{3i}\right]\left[x_{2i}-\left(\sum x_{2i}x_{3i}\Big/\sum x_{3i}^2\right)x_{3i}\right]}{\sum\left[x_{2i}-\left(\sum x_{2i}x_{3i}\Big/\sum x_{3i}^2\right)x_{3i}\right]^2}$$

$$=\frac{\left(\sum y_ix_{2i}\right)\left(\sum x_{3i}^2\right)-\left(\sum y_ix_{3i}\right)\left(\sum x_{2i}x_{3i}\right)}{\left(\sum x_{2i}^2\right)\left(\sum x_{3i}^2\right)-\left(\sum x_{2i}x_{3i}\right)^2}=\hat{\beta}_2$$

这表明，这样估计的 $\hat{\gamma}_2$ 与多元回归中估计的 $\hat{\beta}_2$ 是一致的，而与简单线性回归中的 $\hat{a}_2$ 是不一致的。只要 X_2 和 X_3 相关，$\sum x_{2i}x_{3i}\neq 0$，β_2 与 a_2 就有区别。并且这说明多元线性回归中的参数是控制其他解释量不变的条件下，第 j 个解释变量的单位变动对被解释变量平均值的影响，即对 Y 平均值"直接"或"净"的影响。

此外，如果 $X_{3i}=d_1+d_{32}X_{2i}+u_{4i}$ 还可以证明①，$\alpha_2=\beta_2+\beta_3d_{32}+\frac{\sum x_{2i}(u_i-\bar{u})}{\sum x_{2i}^2}$，则有 $E(a_2)=\beta_2+\beta_3d_{32}$。只要 $d_{32}\neq 0$，β_2 与 a_2 是有区别的。a_2 不仅包括 X_{2i} 对 Y 平均值的"直接"影响 β_2，还包括由于导致 X_{3i} 的变动而对 Y 平均值的"间接"影响 β_3d_{32}。

2. 对无多重共线性假定的理解

本章对模型新增加了一个假定，即解释变量之间无多重共线性假定。这一假定是针对解释变量之间的关系而设定，根本目的是保证模型可以估计。如果解释变量之间存在完全多重共线性，会造成数据观测矩阵 X 非列满秩，模型参数将无法估计。在实际作计量经济分析时，很多经济变量虽然不存在完全的线性关系，却通常都存在一定的相关性，不一定满足无多重共线性的假定，模型的估计可能会受到影响，其影响和处理措施详见教材第四章。本章的目的是讨论多元线性回归模型的理论与方法，为了不使问题复杂化，这里先假定不存在多重共线性。

3. 为什么要对可决系数加以修正

在多元回归中 R^2 是模型中解释变量个数的非减函数，也就是说，随着模型中解释变量个数的增加，R^2 的值通常都会变大，为了得到拟合优度较高的模型，似乎加入更多解释变量是合理选择。但是，在建立计量经济模型时，随着解释变

① 证明见古加拉蒂《计量经济学》第四版，附录 7A.5

量个数的增加，待估计的参数也会增多，由此造成样本自由度减少，模型参数估计的准确性下降。因此，在多元回归模型中，仅仅依据 R^2 对模型作比较和选择会产生问题，在增加新的解释变量时，必须对由其带来的模型自由度下降这一“负面影响”而作出“惩罚”，因此需要对 R^2 作出相应的修正。

4. 个别参数显著性 t 检验与模型整体显著性 F 检验的关系

F 检验用于判断模型整体显著性，F 检验是检验若干解释变量联合起来作为一个整体对被解释变量的影响是否显著，或者说是检验整个模型的整体显著性。而 t 检验是检验模型中个别参数的显著性，检验个别解释变量是否是影响被解释变量的显著因素。F 检验与 t 检验的关系好比拔河比赛中团队力量与个人力量的关系，A 队胜过 B 队，说明 A 队整体力量胜过 B 队，相当于 F 检验，但这并不意味着 A 队每个队员的力量都很强，还需要检验每个队员的作用，此时相当于 t 检验。在一元回归模型中，因为解释变量只有一个，对解释变量的 t 检验就等价于对整个模型的 F 检验。

5. F 检验与拟合优度之间的关系

度量拟合优度的可决系数与 F 检验，都是建立在对被解释变量 Y 的总变差分解的基础上，二者有内在联系：

1）可决系数着眼于变差的差异，不考虑自由度，F 检验着眼于方差的差异，考虑了自由度。F 检验与可决系数及修正的可决系数有密切联系。二者在数量上的关系为

$$F=\frac{R^2}{1-R^2}\cdot\frac{n-k}{k-1}$$

$$\bar{R}^2=1-\frac{n-1}{n-k+(k-1)F}$$

2）二者都是对模型整体显著性的判断指标，都是正的统计量。

但是 F 检验与可决系数也有区别：除了计算方法上的差异外，主要是 R^2 统计量没有精确分布，只能对模型整体显著性给出“好”、“比较好”、“差”等“描述性”判断；F 统计量具有精确分布，能给出精确判断：统计量值大于临界值时，说明模型整体显著；统计量值小于临界值时，说明模型整体不显著。

三、本章实验项目要点

运用 EViews 软件对多元线性回归模型 OLS 估计及检验，与简单线性回归的方法基本一样。只是需要着重掌握多个解释变量数据的录入方法，以及估计检验结果中对 t 检验、F 检验、修正的可决系数等的解读。

本章具体实验内容，见第十四章的实验二“多元线性回归模型和多重共线性”中的相关部分。

四、本章补充案例与案例讨论

案例 证券投资基金业绩测度。

1. 研究目的

证券投资基金是否可以获得超额业绩涉及市场有效性、资产定价、资产风险测度等众多方面，因此，基于不同目的，从不同角度研究证券投资基金业绩的不同方面，相应产生了若干种业绩测度方法，本案例的目的是从理论模型导出可估计的计量模型，并测度评价证券投资基金的业绩。

2. 理论基础

理论上，基金业绩来源于基金管理者拥有的信息质量和构建组合的能力，如果能够挖掘到影响证券收益的有价值信息，并有能力构建出恰当的证券组合，该基金期望收益就能够达到或超过基准组合期望收益。由于投资者是风险回避者，在评价基金业绩时，不仅看其所构建的投资组合收益高低，而且必须考虑其风险大小，还与规模因子和价值因子有关。将期望收益和风险联系起来的资产定价三因素模型（简称 FF 模型）被广泛使用。

3. 计量模型设定及样本描述

本案例采用 FF 模型对基金业绩进行评价。如果基金管理人拥有有价值的私人信息，其所构建的投资组合期望收益高于 FF 模型预期的期望收益，从而表现为截距项显著不为零的模型：

$$R_{it} = \alpha_i + b_i R_{mt} + s_i \mathrm{SMB}_t + h_i \mathrm{HML}_t + \varepsilon_{it}$$

其中，R_{it} 为基金收益率，R_{mt} 为市场收益率，SMB_t 为规模因子，HML_t 为价值因子，ε_{it} 为随机扰动项，并假定满足古典假定。当 α_i 显著为正值时，表明基金经理人能够获得超常业绩；对于纯随机证券组合，α_j 应该为零；当 α_j 取负值时，表明基金经理的业绩比纯随机证券组合还要差，这很可能是由于基金经理不成功地寻找价格被误定的证券而付出较高的成本导致的。

样本采用某只开放式积极管理型基金的数据，数据来源于 CSMAR，样本为 2004 年 10 月至 2007 年 9 月的月度数据。其中，基金收益率根据基金单位净值计算得到，市场收益率采用上证综合指数收益率，SMB 和 HML 根据 Fama&French 计算方法计算得出，具体样本数据见表 3.1。

表 3.1 某开放式基金收益率和市场收益率等数据

月份	R_{it}	R_{mt}	SMB	HML
2004 年 10 月	−0.0079	−0.0545	−0.0366	−0.0693
2004 年 11 月	0.0089	0.0153	0.0497	−0.0095
2004 年 12 月	−0.0118	−0.0554	−0.0278	−0.0235

续表

月份	R_{it}	R_{mt}	SMB	HML
2005 年 1 月	−0.0239	−0.0590	−0.0241	−0.0075
2005 年 2 月	0.0511	0.0958	0.0345	0.0096
2005 年 3 月	−0.0389	−0.0955	−0.0408	−0.0335
2005 年 4 月	0.0303	−0.0187	0.0601	−0.0137
2005 年 5 月	−0.0805	−0.0849	−0.0540	0.0387
2005 年 6 月	0.0245	0.0190	0.0007	−0.0008
2005 年 7 月	0.0083	0.0019	0.0725	−0.0112
2005 年 8 月	0.0382	0.0737	0.0815	−0.0203
2005 年 9 月	0.0000	−0.0062	0.0434	−0.0142
2005 年 10 月	−0.0299	−0.0543	−0.0190	−0.0372
2005 年 11 月	−0.0133	0.0059	−0.0517	0.0049
2005 年 12 月	0.0405	0.0562	0.0612	−0.0149
2006 年 1 月	0.0999	0.0835	0.0340	0.0041
2006 年 2 月	−0.0454	0.0326	−0.0010	0.0200
2006 年 3 月	0.0514	−0.0006	0.0273	−0.0321
2006 年 4 月	0.1955	0.1093	0.0516	−0.0467
2006 年 5 月	0.1930	0.1396	0.1128	0.0085
2006 年 6 月	0.0698	0.0188	0.0441	0.0128
2006 年 7 月	−0.0475	−0.0356	0.0833	−0.0018
2006 年 8 月	0.0448	0.0285	0.0063	−0.0181
2006 年 9 月	0.0608	0.0565	0.0324	−0.0147
2006 年 10 月	0.0376	0.0488	0.0417	−0.0050
2006 年 11 月	0.0996	0.1422	0.0150	−0.0625
2006 年 12 月	0.1039	0.2745	0.1370	−0.0810
2007 年 1 月	0.2400	0.0414	0.1556	0.0306
2007 年 2 月	0.1421	0.0340	0.1060	0.1063
2007 年 3 月	0.1357	0.1051	0.1512	0.0093
2007 年 4 月	0.2945	0.2064	0.1436	0.1254
2007 年 5 月	0.0634	0.0699	0.0122	−0.0562
2007 年 6 月	−0.0540	−0.0703	−0.1095	−0.0620
2007 年 7 月	0.2240	0.1702	0.0700	0.1391
2007 年 8 月	0.1722	0.1673	0.0692	0.1073
2007 年 9 月	0.0408	0.0639	0.0541	0.0220

4. 估计结果分析

模型估计结果为

$$\hat{R}_{it} = 0.0193 + 0.53R_{mt} + 0.44\text{SMB}_t + 0.44\text{HML}_t$$

$$t = (1.94) \quad (4.00) \quad (2.33) \quad (2.53)$$

$$\bar{R}^2 = 0.71, \quad F = 29.52, \quad \text{DW} = 2.10, \quad df = 32$$

从估计结果来看，系数符号符合预期，在5%显著性水平下，t 分布临界值为2.04，每个解释变量都是显著的，调整后的可决系数为0.71，F 统计量为29.52，大于临界值3.07。因此模型估计效果良好。

模型截距项为0.0193，表明该基金在样本期间每月可获得1.9%的超常收益。

五、教材中典型练习题参考解答

练习题3.1 为研究中国各地区入境旅游状况，建立了各省市旅游外汇收入(Y，百万美元)、旅行社职工人数（X_1，人)、国际旅游人数（X_2，万人次）的模型，用某年31个省市的截面数据估计结果如下：

$$\hat{Y}_i = -151.0263 + 0.1179X_{1i} + 1.5452X_{2i}$$

$$t = (-3.066806)(6.652983)(3.378064)$$

$$R^2 = 0.934331, \quad \bar{R}^2 = 0.92964, \quad F = 191.1894, \quad n = 31$$

1）从经济意义上考查估计模型的合理性。

2）在5%显著性水平上，分别检验参数 β_1，β_2 的显著性。

3）在5%显著性水平上，检验模型的整体显著性。

【练习题3.1参考解答】

1）由模型估计结果可看出：从经济意义上说明，旅行社职工人数和国际旅游人数均与旅游外汇收入正相关。平均说来，旅行社职工人数增加1人，旅游外汇收入将增加0.1179百万美元；国际旅游人数增加1万人次，旅游外汇收入增加1.5452百万美元。这与经济理论及经验符合，是合理的。

2）取 $\alpha=0.05$，查表得 $t_{0.025}(31-3)=2.048$，因为3个参数 t 统计量的绝对值均大于 $t_{0.025}(31-3)=2.048$，说明经 t 检验3个参数均显著不为0，即旅行社职工人数和国际旅游人数分别对旅游外汇收入都有显著影响。

3）取 $\alpha=0.05$，查表得 $F_{0.05}(2,28)=3.34$，由于 $F=199.1894>F_{0.05}(2,28)=3.34$，说明旅行社职工人数和国际旅游人数联合起来对旅游外汇收入有显著影响，线性回归方程显著成立。

练习题 3.3 经研究发现，家庭书刊消费受家庭收入及户主受教育年数的影响，表 3.2（教材表 3.7）为对某地区部分家庭抽样调查得到样本数据。

表 3.2 家庭书刊消费、家庭收入及户主受教育年数数据

家庭书刊年消费支出（Y）/元	家庭月平均收入（X）/元	户主受教育年数（T）/a	家庭书刊年消费支出（Y）/元	家庭月平均收入（X）/元	户主受教育年数（T）/a
450	1027.2	8	793.2	1998.6	14
507.7	1045.2	9	660.8	2196	10
613.9	1225.8	12	792.7	2105.4	12
563.4	1312.2	9	580.8	2147.4	8
501.5	1316.4	7	612.7	2154	10
781.5	1442.4	15	890.8	2231.4	14
541.8	1641	9	1121	2611.8	18
611.1	1768.8	10	1094.2	3143.4	16
1222.1	1981.2	18	1253	3624.6	20

1）建立家庭书刊消费的计量经济模型；

2）利用样本数据估计模型的参数；

3）检验户主受教育年数对家庭书刊消费是否有显著影响；

4）分析所估计模型的经济意义和作用。

【练习题 3.3 参考解答】

1）建立家庭书刊消费的计量经济模型：

$$Y_i = \beta_1 + \beta_2 X_i + \beta_3 T_i + u_i$$

其中，Y 为家庭书刊年消费支出；X 为家庭月平均收入；T 为户主受教育年数。

2）估计模型参数，结果为

$$\hat{Y}_i = -50.0162 + 0.08645 X_i + 52.3703 T_i$$

$$(49.46026) \quad (0.02936) \quad (5.20217)$$

$$t = (-1.011244)(2.944186) \quad (10.06702)$$

$$R^2 = 0.951235, \quad \bar{R}^2 = 0.944732, \quad F = 146.2974$$

3）检验户主受教育年数对家庭书刊消费是否有显著影响。由估计检验结果，户主受教育年数参数对应的 t 统计量为 10.06702，明显大于 t 的临界值 $t_{0.025}(18-3)=2.131$，同时户主受教育年数参数所对应的 P 值为 0.0000，明显小于 $\alpha=$

0.05，均可判断户主受教育年数对家庭书刊消费支出确实有显著影响。

4）本模型说明家庭月平均收入和户主受教育年数对家庭书刊消费支出有显著影响，家庭月平均收入增加1元，平均说来家庭书刊年消费支出将增加0.086元，户主受教育年数增加1年，平均说来家庭书刊年消费支出将增加52.37元。

练习题3.5 某地区城镇居民人均全年耐用消费品支出、人均年可支配收入及耐用消费品价格指数的统计资料如表3.3（教材表3.9）所示。

表3.3 某地区城镇居民人均全年耐用消费品支出、人均年可支配收入及耐用消费品价格指数数据

年份	人均耐用消费品支出（Y）/元	人均年可支配收入（X_1）/元	耐用消费品价格指数（X_2）（1990年为100）
1991	137.16	1181.4	115.96
1992	124.56	1375.7	133.35
1993	107.91	1501.2	128.21
1994	102.96	1700.6	124.85
1995	125.24	2026.6	122.49
1996	162.45	2577.4	129.86
1997	217.43	3496.2	139.52
1998	253.42	4283.0	140.44
1999	251.07	4838.9	139.12
2000	285.85	5160.3	133.35
2001	327.26	5425.1	126.39

利用表中数据，建立该地区城镇居民人均全年耐用消费品支出关于人均年可支配收入和耐用消费品价格指数的回归模型，进行回归分析，并检验人均年可支配收入及耐用消费品价格指数对城镇居民人均全年耐用消费品支出是否有显著影响，分析其检验结果是否合理？

【练习题3.5参考解答】

1）建立该地区城镇居民人均全年耐用消费品支出关于人均年可支配收入和耐用消费品价格指数的回归模型：

$$Y_t = \beta_1 + \beta_2 X_{1t} + \beta_3 X_{2t} + u_t$$

2）参数估计结果（表3.4）。

表 3.4 回归结果

Dependent Variable: Y
Method: Least Squares
Date: 07/02/05 Time: 07:13
Sample: 1991 2001
Included observations: 11

Variable	Coefficient	Std. Error	t-Statistic	Prob.
C	158.5398	121.8071	1.301564	0.2293
X1	0.049404	0.004684	10.54786	0.0000
X2	-0.911684	0.989546	-0.921316	0.3838

R-squared	0.947989	Mean dependent var	190.4827
Adjusted R-squared	0.934986	S.D. dependent var	79.29127
S.E. of regression	20.21757	Akaike info criterion	9.077982
Sum squared resid	3270.001	Schwarz criterion	9.186499
Log likelihood	-46.92890	F-statistic	72.90647
Durbin-Watson stat	1.035840	Prob(F-statistic)	0.000007

由估计和检验结果可看出，该地区人均年可支配收入的参数的 t 检验值为 10.54786，其绝对值大于临界值 $t_{0.025}(11-3)=2.306$；而且对应的 P 值为 0.0000，也明显小于 $\alpha=0.05$。说明人均年可支配收入对该地区城镇居民人均全年耐用消费品支出确实有显著影响。但是，该地区耐用消费品价格指数的参数的 t 检验值为 -0.921316，其绝对值小于临界值 $t_{0.025}(11-3)=2.306$；而且对应的 P 值为 0.3838，也明显大于 $\alpha=0.05$。这说明该地区耐用消费品价格指数对城镇居民人均全年耐用消费品支出并没有显著影响，这样的结论似乎并不合理。为什么会出现这样的结果呢？很值得考虑。

说明此模型存在严重的问题（存在严重多重共线性）。

练习题 3.7 某市 1974～1987 年粮食年销售量 Y、常住人口 X_2、人均收入 X_3、肉销售量 X_4、蛋销售量 X_5、鱼虾销售量 X_6 等数据如表 3.5（教材表 3.11）所示。

表 3.5 某市粮食年销售量，常住人口，人均收入，肉、蛋、鱼虾销售量数据

年份	粮食年销售量（Y）/万吨	常住人口（X_2）/万人	人均收入（X_3）/元	肉销售量（X_4）/万吨	蛋销售量（X_5）/万吨	鱼虾销售量（X_6）/万吨
1974	98.45	560.20	153.20	6.53	1.23	1.89
1975	100.70	603.11	190.00	9.12	1.30	2.03
1976	102.80	668.05	240.30	8.10	1.80	2.71
1977	133.95	715.47	301.12	10.10	2.09	3.00
1978	140.13	724.27	361.00	10.93	2.39	3.29
1979	143.11	736.13	420.00	11.85	3.90	5.24
1980	146..15	748.91	491.76	12.28	5.13	6.83

续表

年份	粮食年销售量（Y）/万吨	常住人口（X_2）/万人	人均收入（X_3）/元	肉销售量（X_4）/万吨	蛋销售量（X_5）/万吨	鱼虾销售量（X_6）/万吨
1981	144.60	760.32	501.00	13.50	5.47	8.36
1982	148.94	774.92	529.20	15.29	6.09	10.07
1983	158.55	785.30	552.72	18.10	7.97	12.57
1984	169.68	795.50	771.16	19.61	10.18	15.12
1985	162.14	804.80	81180	17.22	11.79	18.25
1986	170.09	814.94	988.43	18.60	11.54	20.59
1987	178.69	828.73	1094.65	23.53	11.68	23.37

1）建立线性回归模型：$Y_t=\beta_1+\beta_2X_2+\beta_3X_3+\beta_4X_4+\beta_5X_5+\beta_6X_6+u_t$，你预期所估计参数的符号应该是什么？

2）用OLS法估计参数，模型参数估计的结果与你的预期是否相符合？

3）对模型及各个解释变量的显著性作检验，从检验结果中你能发现什么问题吗？你如何评价这样的检验结果？

【练习题3.7参考解答】

1）建立线性回归模型：$Y_t=\beta_1+\beta_2X_2+\beta_3X_3+\beta_4X_4+\beta_5X_5+\beta_6X_6+u_t$。

预期常住人口和人均收入应与粮食销售量正相关，β_2 和 β_3 应为正值，而肉、蛋、鱼虾与粮食消费应该负相关，预期 β_4、β_5、β_6 应当为负值。

2）用OLS法估计参数（表3.6）。

表3.6 回归结果

Dependent Variable: Y
Method: Least Squares
Date: 02/13/10 Time: 10:26
Sample: 1974 1987
Included observations: 14

Variable	Coefficient	Std. Error	t-Statistic	Prob.
C	71.99469	20.61727	3.491960	0.0082
X2	1.61E-05	0.000320	0.050146	0.9612
X3	-7.46E-05	0.000230	-0.324464	0.7539
X4	4.607285	2.969893	1.551330	0.1594
X5	7.188643	9.163227	0.784510	0.4553
X6	-3.718078	4.218003	-0.881478	0.4038

R-squared	0.894614	Mean dependent var	142.7129
Adjusted R-squared	0.828748	S.D. dependent var	26.09805
S.E. of regression	10.80004	Akaike info criterion	7.894504
Sum squared resid	933.1266	Schwarz criterion	8.168385
Log likelihood	-49.26152	F-statistic	13.58234
Durbin-Watson stat	0.900102	Prob(F-statistic)	0.000975

只有 β_2 和 β_6 的符号与预期一致，β_3、β_4、β_5 的符号均与预期相反。

3）对模型及各个解释变量的显著性发现：虽然可决系数和修正的可决系数都较高，$F=13.5823$，检验也表明显著，但是所有的解释变量的 t 检验却都不显著!

这种矛盾现象说明此模型存在严重的问题（存在严重多重共线性）。

（本题的目的是让读者提前体验到多重共线性的影响）

第四章

“多重共线性”学习辅导

一、本章基本内容

（一）基本内容

第四章多重共线性的基本内容见图 4.1。

（二）本章的教学目标

多元线性回归模型的古典假定中强调包含在回归模型中的各个解释变量之间不存在线性关系，或者说各个解释变量的观测值之间线性无关，即无多重共线性。但在实际的经济分析中，此假定经常会违背，也就是说，各个解释变量之间将会出现多重共线性问题。经济时间序列数据常常不是通过实验设计得到，而一般都是对实际社会经济活动观测的结果，一些经济变量难免会出现同增同减的趋势。当两个及两个以上的解释变量发生这种现象时，就导致了多重共线性。

本章的教学目标是：理解多重共线性的性质；理解并掌握如果解释变量间存在多重共线性将会产生什么实质后果；掌握如何诊断多重共线性；掌握如何缓解多重共线性的影响。

二、重点与难点分析

1. 如何认识多重共线性

多重共线性（multicollinearity）最早由 Frisch 提出用来表示多元回归模型中的部分或全部解释变量之间存在一种“完全”或准确的线性关系。然而，现在

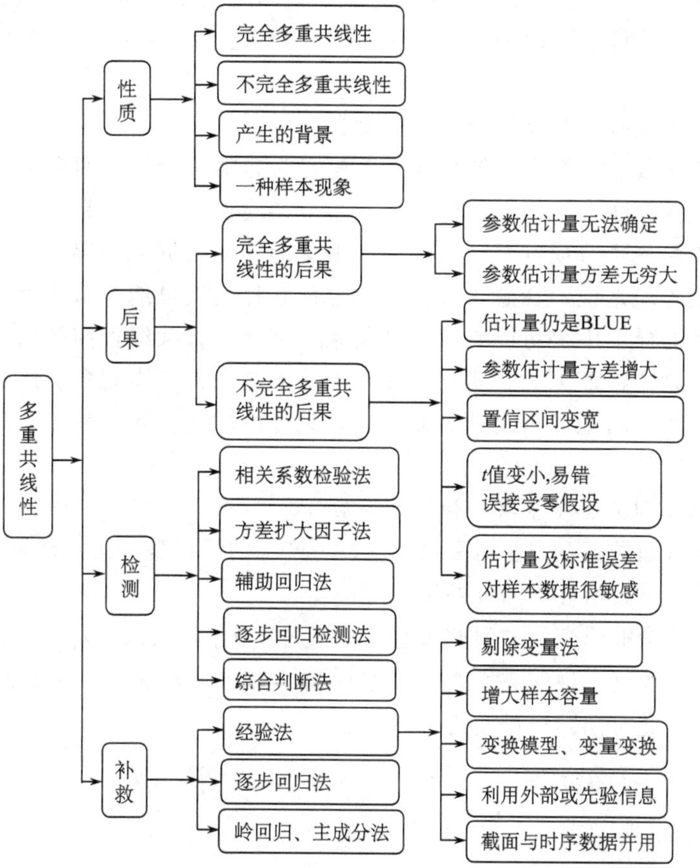

图 4.1 第四章基本内容

用多重共线性一词，有更广的含义，还包含不完全多重共线性①。也就是说，在多元回归模型中，部分或全部解释变量之间存在一种近似的线性关系，即对于解释变量 X_1，X_2，…，X_k（为了把截距项考虑进来，在一切观测中取 $X_1=1$），如果存在不全为 0 的数 λ_1，λ_2，…，λ_k，使得 $\lambda_1X_1+\lambda_2X_2+\cdots+\lambda_kX_k+v=0$，其中 v 为随机变量，就称 X_1，X_2，…，X_k 存在多重共线性。多重共线性仅是对解释变量之间的线性关系而言。如果解释变量之间存在非线性关系，并不违反多重共线性假定。

在实际经济问题中，解释变量发生“完全”或准确的线性关系可能性并不大，但是，解释变量之间完全没有线性关系的可能性也不大。通常情况是解释变

① 有的教材也称作高度多重共线性或近似多重共线性

量之间或多或少都存在一定程度的线性关系。因此需要明确，在多元线性回归模型中多重共线性问题不是一个有无的问题，而是多重共线性程度是否严重的问题。

2. 多重共线性本质上是一种样本现象

在经典计量经济学中，解释变量被假定为非随机变量，而多重共线性是发生在解释变量之间，实际经济问题中的多重共线性并不一定是解释变量之间理论上存在线性关系造成的，而是由于所搜集的样本数据之间存在某种近似的线性关系所致。即是说，在总体中部分或全部解释变量可能没有线性关系，但是在具体获得的样本中仍可能有共线性关系，因此多重共线性问题属于样本数据的特征，与总体特征无关，多重共线性本质上是一种样本现象。所以，我们无法对多重共线性问题进行统计假设检验，只能设法度量解释变量之间多重共线性的严重程度。

3. 如何认识完全多重共线性产生的后果

解释变量如果存在完全多重共线性，将产生的后果是：回归系数的估计值无法确定，并且参数估计值的方差无穷大。

这里以两个解释变量的回归模型 $Y_i=\beta_1+\beta_2 X_{2i}+\beta_3 X_{3i}+u_i$（随机扰动项满足经典假定）为例，说明完全多重共线性的后果。如果 $X_2=\lambda_1+\lambda_3 X_3$，这里 λ_3 是非零常数，此时回归模型变为

$$\begin{aligned} Y_i &= (\beta_1+\beta_2\lambda_1)+(\beta_2\lambda_3+\beta_3)X_{3i}+u_i \\ &= \alpha_1+\alpha_3 X_{3i}+u_i \end{aligned}$$

其中，$\alpha_1=\beta_1+\beta_2\lambda_1$，$\alpha_3=\beta_2\lambda_3+\beta_3$。应用 OLS 可以唯一估计 α_1，α_3。由方程 $\hat{\alpha}_1=\hat{\beta}_1+\hat{\beta}_2\lambda_1$（注意 λ_1 是给定的）可知，给定 $\hat{\alpha}_1$，λ_1 的值，无法唯一确定参数 β_1，β_2 的估计值 $\hat{\beta}_1$，$\hat{\beta}_2$；同理，通过 $\hat{\alpha}_3=\hat{\beta}_2\lambda_3+\hat{\beta}_3$ 也无法唯一确定参数 β_2，β_3 的估计值 $\hat{\beta}_2$，$\hat{\beta}_3$。所以在完全多重共线性情形下，回归系数的估计值无法确定。但应注意到，我们能得到这些回归系数的线性组合的唯一解。

我们还可从多元回归模型中偏回归系数的含义来理解上述结果，回归系数 $\hat{\beta}_2$ 的含义是指在保持 X_3 不变的情况下，当 X_2 每变动一个单位时 Y 的平均变化。如果解释变量 X_2，X_3 完全共线性，就没有办法在保持 X_3 不变的情况下，去分析 X_2 对 Y 的影响。或者说，没有办法从所给定的样本中把 X_2 和 X_3 各自的影响分解开。同时，可以注意到，如果解释变量存在完全多重共线性时，参数估计值 $\hat{\beta}_2$，$\hat{\beta}_3$ 的方差变得无穷大（见教材 109 页）。在应用计量经济学作经济结构分析时，我们的宗旨是要把每个解释变量对被解释变量的偏影响分离开来，所以完全多重共线性问题是很具有破坏性的。

4. 如何认识不完全共线性情形下，参数的 OLS 估计量仍然是 BLUE

总体回归函数中的随机扰动项在满足其他古典假定，但解释变量之间存在不完全共线性时，参数的 OLS 估计量仍然是 BLUE。事实上，此时随机扰动项并不违背古典假定，详细理论推导可参考多元线性回归模型参数估计量的性质证明。需要说明的是，不完全共线性并不破坏最小方差性质，也就是说，在所有线性无偏估计量中，OLS 估计量仍具有最小方差，但这并不意味着在任一个给定的样本中，一个 OLS 估计量的方差相对于估计量的值而言一定是小的，简言之，最小方差并不意味着估计量的方差数值就较小。

5. 如何认识不完全多重共线性产生的后果

在不完全共线性情形，虽然 OLS 估计量仍然是 BLUE，但它却不是“完美的”，尤其是在统计推断上无法给出真正有用的信息。具体说来，会导致如下后果：虽然回归系数可以估计，但参数估计值很不稳定，并且对样本非常敏感；相对于无多重共线性的情况，参数估计量的方差增大，从而使得总体回归系数的区间估计变宽，故回归系数不能以更高的精度或准确度作出估计；在回归方程高度显著的情况下，有些回归系数通不过显著性检验（参数估计量的 t 值变小），甚至可能出现回归系数的正负号得不到合理的经济解释。

仍然以两个解释变量的回归模型：$Y_i=\beta_1+\beta_2 X_{2i}+\beta_3 X_{3i}+u_i$ 为例，X_2 与 X_3 不完全的共线性关系为 $x_{2i}=\lambda x_{3i}+v_i$，我们容易得到：

$$\hat{\beta}_3=\frac{\sum y_i x_{3i}\sum v_i^2-\lambda\sum x_{3i}^2\sum y_i v_i}{\sum x_{3i}^2\sum v_i^2}$$

$$\mathrm{Var}(\hat{\beta}_3)=\frac{\sigma^2}{\sum x_{3i}^2(1-r_{23}^2)}=\frac{\sigma^2}{\sum x_{3i}^2}\mathrm{VIF}$$

其中，r_{23} 为 X_2 与 X_3 的相关系数，即 $r_{23}=\dfrac{\sum x_2 x_3}{\sqrt{\sum x_2^2\sum x_3^2}}$，$\mathrm{VIF}=\dfrac{1}{1-r_{23}^2}$ 被定义为方差扩大因子（variance inflation factor，VIF）。一方面，$\hat{\beta}_3$ 可以确定，但是其数值依赖于 v_i，而 v_i 的数值随样本的变化有较大的变化，因此，$\hat{\beta}_3$ 估计值是很不稳定的，也即是说，估计值对样本数据将变得十分敏感；另一方面，随着 X_2 与 X_3 的共线性增加，r_{23}^2 将更接近 1，从而使得两个参数估计量 $\hat{\beta}_2$ 和 $\hat{\beta}_3$ 的方差将增大（注意，是相对于无多重共线性而言方差增大），此时仍满足有效性，即在所有线性无偏估计类中，方差是最小的；VIF 表明，参数估计量的方差是由于解释变量多重共线性的出现而膨胀起来的。

由于解释变量不完全多重共线性的出现，导致参数估计量的方差增大，其标准误差也增大，从而也使得相应总体参数的置信区间（比如总体参数 β_2 的置信区间：$(\hat{\beta}_2-t_{\alpha/2}(n-k)\hat{\mathrm{SE}}(\hat{\beta}_2),\hat{\beta}_2+t_{\alpha/2}(n-k)\hat{\mathrm{SE}}(\hat{\beta}_2)))$ 也变得更宽，也即是说虽然在不完全多重共线性情况下，回归系数的参数估计可以确定，却由于出现较大的标准误，总体参数的区间估计变宽，因此，回归系数不能以更高的精度或准确度加以估计。

在回归系数的显著性检验中（如原假设 $\beta_3=0$），一般采用的是 t 检验统计量 $\left(t=\dfrac{\hat{\beta}_3}{\hat{\mathrm{SE}}(\hat{\beta}_3)}\right)$，由于严重多重共线性的存在，$\hat{\mathrm{SE}}(\hat{\beta}_3)$ 将增大，使得 t 值变小，相应 p 值变大，从而本应否定的"系数为 0"的原假设被错误的接受，使得对参数显著性检验作出可能错误的判断。当多重共线性严重时，我们已经看到，单个参数的 t 检验却可能不显著，甚至估计的回归系数符号可能相反，但参数的联合检验以及拟合优度 R^2 可能都很高，这将是严重多重共线性比较显著的一个信号标志。但是应注意，如果研究目的仅在于预测，而各个解释变量的多重共线性关系的性质在未来将继续保持，这时虽然无法精确估计个别的回归系数，但可估计这些系数的某些线性组合，因此多重共线性可能并不是严重问题。

6. 关于多重共线性的检验

再次强调：多重共线性是一个程度问题，而不是有无的问题。所以对多重共线性的检验是考查它的程度是否严重，而不在于考查有无。同时由于多重共线性是一种样本现象，因此并没有多重共线性的单一检测方法，而只有一些经验法则。

(1) 简单相关系数检验法

注意，较高的简单相关系数只是多重共线性存在的充分条件，而不是必要条件。可以这样理解，如果回归模型只有两个解释变量，则它们的简单相关系数比较高（如超过 0.8）与具有严重的多重共线性可以等价看待；当模型超过两个解释变量，可先计算它们的相关矩阵，如果有其中两个解释变量的相关系数很高，则可认为存在较严重的多重共线性，但解释变量两两之间有较低的简单相关系数也可能具有严重多重共线性。

(2) 辅助回归法

在多元线性回归模型中，如果分别以每个解释变量为被解释变量，作与其他解释变量的回归，这称为辅助回归。例如，

$$X_K=\alpha_1+\alpha_2X_2+\cdots+\alpha_{K-1}X_{K-1}+v$$

其中，v 可理解为上述方程两边的差额，有点类似于我们学过的随机扰动项，但其实不然，因为根据经典假定，所有解释变量都是非随机变量，上式虽具有回归方程的形式，但只是描述解释变量之间的线性重合关系，故称作辅助回归。显然，若某个辅助回归的拟合优度高，表示线性重合程度高，也就意味作解释变量

之间的共线性程度强。

另一方面，可以借助方差扩大因子来诊断多重共线性的程度。由于在多元回归模型中解释变量 X_j 参数估计量 $\hat{\beta}_j$ 的方差可表示为

$$\mathrm{Var}(\hat{\beta}_j)=\frac{\sigma^2}{\sum x_j^2}\frac{1}{1-R_j^2}=\frac{\sigma^2}{\sum x_j^2}\mathrm{VIF}_j$$

其中的 VIF_j 是变量 X_j 的方差扩大因子，即

$$\mathrm{VIF}_j=\frac{1}{1-R_j^2}$$

注意 R_j^2 是变量 X_j 对其余解释变量作辅助回归所确定的多重可决系数。显然，VIF_j 越大，表明多重共线性程度越强，经验表明，$\mathrm{VIF}_j \geqslant 10$ 时，说明解释变量与其余解释变量之间有严重的多重共线性。

（3）缺某一个解释变量的拟合优度检验

具体说来，就是在模型中排除某一个解释变量 X_j，估计模型，如果拟合优度与包含 X_j 时十分接近，则说明 X_j 对 Y 的解释作用可以由其余解释变量对 Y 的解释作用近似代替，即 X_j 可近似地由其余解释变量线性表示，从而可说 X_j 与其他解释变量之间存在共线性。

（4）综合判断法

回归模型的拟合优度高、F 检验统计量显著，但个别重要解释变量的 t 值小，这是多重共线性的“经典”征兆。还有其他一些征兆：当增加或剔除一个解释变量，或者改变一个观测值时，回归参数的估计值发生较大变化，如前面已经阐述的，在不完全共线性情况下参数估计值对样本数据非常敏感，极不稳定；有些解释变量的回归系数所带正负号与定性分析结果违背时，很可能存在多重共线性。

7. 关于多重共线性的补救

有人曾说过，“多重共线性是上天赐给我们的礼物”。我们无法完全消除多重共线性，只能设法通过一些经验法则来降低多重共线性的影响程度，下面仅对其中的几种方法作出一定的解释。

1）增加样本容量。多重共线性问题的出现，表明样本数据所含信息不足，导致解释变量对被解释变量的偏回归系数无法得到精确估计，相应也就无法作出较好的解释；布兰查德（Blanchard）曾说过，多重共线性实质上是一个数据不足的问题；根据 $\mathrm{Var}(\hat{\beta}_j)=\dfrac{\sigma^2}{\sum x_{ij}^2}\dfrac{1}{1-R_j^2}$ 当样本容量增加时，$\sum x_{ij}^2$ 会增加，使得参数估计量的方差减小，可以更准确估计回归系数。因为多重共线性的主要影响，是难于得到标准误小的系数估计值，从理论的高度看，多重共线性、过少的

样本观测值、过大的解释变量方差实质上是同一问题。遗憾的是，关于经济学的实证研究，增加样本容量是一件很难的事情，增加样本资料必须增加额外的成本。

2）差分变量代换。通过差分后变量之间的相关性比差分前可能要弱得多，从而减低多重共线性。但是这个方法也有一些不足，比如，差分变化只能适用于时间序列数据，截面数据不存在逻辑上的顺序；差分模型的随机扰动项可能发生自相关现象；当样本数据本身就不多时，差分会使得样本数据减少，自由度也因此减少，从而可能产生不良的影响。

3）逐步回归法。逐步回归法不仅可以检测多重共线性，而且也可以对多重共线性进行补救。逐步回归法的好处是将统计上不显著的解释变量剔除，最后保留在模型中的解释变量之间多重共线性不明显，而且对被解释变量有较好的解释贡献。但是应注意，逐步回归法可能因为删除了重要的相关解释变量而导致设定偏误。

4）其他方法。比如，经验方法还有利用先验信息、截面数据与时间序列数据并用、剔除变量等，还可以利用多元统计分析中的主成分法以及岭回归（ridge regression）来降低多重共线性。这些方法各有利弊。

三、本章实验项目要点

运用 EViews 软件对存在多重共线性的多元线性回归模型的 OLS 估计及检验，没有专门的程序，着重是掌握简单相关系数矩阵的计算和多元线性回归的熟练运用。

运用 EViews 软件计算解释变量（如 x2、x3、x4、x5、x6）的简单相关系数矩阵，有三种方法。

方法 1：将解释变量 x2、x3、x4、x5、x6 选中，双击或点击右键，选择 Open/as Group，然后再点击 View/Correlation/Common Sample，即可得出相关系数矩阵。再点击顶部的 Freeze 按钮，可得到一个 Table 类型独立的 object。

方法 2：点击 EViews 主画面的顶部的 Quick/Group Statistics/Correlations 弹出对话框。在对话框中输入解释变量 x2、x3、x4、x5、x6，点击 OK，即可得出相关系数矩阵。

方法 3：命令窗口输入命令：cor　x2　x3　x4　x5　x6，然后回车，即可得出相关系数矩阵。

本章具体实验内容，见第十四章的实验二“多元线性回归模型和多重共线性”中的相关部分。

四、本章补充案例与案例讨论

案例　对朗利数据的回归[①]。

为研究被雇佣的人数，朗利使用了表 4.1 中的 1947～1962 年被雇佣人数 Y（以千人计）、国民生产总值的暗含价格缩减指数 X_2、国民生产总值（以百万美元计）X_3、以千人计的失业人数 X_4、军队中的人数 X_5、14 岁以上的非编制人口数 X_6、年份（1947 年取 1，…，1962 年取值 16）X_7 的时间序列数据，称为朗利数据。分析国民生产总值、暗含的价格缩减指数、失业人数、军队中人数、14 岁以上的非编制人口数及时间趋势对被雇佣人数影响的数量关系。

表 4.1　朗利数据

观测年份	Y	X_2	X_3	X_4	X_5	X_6	X_7
1947	60323	830	234289	2356	1590	107608	1
1948	61122	885	259426	2325	1456	108632	2
1949	60171	882	258054	3682	1616	109773	3
1950	61187	895	284599	3351	1650	110929	4
1951	63221	962	328975	2099	3099	112075	5
1952	63639	981	346999	1932	3594	113270	6
1953	64989	990	365385	1870	3547	115094	7
1954	63761	1000	363112	3578	3350	116219	8
1955	66019	1012	397469	2904	3048	117388	9
1956	67857	1046	419180	2822	2857	118734	10
1957	68169	1084	442769	2936	2798	120445	11
1958	66513	1108	444546	4681	2637	121950	12
1959	68655	1126	482704	3813	2552	123366	13
1960	69564	1142	502601	3931	2514	125368	14
1961	69331	1157	518173	4806	2572	127852	15
1962	70551	1169	554894	4007	2827	130081	16

案例分析：

首先用所有解释变量对 Y 作回归，结果如表 4.2 所示。

---

① 参见 Longley J. 1967. An appraisal of least-squares programs from the point of the user. Journal of the American Statistical Association，62：819～841

表 4.2 回归结果

Variable	Coefficient	Std. Error	t-Statistic	Prob.
C	77270.12	22506.71	3.433204	0.0075
X2	1.506187	8.491493	0.177376	0.8631
X3	-0.035819	0.033491	-1.069516	0.3127
X4	-2.020230	0.488400	-4.136427	0.0025
X5	-1.033227	0.214274	-4.821985	0.0009
X6	-0.051104	0.226073	-0.226051	0.8262
X7	1829.151	455.4785	4.015890	0.0030

R-squared	0.995479	Mean dependent var	65317.00
Adjusted R-squared	0.992465	S.D. dependent var	3511.968
S.E. of regression	304.8541	Akaike info criterion	14.57718
Sum squared resid	836424.1	Schwarz criterion	14.91519
Log likelihood	-109.6174	F-statistic	330.2853
Durbin-Watson stat	2.559488	Prob(F-statistic)	0.000000

从上面的 EViews5.0 输出结果看出，根据综合判断法，回归方程拟合优度很高，F 检验统计量非常显著，但解释变量 X_2、X_3、X_6 在统计上不显著，解释变量之间可能存在严重多重共线性。另外，通过解释变量的相关矩阵（表 4.3）也可以看到，X_2 分别与 X_3、X_6、X_7 相关系数都非常高，表明可能存在严重多重共线性。

表 4.3 相关矩阵

	X2	X3	X4	X5	X6	X7
X2	1.000000	0.991589	0.620633	0.464744	0.979163	0.991149
X3	0.991589	1.000000	0.604261	0.446437	0.991090	0.995273
X4	0.620633	0.604261	1.000000	-0.177421	0.686552	0.668257
X5	0.464744	0.446437	-0.177421	1.000000	0.364416	0.417245
X6	0.979163	0.991090	0.686552	0.364416	1.000000	0.993953
X7	0.991149	0.995273	0.668257	0.417245	0.993953	1.000000

为了进一步诊断多重共线性，作辅助回归，为节省篇幅，下面只给出辅助回归的可决系数以及方差扩大因子（表 4.4）。由于辅助回归的 R_j^2 很高，方差扩大因子 VIF_j 也很大，其中几个都远远超过 10，解释变量确实存在严重的多重共线性。

表 4.4 辅助回归的可决系数以及方差扩大因子

变量	R^2	VIF
X_2	0.9926	135.13
X_3	0.9994	1666.66
X_4	0.9702	33.55
X_5	0.7213	3.58
X_6	0.9974	384.61
X_7	0.9986	714.28

为了补救多重共线性，首先，从经济含义考虑可以不用名义国民生产总值而用真实国民生产总值（REALGNP），即将名义国民生产总值除以暗含的价格缩减指数；其次，由于14岁以上非编制人口数因人口自然增长而随时间不断增长，所以它与模型中的时间变量 X_7 高度相关（相关系数为0.9939），因此，我们将留下 X_6 并剔除 X_7；最后，没有充分的理由把失业人数 X_4 包括进来，可能失业率是劳动市场状况的一个更好的指标，但没有这方面的数据，故去掉 X_4。从而，得到如表4.5所示的回归结果。

表4.5 回归结果

Variable	Coefficient	Std. Error	t-Statistic	Prob.
C	65720.37	10624.81	6.185558	0.0000
REALGNP	97.36496	17.91552	5.434671	0.0002
X5	-0.687966	0.322238	-2.134965	0.0541
X6	-0.299537	0.141761	-2.112965	0.0562

R-squared	0.981404	Mean dependent var	65317.00
Adjusted R-squared	0.976755	S.D. dependent var	3511.968
S.E. of regression	535.4492	Akaike info criterion	15.61641
Sum squared resid	3440470.	Schwarz criterion	15.80955
Log likelihood	-120.9313	F-statistic	211.0972
Durbin-Watson stat	1.654069	Prob(F-statistic)	0.000000

尽管拟合优度比原来的模型略有下降，但仍然很高。现在所有的估计系数都是统计上显著的，系数的符号也都有经济意义。

另一方面，采用逐步回归法。分别作 Y 对 X_2，X_3，X_4，X_5，X_6，X_7 的一元回归，结果如表4.6所示。

表4.6 逐步回归结果

变量	X_2	X_3	X_4	X_5	X_6	X_7
参数估计值	31.59	0.034	1.888	2.307	0.484	716.51
t 统计量	15.16	20.37	2.17	1.92	12.89	15.28
R^2	0.9426	0.9673	0.2525	0.2091	0.9223	0.9434
$\bar{R}^2$	0.9385	0.9650	0.1991	0.1526	0.9168	0.9394

表4.6中，加入 X_3 的方程 $\bar{R}^2$ 最大，以 X_3 为基础，顺次加入其他变量逐步回归。结果如表4.7所示。

表 4.7　逐步回归结果

变量＼变量	X_2	X_3	X_4	X_5	X_6	X_7	$\bar{R}^2$
X_3，X_2	−8.51 (−0.68)	0.043 (3.26)					0.963
X_3，X_4		0.037 (22.12)	−0.543 (−2.98)				0.980
X_3，X_5		0.034 (17.49)		0.114 (0.41)			0.967
X_3，X_6		0.063 (5.93)			−0.409 (−2.69)		0.979
X_3，X_7		0.062 (3.83)				−592.38 (−1.72)	0.973

经比较，新加入 X_4 的方程 $\bar{R}^2=0.980$ 改进最大，而且各参数的 t 检验显著，选择保留 X_4，再加入其他新变量逐步回归，结果如表 4.8 所示。加入 X_2，X_6，X_7 后 $\bar{R}^2$ 没有改进，而且新加入的变量参数的 t 检验不显著。加入 X_5 后 $\bar{R}^2$ 略有改进，但 X_5 参数的 t 检验在 8.29％的显著性水平下才显著。

表 4.8　逐步回归结果

变量＼变量	X_2	X_3	X_4	X_5	X_6	X_7	$\bar{R}^2$
X_3，X_4，X_2	−2.594 (−0.25)	0.040 (3.69)	−0.533 (−2.76)				0.9759
X_3，X_4，X_5		0.040 (18.48)	−0.796 (−3.73)	−0.482 (−1.89)			0.9813
X_3，X_4，X_6		0.047 (2.80)	−0.385 (−1.16)		−0.153 (−0.58)		0.9764
X_3，X_4，X_7		0.008 (0.348)	−0.890 (−2.49)			646.49 (1.12)	0.9781

因此，通过逐步回归法修正多重共线性最后的结果如表 4.9 所示。

表 4.9 最后回归结果

Variable	Coefficient	Std. Error	t-Statistic	Prob.
C	53306.46	716.3419	74.41484	0.0000
X3	0.040788	0.002207	18.48470	0.0000
X4	-0.796817	0.213403	-3.733862	0.0029
X5	-0.482766	0.255160	-1.892013	0.0829

R-squared	0.985100	Mean dependent var	65317.00
Adjusted R-squared	0.981374	S.D. dependent var	3511.968
S.E. of regression	479.2974	Akaike info criterion	15.39484
Sum squared resid	2756712.	Schwarz criterion	15.58798
Log likelihood	-119.1587	F-statistic	264.4486
Durbin-Watson stat	0.904085	Prob(F-statistic)	0.000000

根据经济含义与逐步回归两种不同的思想，基本都达到了缓减多重共线性这一问题，但最后的模型不同，请读者自行作出评价，也可尝试用其他方法来对多重共线性这一问题进行补救。此案例存在的问题是样本容量过小，其可靠性或许会受到影响。

读者试做：①删除最后一年数据；②删除最后两年数据。重新估计所有解释变量对 Y 回归，与未删除任何数据所有解释变量对 Y 回归，有何发现？

五、教材中典型练习题参考解答

练习题 4.1 假设在模型 $Y_i=\beta_1+\beta_2X_{2i}+\beta_3X_{3i}+u_i$ 中，X_2 与 X_3 之间的相关系数为零，于是有人建议你进行如下回归：

$$Y_i = \alpha_1 + \alpha_2 X_{2i} + u_{1i}$$

$$Y_i = \gamma_1 + \gamma_3 X_{3i} + u_{2i}$$

1）是否存在 $\hat{\alpha}_2=\hat{\beta}_2$ 且 $\hat{\gamma}_3=\hat{\beta}_3$？为什么？

2）$\hat{\beta}_1$ 会等于 $\hat{\alpha}_1$ 或 $\hat{\gamma}_1$ 或两者的某个线性组合吗？

3）是否有 $\mathrm{Var}(\hat{\beta}_2)=\mathrm{Var}(\hat{\alpha}_2)$ 且 $\mathrm{Var}(\hat{\beta}_3)=\mathrm{Var}(\hat{\gamma}_3)$？

【练习题 4.1 参考解答】

1）存在 $\hat{\alpha}_2=\hat{\beta}_2$ 且 $\hat{\gamma}_3=\hat{\beta}_3$。

因为 $\hat{\beta}_2=\dfrac{\left(\sum y_i x_{2i}\right)\left(\sum x_{3i}^2\right)-\left(\sum y_i x_{3i}\right)\left(\sum x_{2i}x_{3i}\right)}{\left(\sum x_{2i}^2\right)\left(\sum x_{3i}^2\right)-\left(\sum x_{2i}x_{3i}\right)^2}$，当 X_2 与 X_3 之间的相关系数为零时，离差形式的 $\sum x_{2i}x_{3i}=0$，有

$$\hat{\beta}_2=\frac{\left(\sum y_i x_{2i}\right)\left(\sum x_{3i}^2\right)}{\left(\sum x_{2i}^2\right)\left(\sum x_{3i}^2\right)}=\frac{\sum y_i x_{2i}}{\sum x_{2i}^2}=\hat{\alpha}_2$$

同理，$\hat{\gamma}_3=\hat{\beta}_3$。

2）会的。

3）存在 $\text{Var}(\hat{\beta}_2)=\text{Var}(\hat{\alpha}_2)$ 且 $\text{Var}(\hat{\beta}_3)=\text{Var}(\hat{\gamma}_3)$。因为 $\text{Var}(\hat{\beta}_2)=\dfrac{\sigma^2}{\sum x_{2i}^2(1-r_{23}^2)}$，当 $r_{23}=0$ 时，

$$\text{Var}(\hat{\beta}_2)=\frac{\sigma^2}{\sum x_{2i}^2(1-r_{23}^2)}=\frac{\sigma^2}{\sum x_{2i}^2}=\text{Var}(\hat{\alpha}_2)$$

同理，$\text{Var}(\hat{\beta}_3)=\text{Var}(\hat{\gamma}_3)$。

练习题 4.3 表 4.10（教材表 4.11）给出了中国商品进口额 Y、国内生产总值 GDP、居民消费价格指数 CPI。

表 4.10 中国商品进口额、国内生产总值、居民消费价格指数

年份	商品进口额（Y）/亿元	国内生产总值（GDP）/亿元	居民消费价格指数（CPI）（1985 年为 100）
1985	1257.8	9016.0	100.0
1986	1498.3	10275.2	106.5
1987	1614.2	12058.6	114.3
1988	2055.1	15042.8	135.8
1989	2199.9	16992.3	160.2
1990	2574.3	18667.8	165.2
1991	3398.7	21781.5	170.8
1992	4443.3	26923.5	181.7
1993	5986.2	35333.9	208.4
1994	9960.1	48197.9	258.6
1995	11048.1	60793.7	302.8
1996	11557.4	71176.6	327.9
1997	11806.5	78973.0	337.1
1998	11626.1	84402.3	334.4
1999	13736.4	89677.1	329.7
2000	18638.8	99214.6	331.0
2001	20159.2	109655.2	333.3
2002	24430.3	120332.7	330.6
2003	34195.6	135822.8	334.6
2004	46435.8	159878.3	347.7
2005	54273.7	183084.8	353.9
2006	63376.9	211923.5	359.2
2007	73284.6	249529.9	376.5

数据来源：中国统计年鉴 2000、2008，中国统计出版社

请考虑下列模型：

$$\ln Y_t = \beta_1 + \beta_2 \ln GDP_t + \beta_3 \ln CPI_t + u_i$$

1）利用表中数据估计此模型的参数。

2）你认为数据中有多重共线性吗？

3）进行以下回归：

$$\ln Y_t = A_1 + A_2 \ln GDP_t + v_{1i}$$

$$\ln Y_t = B_1 + B_2 \ln CPI_t + v_{2i}$$

$$\ln GDP_t = C_1 + C_2 \ln CPI_t + v_{3i}$$

根据这些回归你能对数据中多重共线性的性质说些什么？

4）假设数据有多重共线性，但 $\hat{\beta}_2$ 和 $\hat{\beta}_3$ 在5%水平上个别地显著，并且总的 F 检验也是显著的。对这样的情形，我们是否应考虑共线性的问题？

【练习题 4.3 参考解答】

1）参数估计结果如下：

$$\ln(\text{进口}) = -3.060 + 1.656\ln(GDP) - 1.057\ln(CPI)$$

$$Se = (0.337) \quad (0.092) \qquad (0.214)$$

$$R^2 = 0.992, \quad \bar{R}^2 = 0.991, \quad F = 1275.09$$

2）数据中有多重共线性，居民消费价格指数的回归系数的符号不能进行合理的经济意义解释，且其简单相关系数呈现正向变动。

3）分别拟合的回归模型如下：

$$\ln Y = -4.090 + 1.218\ln(GDP)$$

$$(0.384) \quad (0.035)$$

$$R^2 = 0.982, \quad \bar{R}^2 = 0.981, \quad F = 1198.69$$

$$\ln Y = -5.442 + 2.663\ln(CPI)$$

$$(1.253) \quad (0.228)$$

$$R^2 = 0.866, \quad \bar{R}^2 = 0.860, \quad F = 136.44$$

$$\ln(GDP) = -1.437 + 2.245\ln(CPI)$$

$$(0.734) \quad (0.133)$$

$$R^2 = 0.930, \quad \bar{R}^2 = 0.927, \quad F = 282.71$$

单方程拟合效果都很好，回归系数显著，判定系数较高，GDP 和 CPI 对进口的显著的单一正影响，在这两个变量同时引入模型时的影响方向发生了改变，而且根据第三个模型结果可以看出 GDP 和 CPI 两者之间线性关系很强。

4）如果仅仅是作预测，可以不太在意这种多重共线性，但如果是进行结构分析，还是应该考虑多重共线性问题。

练习题 4.5 克莱因与戈德伯格曾用 1921～1950 年（1942～1944 年战争期间略去）美国国内消费 Y 和工资收入 X_1、非工资-非农业收入 X_2、农业收入 X_3 的时间序列资料，利用 OLS 估计得出了下列回归方程：

$$\hat{Y} = \underset{(8.92)}{8.133} + \underset{(0.17)}{1.059}X_1 + \underset{(0.66)}{0.452}X_2 + \underset{(1.09)}{0.121}X_3$$

$$R^2 = 0.95, \quad F = 107.37$$

括号中的数据为相应参数估计量的标准误差。试对上述模型进行评析，指出其中存在的问题。

【练习题 4.5 参考解答】

从模型拟合结果可知，样本观测个数为 27，消费模型的判定系数 $R^2=0.95$，F 统计量为 107.37，在 0.05 置信水平下分子自由度为 3，分母自由度为 23 的 F 临界值为 3.028，计算的 F 值远大于临界值，表明回归方程是显著的。模型整体拟合程度较高。

依据参数估计量及其标准误，可计算出各回归系数估计量的 t 统计量值：

$$t_0 = \frac{8.133}{8.92} = 0.91, \quad t_1 = \frac{1.059}{0.17} = 6.10$$

$$t_2 = \frac{0.452}{0.66} = 0.69, \quad t_3 = \frac{0.121}{1.09} = 0.11$$

除 t_1 外，其余的 t_j 值都很小。工资收入 X_1 的系数的 t 检验值虽然显著，但该系数的估计值过大，该值为工资收入对消费边际效应，因为它为 1.059，意味着工资收入每增加一美元，消费支出的增长平均将超过一美元，这与经济理论和常识不符。

另外，理论上非工资-非农业收入与农业收入也是消费行为的重要解释变量，但两者的 t 检验都没有通过。这些迹象表明，模型中存在严重的多重共线性，不同收入部分之间的相互关系，掩盖了各个部分对解释消费行为的单独影响。

练习题 4.7 在本章开始的“引子”提出的“农业的发展反而会减少财政收入吗”的例子中，所采用的数据如表 4.11（教材表 4.13）所示。

表 4.11 1978～2007 年财政收入及其影响因素数据

年份	财政收入(CS)/亿元	农业增加值(NZ)/亿元	工业增加值(GZ)/亿元	建筑业增加值(JZZ)/亿元	总人口(TPOP)/万人	最终消费(CUM)/亿元	受灾面积(SZM)/千公顷
1978	1132.3	1027.5	1607	138.2	96259	2239.1	50790
1979	1146.4	1270.2	1769.7	143.8	97542	2633.7	39370

续表

年份	财政收入(CS)/亿元	农业增加值(NZ)/亿元	工业增加值(GZ)/亿元	建筑业增加值(JZZ)/亿元	总人口(TPOP)/万人	最终消费(CUM)/亿元	受灾面积(SZM)/千公顷
1980	1159.9	1371.6	1996.5	195.5	98705	3007.9	44526
1981	1175.8	1559.5	2048.4	207.1	100072	3361.5	39790
1982	1212.3	1777.4	2162.3	220.7	101654	37148	33130
1983	1367	1978.4	2375.6	270.6	103008	4126.4	34710
1984	1642.9	2316.1	2789	316.7	104357	4846.3	31890
1985	2004.8	2564.4	3448.7	417.9	105851	5986.3	44365
1986	2122	2788.7	3967	525.7	107507	6821.8	47140
1987	2199.4	3233.0	4585.8	665.8	109300	7804.6	42090
1988	2357.2	3865.4	5777.2	810	111026	9839.5	50870
1989	2664.9	4265.9	6484	794	112704	11164.2	46991
1990	2937.1	5062.0	6858	859.4	114333	12090.5	38474
1991	3149.48	5342.2	8087.1	1015.1	115823	14091.9	55472
1992	3483.37	5866.6	10284.5	1415	117171	17203.3	51333
1993	4348.95	6963.8	14188	2266.5	118517	21899.9	48829
1994	5218.1	9572.7	19480.7	2964.7	119850	29242.2	55043
1995	6242.2	12135.8	24950.6	3728.8	121121	36748.2	45821
1996	7407.99	14015.4	29447.6	4387.4	122389	43919.5	46989
1997	8651.14	14441.9	32921.4	4621.6	123626	48140.6	53429
1998	9875.95	14817.6	34018.4	4985.8	124761	51588.2	50145
1999	11444.08	14770.0	35861.5	5172.1	125786	55636.9	49981
2000	13395.23	14944.7	4003.6	5522.3	126743	61516	54688
2001	16386.04	15781.3	43580.6	5931.7	127627	66878.3	52215
2002	18903.64	16537.0	47431.3	6465.5	128453	71691.2	47119
2003	21715.25	17381.7	54945.5	7490.8	129227	77449.5	54506
2004	26396.47	21412.7	65210	8694.3	129988	87032.9	37106
2005	31649.29	22420.0	76912.9	10133.8	130756	96918.1	38818
2006	38760.20	24040.0	91310.9	11851.1	131448	110595.3	41091
2007	51321.78	28095.0	107367.2	14014.1	132129	128444.6	48992

数据来源：中国统计年鉴 2008，中国统计出版社

试分析：为什么会出现本章开始时所得到的异常结果？怎样解决所出现的问题？

【练习题 4.7 参考解答】

根据样本数据得到解释变量的样本相关系数矩阵如表 4.12 所示。

表 4.12 样本相关系数矩阵

	NZ	GZ	JZZ	TPOP	CUM	SZM
NZ	1.000	0.940	0.982	0.927	0.971	0.226
GZ	0.940	1.000	0.971	0.800	0.947	0.073
JZZ	0.982	0.971	1.000	0.864	0.983	0.154
TPOP	0.927	0.800	0.864	1.000	0.861	0.387
CUM	0.971	0.947	0.983	0.861	1.000	0.128
SZM	0.226	0.073	0.154	0.387	0.128	1.000

解释变量之间相关系数较高，特别是农业增加值、工业增加值、建筑业增加值、最终消费之间，相关系数都在 0.9 以上，说明解释变量之间多重共线性程度很严重，这与第三章对模型的无多重共线性假定不符合，因此通过 OLS 估计得到了异常的结果。可以通过逐步回归法来解决多重共线性问题。

第五章

“异方差性”学习辅导

一、本章基本内容

（一）基本内容

第五章异方差性的基本内容见图 5.1。

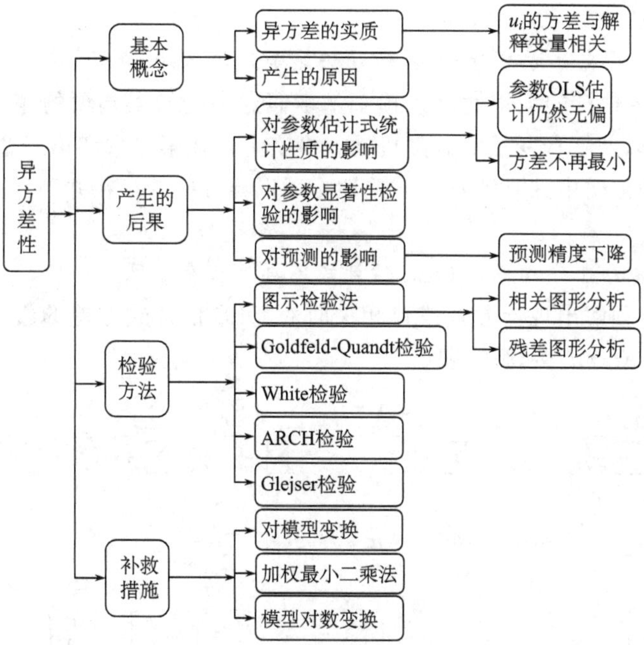

图 5.1　第五章基本内容

（二）本章的教学目标

本章的教学目标是：深刻理解异方差性的实质、异方差出现的原因、异方差的出现对模型的不良影响（即异方差的后果），掌握估计和检验异方差性的基本思想和修正异方差的若干方法；能够运用所学的知识处理模型中出现的异方差问题，并要求初步掌握用 EViews 处理异方差的基本操作方法。

二、重点与难点分析

1. *对异方差性的基本认识*

由于 $\mathrm{Var}(u_i|X_i)=\mathrm{Var}(Y_i|X_i)=\sigma_i^2$，这里的方差度量的是被解释变量 Y 的观测值围绕其条件期望的分散程度。因此对于同方差假定来说，指的是 Y 的观测值围绕回归线的分散程度相同，而异方差性指的是被解释变量观测值的分散程度是随着解释变量的变化而变化的。

从设定误差角度看，模型中的随机扰动项主要代表两方面的影响：①被模型忽略的其他变量对被解释变量的影响；②测量误差的影响。实际上，随机扰动主要代表的两方面因素都有可能随纳入模型的解释变量 X_i 的变化而变化，导致随机扰动的方差也随 X_i 的变化而变化，这种情况即称为存在异方差性。所以进一步可以把异方差性看成随机扰动项的方差是某个解释变量的函数，$\mathrm{Var}(u_i)=\sigma_i^2=\sigma^2 f(X_i)$（$i=1, 2, \cdots, n$）。

2. *为什么存在异方差时 OLS 估计仍然是无偏估计？*

参数 OLS 估计的无偏性仅依赖于基本假定中随机误差项的零均值假定（即 $E(u_i)=0$），以及解释变量的非随机性。事实上，在第二章和第三章关于 OLS 估计式无偏性的证明中并未涉及同方差性，所以异方差的存在并不影响参数估计式的无偏性。

3. *为什么存在异方差时 OLS 估计式不再具有有效性？*

为了便于理解出现异方差或自相关时对 OLS 估计式方差的影响，以一元回归 $Y_i=\beta_1+\beta_2X_i+u_i$ 为例来说明。

$$\hat{\beta}_2=\frac{\sum x_iy_i}{\sum x_i^2}=\frac{\sum x_i(Y_i-\bar{Y})}{\sum x_i^2}=\frac{\sum x_iY_i}{\sum x_i^2}-\frac{\bar{Y}\sum x_i}{\sum x_i^2}=\sum\frac{x_i}{\sum x_i^2}Y$$

$$=\sum\frac{x_i}{\sum x_i^2}(\beta_1+\beta_2X_i+u_i)=\beta_2+\frac{\sum x_iu_i}{\sum x_i^2}$$

$$\mathrm{Var}(\hat{\beta}_2)=E(\hat{\beta}_2-\beta_2)^2=E\left[\left(\beta_2+\frac{\sum x_iu_i}{\sum x_i^2}\right)-\beta_2\right]^2=E\left(\frac{\sum x_iu_i}{\sum x_i^2}\right)^2$$

$$= E\left[\frac{\sum (x_i u_i)^2 + 2\sum_{i \neq j} x_i u_i x_j u_j}{\left(\sum x_i^2\right)^2}\right]$$

$$= \frac{\sum x_i^2 E(u_i^2) + 2\sum_{i \neq j} x_i x_j E(u_i u_j)}{\left(\sum x_i^2\right)^2}$$

1）在异方差且自相关时，$E(u_i^2)=\sigma_i^2$，$E(u_iu_j)\neq 0$，则有

$$\mathrm{Var}(\hat{\beta}_2) = \frac{\sum x_i^2 E(u_i^2) + 2\sum_{i \neq j} x_i x_j E(u_i u_j)}{\left(\sum x_i^2\right)^2}$$

2）在异方差但无自相关时，$E(u_i^2)=\sigma_i^2$，$E(u_iu_j)=0$，则有

$$\mathrm{Var}(\hat{\beta}_2) = \frac{\sum x_i^2 E(u_i^2)}{\left(\sum x_i^2\right)^2} = \frac{\sum x_i^2 \sigma_i^2}{\left(\sum x_i^2\right)^2}$$

3）在同方差且无自相关时，$E(u_i^2)=\sigma^2, E(u_iu_j)=0$，则有

$$\mathrm{Var}(\hat{\beta}_2) = \frac{\sum x_i^2 E(u_i^2)}{\left(\sum x_i^2\right)^2} = \frac{\sigma^2}{\sum x_i^2}$$

4）在同方差但自相关时，$E(u_i^2)=\sigma^2$，$E(u_iu_j)\neq 0$，则有

$$\mathrm{Var}(\hat{\beta}_2) = \frac{\sigma^2}{\sum x_i^2} + \frac{2\sum_{i \neq j} x_i x_j E(u_i u_j)}{\left(\sum x_i^2\right)^2}$$

设存在异方差时的参数为 β_2^*，估计式为 $\hat{\beta}_2^*$。例如，为 $\sigma_i^2=\sigma^2 f(X_i)$。

存在异方差时，用 OLS 估计的 $\hat{\beta}_2^*$ 的方差为

$$\mathrm{Var}(\hat{\beta}_2^*) = \frac{\sum x_i^2 \sigma^2 f(X_i)}{\left(\sum x_i^2\right)^2} = \frac{\sigma^2}{\sum x_i^2} \cdot \frac{\sum x_i^2 f(X_i)}{\sum x_i^2} = \mathrm{Var}(\hat{\beta}_2) \cdot \frac{\sum x_i^2 f(X_i)}{\sum x_i^2}$$

因为实际经济问题中一般 $\dfrac{\sum x_i^2 f(X_i)}{\sum x_i^2} \neq 1$，所以有 $\mathrm{Var}(\hat{\beta}_2^*) \neq \mathrm{Var}(\hat{\beta}_2)$，从理论上说，异方差时参数的方差将会比无异方差时或者扩大，或者缩小。但是在大多数经济问题中，有 $\dfrac{\sum x_i^2 f(X_i)}{\sum x_i^2} > 1$，而 $\mathrm{Var}(\hat{\beta}_2)$ 是不存在异方差时 $\hat{\beta}_2$ 的方差，具有效性（最小方差性），而 $\mathrm{Var}(\hat{\beta}_2^*)$ 比 $\mathrm{Var}(\hat{\beta}_2)$ 更大，则不具有有效性。

4. 异方差性对显著性检验的影响

在 u_i 存在异方差时，OLS 估计式可能不再具有最小方差特性。以一元回归

为例，在出现异方差的情况下，参数估计式的方差 $\mathrm{Var}(\hat{\beta}_2) \neq \sigma^2 / \sum x_i^2$，若还是用 OLS 方法以 $\mathrm{Var}(\hat{\beta}_2) = \sigma^2 / \sum x_i^2$ 去估计其方差，通常得到的 t 统计量不再服从 t 分布，并且使用大样本也不能解决这个问题。类似地，F 统计量也不再服从 F 分布。因此，一般情况下，只要存在异方差性，在古典假定下用来检验假设的统计量不再成立。而且，如果还是用无异方差时的 $\mathrm{Var}(\hat{\beta}_2) = \sigma^2 / \sum x_i^2$ 去估计 $\hat{\beta}_2$ 的方差，通常会低估 $\hat{\beta}_2$ 的真实方差，也就会低估其标准误差，从而夸大 t 统计量，导致假设检验得出错误的结论。

5. 检验异方差性的基本思想

异方差性的本质是随机扰动的方差随着解释变量 X_i 的变化而变化。那么，检验异方差性的基本思想，也就是检验随机误差项的方差是否与解释变量观测值有相关性，并努力寻求相关的“形式”。

1）图示法的基本思想是，用 Y 或 e_i^2 与解释变量 X_i 的图形，去判断 Y 的离散程度或方差 σ_i^2 的代表 e_i^2 的变化是否与 X_i 的变化有关。

2）Goldfeld-Quandt 检验法的基本思想是，比较前后两个回归的剩余平方和是否有明显差异，因为方差不相等，剩余平方和也就不相等，可以此判断是否存在异方差。去掉中间一部分样本，只是为了差异更容易判断。

3）White 检验法的基本思想是，方差 σ_i^2 的代表 e_i^2 是否与解释变量的某种形式有显著关系，以判断异方差性。

4）ARCH 检验法的基本思想是，在时间序列数据中，如果方差 σ_t^2 呈现为自回归条件异方差（ARCH 过程），则表示方差是明显变动的，可以通过检验 ARCH 过程是否成立去判断时间序列有无异方差。

5）Glejser 检验的基本思想是，e_i 的绝对值 $|e_i|$ 与方差 σ_i^2 有关，将 $|e_i|$ 对某个解释变量 X_i 的各种函数形式回归，根据回归模型的显著性和拟合优度来判断是否存在异方差。

应注意，几种检验方法除了检验的基本思想和大样本的前提条件一致外，也有以下不同点：

1）Goldfeld-Quandt 检验法和 ARCH 检验法通常只能对异方差是否存在作出判断，对于是由哪一个变量引起的异方差无法作出判断；而 White 检验法不仅能对异方差是否存在作出判断，而且能够对于是由哪一个变量引起的异方差作出判断。

2）White 检验法通常适用于截面数据，ARCH 检验法只适用于时间序列数据，而 Goldfeld-Quandt 检验和 Glejser 检验法对于时间序列情形和截面数据都适用。

三、本章实验项目要点

运用 EViews 软件检验和补救异方差问题，着重应掌握以下方面：

1）熟悉用 EViews 软件中的“Procs/Generate Series”路径或点击“Genr”对话框生成 e_i^2 及各种权数的新变量。

2）练习用 EViews 软件绘制 e_i^2 与 X_i 的各种图形。

3）用 EViews 软件作 Goldfeld-Quanadt 检验时，注意练习在“Procs”菜单中选“Sort Series”命令对变量排序。练习通过“Sample”重新定义和调整样本区间。

4）练习按路径 view/residual tests/white heteroskedasticity（no cross terms or cross terms），进入 White 检验。正确解读 EViews 中 White 检验的输出结果。

5）练习按路径 view/residual tests/ARCH LM Test，并选择阶数，进入 ARCH 检验。正确解读 EViews 中 ARCH 检验的输出结果。

6）练习通过 EViews 软件用加权最小二乘法估计模型参数。在 Quick/Estimate equation 中输入“Y C X”，点“ option”，在对话框中点 weighted LS，在 weight 中输入“权数”/OK，即出现加权最小二乘结果。正确解读 EViews 软件加权最小二乘法的输出结果。

本章具体实验内容，见第十四章的实验三“异方差性和自相关”中的异方差部分。

四、本章补充案例与案例讨论

案例 中国农村居民人均消费函数。

（一）问题的提出

居民消费在社会经济发展中有着重要的作用，合理的消费模式和适度的消费规模有利于经济的持续增长，也是人民生活水平提高的体现。改革开放以来，中国经济快速发展，人民生活水平不断提高，消费水平也随着不断提高。但是在全国范围内，由于各地区经济发展速度不同，农村居民消费也有着明显差异。为了研究中国农村居民消费水平及其变动原因，需要作具体的分析。

（二）建立模型

以 2001 年中国各地区的农村消费为例（数据见表 5.1），中国农村居民人均消费支出主要由人均纯收入来决定。农村人均纯收入包括：①从事农业经营的收入；②包括从事其他产业的经营性收入；③工资性收入；④财产收入；⑤转移支付收入。这五部分可大体分为两类，一类是从事农业经营的收入（X_1），另一类是其他收入（X_2）。

考查从事农业经营的收入（X_1）和其他收入（X_2）对中国农村居民消费支出（Y）增长的影响，构造普通线性模型

$$Y_i = \beta_1 + \beta_2 X_{2i} + \beta_3 X_{3i} + u_i$$

表 5.1 中国 2001 年各地区农村居民家庭人均纯收入与消费支出相关数据（单位：元）

地区	人均消费支出（Y）	从事农业经营的收入（X_1）	其他收入（X_2）	地区	人均消费支出（Y）	从事农业经营的收入（X_1）	其他收入（X_2）
北京	3552.1	579.1	4446.4	湖北	1649.2	1352	1000.1
天津	2050.9	1314.6	2633.1	湖南	1990.3	908.2	1391.3
河北	1429.8	928.8	1674.8	广东	2703.36	1242.9	2526.9
山西	1221.6	609.8	1346.2	广西	1550.62	1068.8	875.6
内蒙古	1554.6	1492.8	480.5	海南	1357.43	1386.7	839.8
辽宁	1786.3	1254.3	1303.6	重庆	1475.16	883.2	1088
吉林	1661.7	1634.6	547.6	四川	1497.52	919.3	1067.7
黑龙江	1604.5	1684.1	596.2	贵州	1098.39	764	647.8
上海	4753.2	652.5	5218.4	云南	1336.25	889.4	644.3
江苏	2374.7	1177.6	2607.2	西藏	1123.71	589.6	814.4
浙江	3479.2	985.8	3596.6	陕西	1331.03	614.8	876
安徽	1412.4	1013.1	1006.9	甘肃	1127.37	621.6	887
福建	2503.1	1053	2327.7	青海	1330.45	803.8	753.5
江西	1720	1027.8	1203.8	宁夏	1388.79	859.6	963.4
山东	1905	1293	1511.6	新疆	1350.23	1300.1	410.3
河南	1375.6	1083.8	1014.1				

数据来源：中国统计年鉴 2002，中国统计出版社

估计结果为

$$Y_i = 317.7022 + 0.4545X_{1i} + 0.6977X_{2i}$$
$$t = (1.756) \quad (3.107) \quad (17.966)$$
$$R^2 = 0.9209, \quad \bar{R}^2 = 0.9153, \quad DW = 1.5577$$
$$F = 163.0388, \quad RSS = 1594927$$

从回归方程中可以看出，其他收入（而非农业经营收入）的增长，对农村人均消费的增长更有刺激作用。

（三）异方差检验

从结果分析可认为，不同地区的农村人均消费支出的差别主要来源于非农经

营收入和其他收入的差别。因此，如果存在异方差，则可能是 X_2 引起的。

1. 图示检验法

作 OLS 回归的残差平方和 $\hat{e}_i^2$（E2）与 X_2（X2）的散点图（图 5.2）。

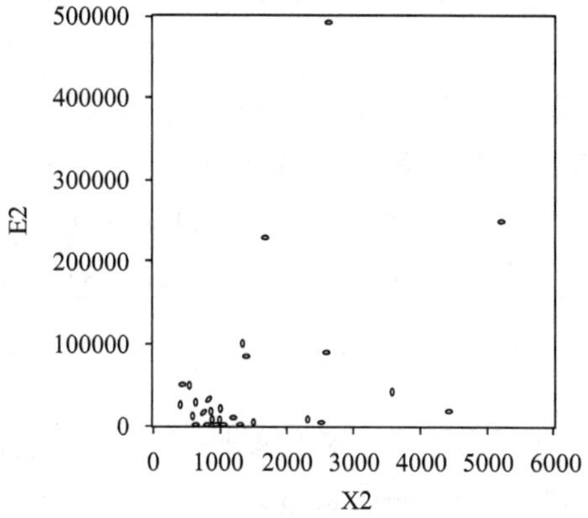

图 5.2 $\hat{e}_i^2$ 与 X_2 的散点图

图 5.2 表明存在单调递增型异方差。

2. 进一步检验，Goldfeld-Quandt 检验法

将原始数据按 X_2 排成升序，去掉中间的 7 个数据，得两个样本容量为 12 的子样本。对两个子样本分别作 OLS 回归，求各自的残差平方和 RSS_1 和 RSS_2。

子样本 1：

$$\hat{Y} = 728.0540 + 0.4467X_1 + 0.2329X_2$$
$$t = (2.6802) \quad (4.2068) \quad (0.8860)$$
$$R^2 = 0.7166, \quad RSS_1 = 114712.6$$

子样本 2：

$$\hat{Y} = 198.7979 + 0.2963X_1 + 0.7785X_2$$
$$t = (0.3433) \quad (0.6911) \quad (8.5929)$$
$$R^2 = 0.9055, \quad RSS_2 = 1068247$$

计算 F 统计量：

$$F = \frac{RSS_2}{RSS_1} = \frac{1068247}{114712.6} = 9.31$$

查表：给定 $\alpha=5\%$，查得临界值 $F_{0.05}(9, 9) = 3.18$。

判断：$F > F_{0.05}(9, 9)$，否定两组子样方差相同的假设，从而该总体随机项存在递增异方差性。

（四）异方差的补救

对原模型采用加权最小二乘回归进行补救。

首先对原模型进行 OLS 估计，得到随机误差项的近似估计量 $\hat{e}_i^2$，以此构成权矩阵 $\sigma^2\hat{W}$ 的估计量。

再以 $1/|\hat{e}_i^2|$ 为权重进行 WLS 估计，得

$$\hat{Y} = 307.8985 + 0.4728X_1 + 0.6898X_2$$

$$t = (12.4283) \quad (18.6974) \quad (34.4783)$$

$$R^2 = 0.9886, \quad \bar{R}^2 = 0.9877, \quad DW = 2.2284, \quad F = 1209.475$$

（五）模型的改进

根据经验，消费与收入并不是纯粹的线性关系，而是呈指数形式，因此，可采用双对数模型对上述线性模型进行改进。

1. 双对数模型

$$\ln Y = \beta_0 + \beta_1 \ln X_1 + \beta_2 \ln X_2 + \mu$$

普通最小二乘法的估计结果是

$$\ln\hat{Y} = 1.6548 + 0.3166\ln X_1 + 0.5084\ln X_2$$

$$t = (1.87) \quad (3.02) \quad (10.04)$$

$$R^2 = 0.7831, \quad \bar{R}^2 = 0.7676, \quad DW = 1.8905, \quad F = 50.5337$$

2. 异方差的检验

图形法检验：

生成新变量 E2$=e_i^2$ 和 LOG(X2) $=\ln X_2$，作 OLS 回归的残差平方和 e_i^2 与 $\ln X_2$ 的散点图（图 5.3）。

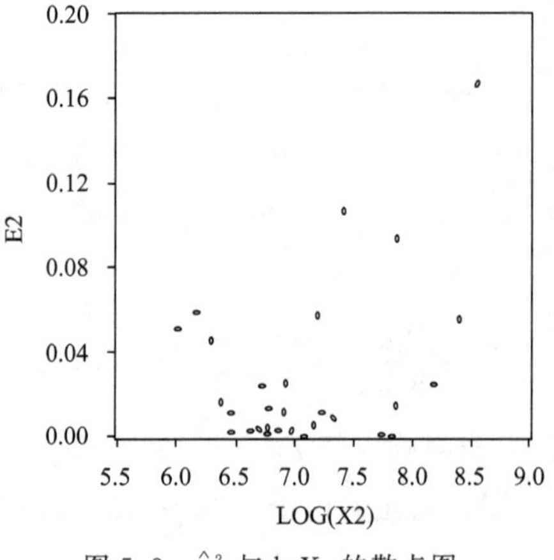

图 5.3 $\hat{e}_i^2$ 与 $\ln X_2$ 的散点图

图 5.3 表明存在单调递增型异方差。

Goldfeld-Quandt 检验法

将原始数据按 X_2 排成升序，去掉中间的 7 个数据，得两个样本容量为 12 的子样本。对两个子样本分别作 OLS 回归，求各自的残差平方和 RSS_1 和 RSS_2。

子样本 1：

$$\ln\hat{Y}=4.0607+0.3435\ln X_1+0.1197\ln X_2$$
$$t=(3.1840)\ (4.1331)\qquad(0.9364)$$
$$R^2=0.7068,\quad RSS_1=0.0648$$

子样本 2：

$$\ln\hat{Y}=0.7908+0.1380\ln X_1+0.7762X_2$$
$$t=(0.4327)\ (0.7329)\qquad(6.5281)$$
$$R^2=0.8339,\quad RSS_2=0.2791$$

计算 F 统计量：

$$F=\frac{RSS_2}{RSS_1}=\frac{0.2791}{0.0648}=4.31$$

查表：给定 $\alpha=5\%$，查得临界值 $F_{0.05}(9,9)=3.18$。

判断：$F>F_{0.05}(9,9)$，否定两组子样方差相同的假设，从而该总体随机项存在递增异方差性。

3. 异方差的补救

对原模型采用加权最小二乘回归进行补救。首先对原模型进行 OLS 估计，得到随机误差项的近似估计量 $\hat{e}_i^2$，以此构成权矩阵 $\sigma^2\hat{W}$ 的估计量；再以$1/|\hat{e}_i^2|$ 为权重进行 WLS 估计，得

$$\ln\hat{Y}=1.4970+0.319\ln X_1+0.5273\ln X_2$$
$$t=(5.1188)(5.9417)\qquad(28.9377)$$
$$R^2=0.9885,\quad \bar{R}^2=0.9877,\quad DW=2.49,$$
$$F=1200.734,\quad RSS=0.0706$$

可以看出：各项统计检验指标全面改善。

4. 与简单线性模型比较

二者在 t 检验和 F 检验及拟合优度上显著水平差不多，但是在进行异方差检验时，双对数模型的 F 值为 4.31，远小于一般线性模型的 F 值 9.31，说明双对数模型有较小的异方差性，优于一般的线性模型。

五、教材中典型练习题参考解答

练习题 5.1 设消费函数为

$$Y_i = \beta_1 + \beta_2 X_{2i} + \beta_3 X_{3i} + u_i$$

式中，Y_i 为消费支出；X_{2i} 为个人可支配收入；X_{3i} 为个人的流动资产；u_i 为随机误差项，并且 $E(u_i)=0$，$\mathrm{Var}(u_i)=\sigma^2 X_{2i}^2$（其中 σ^2 为常数）。试解答以下问题：

1）选用适当的变换修正异方差，要求写出变换过程；

2）写出修正异方差后的参数估计量的表达式。

【练习题 5.1 参考解答】

1）因为 $f(X_i)=X_{2i}^2$，所以取 $W_{2i}=\dfrac{1}{X_{2i}}$，用 W_{2i} 乘给定模型两端，得

$$\frac{Y_i}{X_{2i}} = \beta_1 \frac{1}{X_{2i}} + \beta_2 + \beta_3 \frac{X_{3i}}{X_{2i}} + \frac{u_i}{X_{2i}}$$

上述模型的随机误差项的方差为一固定常数，即

$$\mathrm{Var}\left(\frac{u_i}{X_{2i}}\right) = \frac{1}{X_{2i}^2}\mathrm{Var}(u_i) = \sigma^2$$

2）根据加权最小二乘法，可得修正异方差后的参数估计式为

$$\hat{\beta}_1 = \bar{Y}^* - \hat{\beta}_2 \bar{X}_2^* - \hat{\beta}_3 \bar{X}_3^*$$

$$\hat{\beta}_2 = \frac{\left(\sum W_{2i} y_i^* x_{2i}^*\right)\left(\sum W_{2i} x_{3i}^{*2}\right) - \left(\sum W_{2i} y_i^* x_{3i}^*\right)\left(\sum W_{2i} x_{2i}^* x_{3i}^*\right)}{\left(\sum W_{2i} x_{2i}^{*2}\right)\left(\sum W_{2i} x_{3i}^{*2}\right) - \left(\sum W_{2i} x_{2i}^* x_{3i}^*\right)^2}$$

$$\hat{\beta}_3 = \frac{\left(\sum W_{2i} y_i^* x_{3i}^*\right)\left(\sum W_{2i} x_{2i}^{*2}\right) - \left(\sum W_{2i} y_i^* x_{2i}^*\right)\left(\sum W_{2i} x_{2i}^* x_{3i}^*\right)}{\left(\sum W_{2i} x_{2i}^{*2}\right)\left(\sum W_{2i} x_{3i}^{*2}\right) - \left(\sum W_{2i} x_{2i}^* x_{3i}^*\right)^2}$$

其中

$$\bar{X}_2^* = \frac{\sum W_{2i} X_{2i}}{\sum W_{2i}}, \quad \bar{X}_3^* = \frac{\sum W_{2i} X_{3i}}{\sum W_{2i}}, \quad \bar{Y}^* = \frac{\sum W_{2i} Y_i}{\sum W_{2i}}$$

$$x_{2i}^* = X_{2i} - \bar{X}_2^*, \quad x_{3i}^* = X_{3i} - \bar{X}_3^*, \quad y^* = Y_i - \bar{Y}^*$$

练习题 5.3 表 5.2（教材表 5.9）是 2007 年我国各地区农村居民家庭人均纯收入与家庭人均生活消费支出的数据。

表 5.2 各地区农村居民家庭人均纯收入与家庭人均生活消费支出的数据

（单位：元）

地 区	家庭人均纯收入	家庭生活消费支出	地 区	家庭人均纯收入	家庭生活消费支出
北 京	9439.63	6399.27	湖 北	3997.48	3090
天 津	7010.06	3538.31	湖 南	3904.2	3377.38
河 北	4293.43	2786.77	广 东	5624.04	4202.32
山 西	3665.66	2682.57	广 西	3224.05	2747.47

续表

地　区	家庭人均纯收入	家庭生活消费支出	地　区	家庭人均纯收入	家庭生活消费支出
内蒙古	3953.1	3256.15	海　南	3791.37	2556.56
辽　宁	4773.43	3368.16	重　庆	3509.29	2526.7
吉　林	4191.34	3065.44	四　川	3546.69	2747.27
黑龙江	4132.29	3117.44	贵　州	2373.99	1913.71
上　海	10144.62	8844.88	云　南	2634.09	2637.18
江　苏	6561.01	4786.15	西　藏	2788.2	2217.62
浙　江	8265.15	6801.6	陕　西	2644.69	2559.59
安　徽	3556.27	2754.04	甘　肃	2328.92	2017.21
福　建	5467.08	4053.47	青　海	2683.78	2446.5
江　西	4044.7	2994.49	宁　夏	3180.84	2528.76
山　东	4985.34	3621.57	新　疆	3182.97	2350.58
河　南	3851.6	2676.41			

1）试根据上述数据建立 2007 年我国农村居民家庭人均消费支出对人均纯收入的线性回归模型。

2）选用适当方法检验模型是否存在异方差，并说明存在异方差的理由。

3）如果存在异方差，用适当方法加以修正。

【练习题 5.3 参考解答】

1）建立样本回归函数。

$$\hat{Y} = 179.1916 + 0.7195X$$

$$(0.808709)(15.74411)$$

$$R^2 = 0.895260,\quad F = 247.8769$$

2）利用 White 方法检验异方差，则 White 检验结果见表 5.3。

表 5.3　White 检验结果

White Heteroskedasticity Test:

F-statistic	7.194463	Probability	0.003011
Obs*R-squared	10.52295	Probability	0.005188

由上述结果可知，该模型存在异方差。分析该模型存在异方差的理由是，从数据可以看出，一是截面数据；二是各省市经济发展不平衡，使得一些省市农村居民收入高出其他省市很多，如上海市、北京市、天津市和浙江省等。而有的省就很低，如甘肃省、贵州省、云南省和陕西省等。

3）用加权最小二乘法修正异方差，分别选择权数 $w_1=\frac{1}{X}$，$w_2=\frac{1}{\sqrt{X}}$，$w_3=\frac{1}{X^2}$，经过试算，认为用权数 w_3 的效果最好。结果如表 5.4 所示。

表 5.4　加权最小二乘回归结果

Dependent Variable: Y
Method: Least Squares
Date: 06/28/10 Time: 12:39
Sample: 1 31
Included observations: 31
Weighting series: W3

Variable	Coefficient	Std. Error	t-Statistic	Prob.
C	787.2847	173.6964	4.532534	0.0001
X	0.561472	0.055731	10.07468	0.0000

Weighted Statistics

R-squared	0.946060	Mean dependent var	2743.600
Adjusted R-squared	0.944200	S.D. dependent var	1165.059
S.E. of regression	275.2095	Akaike info criterion	14.13528
Sum squared resid	2196468.	Schwarz criterion	14.22780
Log likelihood	-217.0969	F-statistic	101.4992
Durbin-Watson stat	2.482750	Prob(F-statistic)	0.000000

或写为

$$\hat{Y}=787.2847+0.5615X$$
$$(4.5325)\quad(10.0747)$$
$$R^2=0.9461,\quad F=101.4992$$

练习题 5.5　表 5.5（教材表 5.11）的数据是 2007 年我国建筑业总产值（X）和建筑业企业利润总额（Y）。试根据资料建立回归模型，并对模型判断是否存在异方差，如果有异方差，选用适当方法修正。

表 5.5　各地区建筑业总产值和建筑业企业利润总额　（单位：万元）

地　区	建筑业总产值（X）	建筑业企业利润总额（Y）	地　区	建筑业总产值（X）	建筑业企业利润总额（Y）
北　京	25767692	960256.4	湖　北	21108043	698837.4
天　津	12219419	379211.6	湖　南	18288148	545655.7
河　北	16146909	446520.8	广　东	29995140	1388554.6
山　西	10607041	194565.9	广　西	6127370	126343.1
内蒙古	6811038.3	353362.6	海　南	821834	14615.7
辽　宁	21000402	836846.6	重　庆	11287118	386177.5

续表

地 区	建筑业总产值（X）	建筑业企业利润总额（Y）	地 区	建筑业总产值（X）	建筑业企业利润总额（Y）
吉 林	7383390.8	102742	四 川	21099840	466176
黑龙江	8758777.8	98028.5	贵 州	3487908.1	41893.1
上 海	25241801	794136.5	云 南	7566795.1	266333.1
江 苏	70105724	2368711.7	西 藏	602940.7	52895.2
浙 江	69717052	1887291.7	陕 西	11730972	224646.6
安 徽	15169772	378252.8	甘 肃	4369038.8	152143.1
福 建	15441660	375531.9	青 海	1254431.1	24468.3
江 西	7861403.8	188502.4	宁 夏	1549486.5	25224.6
山 东	32890450	1190084.1	新 疆	4508313.7	68276.6
河 南	21517230	574938.7			

数据来源：国家统计局网站

【练习题 5.5 参考解答】

1）求 Y 对 X 的回归，得如下估计结果：

$$\hat{Y} = -28992.82 + 0.0323X$$
$$(-0.8009) \quad (20.8233)$$
$$R^2 = 0.9373, \quad F = 433.6077$$

用 White 检验的修正方法，建立如下回归模型：

$$e_i^2 = \alpha_1 + \alpha_2\hat{Y}_i + \alpha_3\hat{Y}_i^2 + v_i$$

通过计算得到如下结果：

$$\hat{e}_i^2 = -6.34(E+09) + 65144.33\hat{Y}_i - 0.0138\hat{Y}_i^2$$

对该模型系数作判断，运用 F 或 LM 检验，发现存在异方差。

2）通过对权数的试算，最后选择权数 $w = \frac{1}{\sqrt{X}}$，用加权最小二乘法得到如下估计（还原后的结果）：

$$\hat{Y} = -9038.875 + 0.0311X$$
$$(-0.5912) \quad (17.6011)$$
$$R^2 = 0.9144, \quad F = 309.7983, \quad DW = 2.0975$$

对该模型进行检验，发现已无异方差。

练习题 5.7 在教材练习题 5.6 的数据表里，如果考虑物价因素，则对异方差性的修正应该怎样进行？

【练习题 5.7 参考解答】

利用教材练习题 5.6 表 5.12 中的数据，剔除物价上涨因素后的回归结果如下：

$$\hat{Y}_1 = 0.431001 + 0.727487X_1$$

$$t = (6.888037) \quad (55.52690)$$

$$R^2 = 0.990682, \quad \bar{R}^2 = 0.990361, \quad F = 3083.237$$

其中，Y_1 代表实际消费支出，X_1 代表实际可支配收入。

用 ARCH 方法来检验模型是否存在异方差，结果如表 5.6 所示。

表 5.6 ARCH 检验结果

Heteroskedasticity Test: ARCH

F-statistic	4.441331	Prob. F(1,28)	0.0442
Obs*R-squared	4.107105	Prob. Chi-Square(1)	0.0427

在显著性水平为 0.01 的条件下，接收原假设，模型不存在异方差。这表明剔除物价上涨因素之后，异方差的问题有所改善。

第六章

“自相关”学习辅导

一、本章基本内容

（一）基本内容

第六章自相关的基本内容见图 6.1。

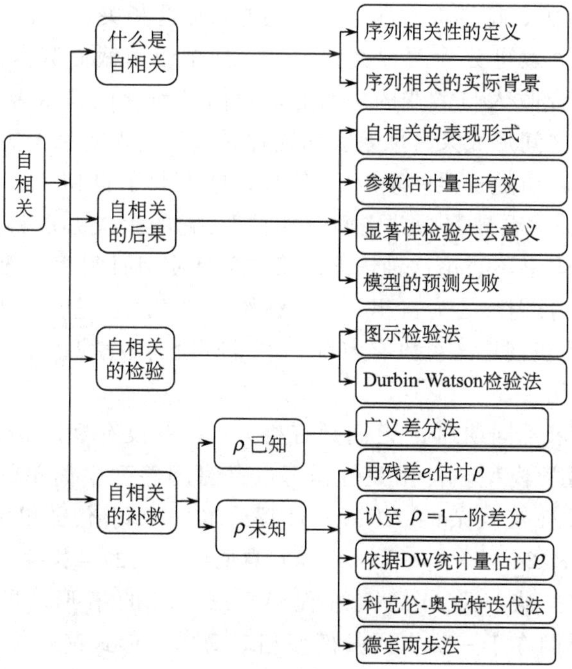

图 6.1　第六章基本内容

(二) 本章的教学目标

前面几章的讨论中，我们都假定随机误差项无序列相关，即一个时期产生的误差与另一个时期产生的误差无关。但在实际经济问题中，特别是在用时间序列数据建立的模型中，随机误差项常常会存在自相关。例如，当年的投资规模与前一年甚至前几年的投资有关；当期的消费水平很大程度上受上期甚至前几期的消费水平的制约；为了研究需要，经过统计处理的数据也常常产生自相关。对于时间序列数据，我们很难想象一个重要的经济变量的数值与它的前几期值没有关系，正像敲击琴键一样，它的声音必然要延续一段时间。而且随机误差项不满足无自相关的假定，会带来严重后果。本章探讨随机误差项不满足无自相关的古典假定时，序列相关性的检测方法与模型参数的估计问题。

本章的教学目标是：深刻理解序列相关性的概念；了解自相关产生的实际背景；了解模型存在自相关时的危害；掌握检验回归模型是否存在自相关的方法；掌握模型存在自相关时的补救措施。

二、重点与难点分析

1. 对序列相关性的认识

1）假定随机误差项满足 $\mathrm{Cov}(u_i, u_j)=0$，$i\neq j$。如果该假定不能满足，就称 u_i 与 u_j 存在自相关，即不同观测点上的误差项彼此相关。在 u_i 与 u_j 相关时，按照数据的类型，大致可分为两种类型：第一种是使用截面数据的情况下，u_i 与 u_j 相关，例如研究收入与消费的关系时，我们必须承认消费者之间的攀比和模仿效应在消费者之间形成某种联系，而这种联系是收入变量无法解释的。在回归模型中，这一影响由随机误差项 u_i 来体现，就引起了自相关，在截面数据中这种 u_i 与 u_j 的相关关系被称为“空间自相关”，它的解决办法将在《空间计量经济学》中研究，本书不讨论这种情况。第二种是使用时间序列数据的情况下，u_i 与 u_j 的相关性，我们称之为自相关，又称作序列相关，它是本书研究的重点。

2）自相关的表现形式可以有多种，本科阶段的教学只讨论随机误差项服从自回归过程的自相关。

自相关只要求不同期的 u_i 之间具有相关性，并没有规定 u_i 的生成过程，或者说规定 u_i 的数学模型。自相关过程可以是时间序列中简单的 MA 过程、AR 过程，也可是相对较复杂的 ARMA 过程。本书只讨论自相关过程属于一阶 AR(1)、二阶 AR(2)、…、m 阶 AR(m) 自回归形式的自相关，本科阶段的教学只详细讨论 u_i 服从一阶自回归过程 AR(1) 时的情形，即 $u_t=\rho u_{t-1}+v_t$ $(-1<\rho<1)$。原因在于一阶自回归模型相对简单，形式简化易于分析，同时一阶自回归模型在实际经济分析中常能取得较好的效果，在文献中被普遍应用。但

是应当明确，自相关也可能是一阶以上的高阶自相关形式。

2. 对于误差过程 $u_t=\rho u_{t-1}+v_t(-1<\rho<1)$ 的理解

1）模型假定 ρ 的取值范围为（-1，1）是为了保证序列 u_t 的平稳性，至于为什么有这个要求，可参考教材第十章。

2）如果忽略随机扰动项 v_t，则 u_t 的取值仅与前期值有关。如果 $0<\rho<1$，则 u_t 与它的上一期值 u_{t-1} 正相关；如果 $-1<\rho<0$，则 u_t 与它的上一期值 u_{t-1} 负相关。在大样本情况下，ρ 的 OLS 估计式为 $\hat{\rho}=\dfrac{\sum e_t e_{t-1}}{\sqrt{\sum e_t^2}\sqrt{\sum e_{t-1}^2}}\approx\dfrac{\sum e_t e_{t-1}}{\sum e_{t-1}^2}$，恰好是 u_t 与 u_{t-1} 的简单相关系数的一个近似估计。

3）容易算得 $E(u_t)=0$，$\mathrm{Var}(u_t)=\dfrac{\sigma_v^2}{1-\rho^2}$，即在 u_t 为一阶自回归形式的自相关时，随机误差项 u_t 依然满足零均值、同方差的假定；由于 $\mathrm{Cov}(u_t,u_{t-k})=\dfrac{\rho^k\sigma_v^2}{1-\rho^2}$，所以在自相关存在的情况下，$u_t$ 的各期之间都存在相关性，只不过相关系数的绝对值减小。

3. 对 DW 检验的认识

DW 检验因其原理简单、检验方便，目前已经成为最常用的自相关检验方法之一，EViews 在回归分析中直接给出了 DW 统计量的值。但是使用 DW 检验时需要注意以下几个问题。

1）要注意其使用的前提条件是否满足，DW 检验有 5 个条件：

① 解释变量 X 为非随机的。

② 随机误差项为一阶自回归形式，即 $u_t=\rho u_{t-1}+v_t$，其中 v_t 满足古典假定。这个条件表明：DW 检验只能判断模型是否存在一阶自相关，对于高阶自相关不适合。当 DW 值等于 2 时，只能说明 u_t 与 u_{t-1} 不相关，并不意味着扰动项不存在高阶自相关，即我们不能得出“扰动项不存在自相关”的一般结论。

③ 线性模型的解释变量中不包含滞后的被解释变量。已有研究表明，如果解释变量中包含滞后的被解释变量，DW 值总是趋近于 2。也就是说，即使模型存在自相关性，DW 值也会给出无自相关的结论。针对这种情形，需要运用第七章讨论的 Durbin-h 统计量。

④ 截距项不为零，适用于有常数项的回归模型。

⑤ 数据序列无缺失项。

2）和传统的假设检验不同，DW 检验有两个无法判断的区域

当 DW 值落入这两个区域时，无法判断模型是否存在自相关。针对这种情形 Durbin Watson 后来又提出了修正方法，但因其计算公式复杂，并不常用。一旦 DW 值落在这两个区域，人们通常选取其他方法或者增大样本容量来判断自

相关性。另一种判断方法是扩大拒绝区域，当 $d_U<d<4-d_U$ 时，不拒绝 H_0：$\rho=0$，认为不存在自相关；而当 $d<d_U$ 或 $d>4-d_U$ 时，就拒绝 H_0：$\rho=0$，认为存在自相关。这种修正实际是将拒绝区域扩大到不确定区域，由于自相关后果严重，在自相关不确定时，宁可拒绝 H_0：$\rho=0$，而不宜轻易接受无自相关。

3）DW 统计量表对样本容量有限制。DW 统计量的上、下界表一般要求 $n\geqslant 15$，这是因为如果样本再小，当 $n<15$ 时，DW 检验上下界表的数据不完整，利用残差很难对自相关的存在性作出比较正确的诊断。

4）以统计量为基础的自相关检验方法有多种，本教材只讨论了 DW 检验。

4. 自相关系数 ρ 为已知时的广义差分法

当随机误差项为一阶自回归形式 $u_t=\rho u_{t-1}+v_t$，其中 $|\rho|<1$，v_t 为满足古典假定的误差项时，如果自相关系数 ρ 为已知时，可使用广义差分法解决自相关问题，因为广义差分后的随机误差项 $\varepsilon_t=u_t-\rho u_{t-1}$ 是无自相关的。然而通常自相关系数 ρ 是未知的，所以实施广义差分法的关键是如何去寻求最理想的自相关系数 ρ。教材中讨论的用 DW 统计量估计 ρ、一阶差分法、科克伦-奥克特迭代法、德宾两步法都是用不同的方式去寻求自相关系数 ρ 的估计值。用不同方式估计的自相关系数 ρ 不相同，再用广义差分法估计的参数也就不相同，这是不同方式估计的自相关系数对于真实自相关系数的精度有差异引起的。

5. 各种估计自相关系数方式的比较

关于科克伦-奥克特（Cochrane-Orcutt）迭代法。在实际应用中，自相关系数 ρ 往往是未知的，必须通过一定的方法去估计 ρ。最简单的方法是依据 DW 统计量去估计 ρ，但这只是对自相关系数精度不高的粗略估计，而且要求大样本。

一阶差分法也很简便，但认定 $\rho=1$ 的假定过于强烈，只有在 ρ 为正且足够大时才有效，而且注意一阶差分法得到的回归方程没有截距项，要求有截距项的模型不适用。

德宾两步法是很巧妙地估计自相关系数的方法，德宾两步法的长处是可以方便地推广运用到高阶自回归场合，其不足是 $\hat{\rho}$ 的估计精度稍低。而且，德宾两步法用的是自回归模型，所估计的 ρ 是有偏、一致的估计（见第七章）。

相比较而言，采用科克伦-奥克特迭代法估计的 ρ 更为精确。科克伦-奥克特迭代法的基本思想是通过逐次迭代去寻求更为满意的 ρ 的估计值，利用残差 e_t 去估计未知的 ρ，然后再采用广义差分法。通常经过迭代很快就能得到有较高精度的 $\hat{\rho}$，用作广义差分对自相关的修正效果也较好。虽然科克伦-奥克特迭代法感觉复杂，但在 EViews 中只需要一个命令“LS Y C X AR（1）”就可完成，而且在回归的输出结果中，可以直接得到 ρ 的迭代次数。

三、本章实验项目要点

运用 EViews 软件检验和补救自相关问题，着重应掌握和练习以下方面。

1. DW 检验

在回归方程 OLS 估计 EViews 软件输出结果的最后一行取得 DW 统计量的数值，并通过查 DW 统计量的临界值表判断是否存在自相关及自相关的性质。

2. 观察残差图

在回归方程 OLS 估计输出结果的基础上，生成 e=resid，然后点击 Quikc \ Graph，在弹出的对话框中输入“e（−1）e”，得 e_t 与 e_{t-1} 关系的输出结果。

3. 广义差分的做法

方法一：首先生成广义差分新变量：$Y^*=Y_t-\rho Y_{t-1}$ 和 $X^*=X_t-\rho X_{t-1}$，再用 OLS 估计新变量 Y^* 和 X^* 的回归方程。

方法二：直接用命令“LS $Y-\rho*Y(-1)$ C $X-\rho*X(-1)$”/回车，得广义差分回归结果。

注意将广义差分参数估计结果还原为原模型参数估计值的方法。

4. 科克伦-奥科特迭代法

直接用科克伦-奥克特迭代法步骤较多，较为烦琐，但在 EViews 中只需要用一个命令“LS Y C X AR（1）”就可自动完成全部迭代，而且在回归的输出结果中，可以直接得到 ρ 的迭代次数。科克伦-奥克特迭代法的输出结果已经将参数还原为原模型参数的估计值，要正确解读科克伦-奥克特迭代法的输出结果。

本章具体实验内容，见第十四章的实验三“异方差性和自相关”中的自相关部分。

四、本章补充案例与案例讨论

案例　中国商品进口与国内生产总值关系研究。

如何认识进口贸易在国民经济发展中的积极作用就显得尤为重要。综观世界各国经济发展，出口和进口在各国经济发展中都作出了非常重要的贡献。从我国 30 多年来对外贸易的发展和经济建设所取得的成就来看，对外贸易中出口和进口都作出了非常大的贡献。尤其是进口贸易的规模不断扩大，外贸进口依存度不断提高，进口贸易商品结构逐步趋向优化，已经显示出进口贸易在我国国民经济发展中的积极作用。经济理论指出：商品进口主要由进口国的经济发展水平，以及商品进口价格指数与国内价格指数对比因素决定的。由于无法取得中国商品进口价格指数，我们主要研究中国商品进口与国内生产总值的关系（表 6.1）。

表 6.1 中国商品进口与国内生产总值

年份	国内生产总值(GDP)/亿元	商品进口额(*M*)/亿美元	年份	国内生产总值(GDP)/亿元	商品进口额(*M*)/亿美元
1978	3264.1	108.9	1990	18547.9	533.4
1979	4928.2	156.7	1991	21617.8	637.9
1980	4517.8	200.2	1992	26638.1	805.9
1981	4862.4	220.2	1993	34634.4	1039.6
1982	5294.7	192.9	1994	46759.4	1145.1
1983	5934.5	213.9	1995	58478.1	1320.8
1984	7171.0	274.1	1996	67884.6	1388.3
1985	8964.4	422.5	1997	74462.6	1423.7
1986	10202.2	429.1	1998	78345.2	1402.4
1987	11962.5	432.1	1999	82067.5	1657.0
1988	14928.3	552.7	2000	89442.2	2250.9
1989	16909.2	591.4	2001	95933.3	2463.1

数据来源：中国统计年鉴 1995、2000、2002，中国统计出版社

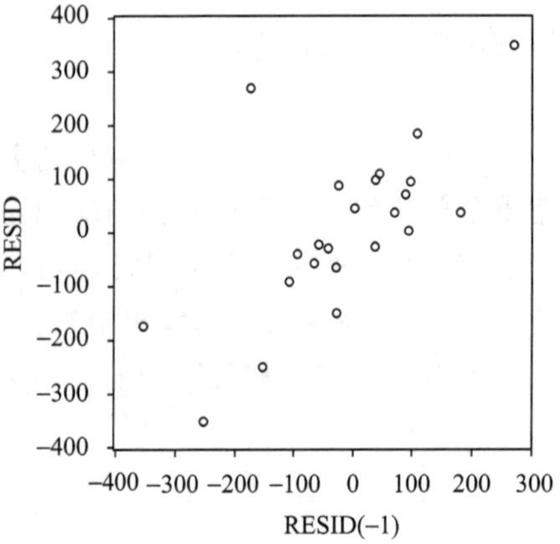

图 6.2 残差相关图

1. 用上述数据建立一元回归模型

$$\hat{M}_t = 150.54 + 0.02\mathrm{GDP}_t$$

$$t = (3.21) \quad (19.83)$$

$$R^2 = 0.947, \quad \bar{R}^2 = 0.944,$$

$$\mathrm{DW} = 0.616, \quad F = 393.29$$

2. 用两种方法判断模型是否存在自相关

方法一：DW 判断法

取 $\alpha = 5\%$，由于 $n = 24$，$k = 2$（包含常数项），查表得 $d_L = 1.27$，$d_U = 1.45$。

由于 $\mathrm{DW} = 0.616 < d_L = 1.27$，故存在正自相关。

方法二：图示判断法（图 6.2、图 6.3）

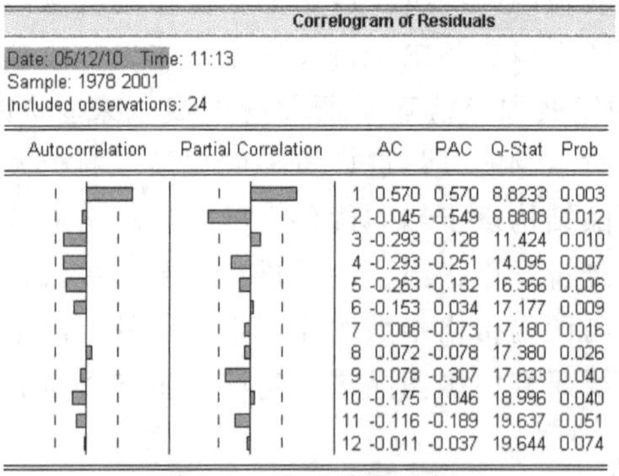

图 6.3 残差偏相关图

3. 如果存在自相关，用两种方法修正模型的自相关

从残差的偏相关图形，可以看出残差存在二阶自相关。

方法一：采用科克伦-奥科特迭代法

输入命令“LS M C GDP AR（1）AR（2）”，最终结果为

$$\hat{M}_t = 168.56 + 0.019\text{GDP}_t + 1.133\text{AR}(1) - 0.821\text{AR}(2)$$

$$t = (3.78) \quad (18.26) \quad (6.28) \quad (-3.70)$$

$$R^2 = 0.982, \quad \bar{R}^2 = 0.979, \quad \text{DW} = 1.908, \quad F = 337.08$$

方法二：Durbin 两步法

第一步，估计模型。

$$M_t = \beta_0 + \rho_1 M_{t-1} + \rho_2 M_{t-2} + \beta_1 \text{GDP}_t + \beta_2 \text{GDP}_{t-1} + \beta_3 \text{GDP}_{t-2} + v_t$$

$$\hat{M}_t = 96.86 + 0.976 M_{t-1} - 0.594 M_{t-2} + 0.051\text{GDP}_t - 0.086\text{GDP}_{t-1} + 0.048\text{GDP}_{t-2}$$

$$t = (2.08) \quad (6.43) \quad (-2.14) \quad (5.19) \quad (-5.19) \quad (4.74)$$

$$R^2 = 0.9900, \quad \bar{R}^2 = 0.9868, \quad \text{DW} = 2.301, \quad F = 317.31$$

第二步，作差分变换：生成新变量 M1 和 GDP1。

Genr M1 = M − (0.976 * M(−1) + 0.594 * M(−2))

Genr GDP1 = GDP − (0.976 * GDP(−1) + 0.594 * GDP(−2))

$$\hat{M1}_t = 102.04 + 0.02\text{GDP1}_t$$

$$t = (3.39) \quad (19.03)$$

$$R^2 = 0.9476, \quad \bar{R}^2 = 0.9450, \quad \text{DW} = 1.635, \quad F = 362.05$$

经残差的图形检验（图 6.4），差分模型已经不存在一、二阶自相关。

Autocorrelation	Partial Correlation		AC	PAC	Q-Stat	Prob
		1	0.181	0.181	0.8209	0.365
		2	-0.130	-0.168	1.2648	0.531
		3	-0.191	-0.142	2.2802	0.516
		4	-0.051	-0.009	2.3578	0.670
		5	-0.159	-0.209	3.1410	0.678
		6	-0.244	-0.243	5.1037	0.531
		7	0.040	0.068	5.1587	0.641
		8	0.110	-0.048	5.6167	0.690
		9	-0.056	-0.192	5.7427	0.765
		10	-0.186	-0.200	7.2606	0.701
		11	-0.059	-0.141	7.4290	0.763
		12	0.123	-0.031	8.2274	0.767

图 6.4　残差偏相关图

所以最终模型为

$$\hat{M}_t = 165.11 + 0.02\text{GDP}_t$$

五、教材中典型练习题参考解答

练习题 6.1 表 6.2（教材表 6.6）给出了美国 1960～1995 年这 36 年间个人实际可支配收入 X 和个人实际消费支出 Y 的数据。

表 6.2 美国个人实际可支配收入和个人实际消费支出 （单位：百亿美元）

年份	个人实际可支配收入（X）	个人实际消费支出（Y）	年份	个人实际可支配收入（X）	个人实际消费支出（Y）
1960	157	143	1978	326	295
1961	162	146	1979	335	302
1962	169	153	1980	337	301
1963	176	160	1981	345	305
1964	188	169	1982	348	308
1965	200	180	1983	358	324
1966	211	190	1984	384	341
1967	220	196	1985	396	357
1968	230	207	1986	409	371
1969	237	215	1987	415	382
1970	247	220	1988	432	397
1971	256	228	1989	440	406
1972	268	242	1990	448	413
1973	287	253	1991	449	411
1974	285	251	1992	461	422
1975	290	257	1993	467	434
1976	301	271	1994	478	447
1977	311	283	1995	493	458

注：资料来源于 Economic Report of the President，数据为 1992 年价格

要求：1）用普通最小二乘法估计收入-消费模型：

$$Y_t = \beta_1 + \beta_2 X_2 + u_t$$

2）检验收入-消费模型的自相关状况（5%显著水平）；

3）用适当的方法消除模型中存在的问题。

【练习题 6.1 参考解答】

1）收入-消费模型为

$$\hat{Y}_t = -9.4287 + 0.9359X_t$$

$$(2.5043) \quad (0.0075)$$

$$t = (-3.7650)(125.3411)$$

$$R^2 = 0.9978, \quad F = 15710.39, \quad df = 34, \quad DW = 0.5234$$

2）对样本量为 36、一个解释变量的模型、5%显著水平，查 DW 统计表可知，$d_L = 1.411$，$d_U = 1.525$，模型中 $DW < d_L$，显然消费模型中有自相关。

3）采用广义差分法

$$e_t = 0.72855e_{t-1}$$

$$\hat{Y}_t^* = -3.7831 + 0.9484X_t^*$$

$$(1.8710) \quad (0.0189)$$

$$t = (-2.0220)(50.1682)$$

$$R^2 = 0.9871, \quad F = 2516.848, \quad DW = 2.0972$$

查 5%显著水平的 DW 统计表可知 $d_L = 1.402$，$d_U = 1.519$，模型中 $DW = 2.0972 > d_U$，说明广义差分模型中已无自相关。同时，判定系数 R^2，t，F 统计量均达到理想水平。

$$\hat{\beta}_1 = \frac{-3.7831}{1-0.72855} = 13.9366$$

最终的消费模型为

$$Y_t = 13.9366 + 0.9484X_t$$

练习题 6.3　表 6.3（教材表 6.7）是北京市连续 19 年城镇居民家庭人均收入与人均支出的数据。

表 6.3 北京市 19 年来城镇居民家庭收入与支出数据表

年份顺序	人均收入/元	人均生活消费支出/元	商品零售物价指数/%	人均实际收入/元	人均实际支出/元
1	450.18	359.86	100.00	450.18	359.86
2	491.54	408.66	101.50	484.28	402.62
3	599.40	490.44	108.60	551.93	451.60
4	619.57	511.43	110.20	562.22	464.09
5	668.06	534.82	112.30	594.89	476.24
6	716.60	574.06	113.00	634.16	508.02
7	837.65	666.75	115.40	725.87	577.77
8	1158.84	923.32	136.80	847.11	674.94
9	1317.33	1067.38	145.90	902.90	731.58
10	1413.24	1147.60	158.60	891.07	723.58
11	1767.67	1455.55	193.30	914.47	753.00
12	1899.57	1520.41	229.10	829.14	663.64
13	2067.33	1646.05	238.50	866.81	690.17
14	2359.88	1860.17	258.80	911.85	718.77
15	2813.10	2134.65	280.30	1003.60	761.56
16	3935.39	2939.60	327.70	1200.91	897.04
17	5585.88	4134.12	386.40	1445.62	1069.91
18	6748.68	5019.76	435.10	1551.06	1153.70
19	7945.78	5729.45	466.90	1701.82	1227.13

要求：1）建立居民收入-消费函数；

2）检验模型中存在的问题，并采取适当的补救措施予以处理；

3）对模型结果进行经济解释。

【练习题 6.3 参考解答】

1）收入-消费模型为

$$\hat{Y}_t = 79.930 + 0.690X_t$$
$$(12.399)(0.013)$$
$$t = (6.446)(53.621)$$
$$R^2 = 0.994, \quad DW = 0.575$$

2）DW=0.575，取 $\alpha=5\%$，查 DW 上下界 $d_L=1.18$，$d_U=1.40$，DW<1.18，说明误差项存在正自相关。

3）采用广义差分法

使用普通最小二乘法估计 ρ 的估计值 $\hat{\rho}$，得

$$e_t = 0.657e_{t-1}$$
$$(0.178)$$
$$t = (3.701)$$
$$\hat{Y}_t^* = 36.010 + 0.669X_t^*$$
$$(8.105)(0.021)$$
$$t = (4.443)(32.416)$$
$$R^2 = 0.985,\quad DW = 1.830$$

已知 $d_U = 1.40$，$d_U < DW < 2$。因此，在广义差分模型中已无自相关。据 $\hat{\beta}_1 1-\hat{\rho} = 36.010$，可得

$$\hat{\beta}_1 = \frac{36.010}{1-0.657} = 104.985$$

因此，原回归模型应为

$$Y_t = 104.985 + 0.669X_t$$

其经济意义为：北京市人均实际收入增加 1 元时，平均说来人均实际牛活消费支出将增加 0.669 元。

练习题 6.5　表 6.4（教材表 6.9）给出了某地区 1980～2000 年的地区生产总值（Y）与固定资产投资额（X）的数据。

表 6.4　地区生产总值与固定资产投资额　　（单位：亿元）

年份	地区生产总值（Y）	固定资产投资额（X）	年份	地区生产总值（Y）	固定资产投资额（X）
1980	1402	216	1991	3158	523
1981	1624	254	1992	3578	548
1982	1382	187	1993	4067	668
1983	1285	151	1994	4483	699
1984	1665	246	1995	4897	745
1985	2080	368	1996	5120	667
1986	2375	417	1997	5506	845
1987	2517	412	1998	6088	951
1988	2741	438	1999	7042	1185
1989	2730	436	2000	8756	1180
1990	3124	544			

要求：1）使用对数线性模型 $\ln Y_t=\beta_1+\beta_2\ln X_t+u_t$ 进行回归，并检验回归模型的自相关性；

2）采用广义差分法处理模型中的自相关问题。

3）令 $X_t^*=X_t/X_{t-1}$（固定资产投资指数），$Y_t^*=Y_t/Y_{t-1}$（地区生产总值增长指数），使用模型 $\ln Y_t^*=\beta_1+\beta_2\ln X_t^*+v_t$，该模型中是否有自相关？

【练习题 6.5 参考解答】

1）对数模型为

$$\ln(Y)=2.1710+0.9511\ln(X)$$
$$t=(9.0075)(24.4512)$$
$$R^2=0.9692,\quad DW=1.1598$$

样本量 $n=21$，一个解释变量的模型，5%显著水平，查 DW 统计表可知，$d_L=1.221$，$d_U=1.420$，模型中 $DW<d_L$，显然模型中有自相关。

2）采用广义差分法

$$e_t=0.4002\,e_{t-1}$$

令

$$LY_t^*=\ln(Y_t)-0.4002\ln(Y_{t-1}),\quad LX_t^*=\ln(X_t)-0.4002\ln X_{t-1}$$

LY_t^* 对 LX_t^* 回归，得

$$\hat{Y}_t^*=1.4772+0.9060X_t^*$$
$$t=(6.5465)(15.1595)$$
$$R^2=0.9274,\quad DW=1.4415$$

模型中 $DW=1.4415>d_U$，说明广义差分模型中已无自相关。

$$\hat{\beta}_1=\frac{1.4772}{1-0.4002}=2.4628$$

最终的模型为

$$\ln(Y_t)=-2.468+0.9060\ln(X_t)$$

3）回归模型为

$$\ln(Y_t/Y_{t-1})=0.054+0.4422\ln(X_t/X_{t-1})$$
$$t=(4.0569)\,(6.6979)$$
$$R^2=0.7137,\quad DW=1.5904$$

模型中 $DW=1.5904>d_U$，说明广义差分模型中已无自相关。

第七章

“分布滞后模型与自回归模型”学习辅导

一、本章基本内容

（一）基本内容

第七章分布滞后模型与自回归模型的基本内容见图 7.1。

（二）本章的教学目标

前面各章讨论的计量经济模型都假定变量间的关系是瞬时的，是一种静态模型。但是，由于心理、技术以及制度等原因，经济变量之间的影响往往具有滞后效应，即被解释变量受到自身或其他经济变量过去值的影响。这种对当前被解释变量产生影响的过去时期变量称为滞后变量，分为滞后解释变量与滞后被解释变量。含有滞后变量的模型称为滞后变量模型，有分布滞后模型和自回归模型两大类。滞后变量模型将不同时期的经济现象彼此联系起来，使经济活动由静态分析转化为动态分析，在计量经济学中有重要意义。

本章的教学目标是：深刻理解经济系统中的滞后效应及产生的原因；了解分布滞后模型和自回归模型的意义和形式；掌握分布滞后模型参数估计存在的问题和估计方法；掌握库伊克模型、自适应预期模型与局部调整模型的背景及构成；掌握一阶自回归模型参数估计的工具变量法及扰动项自相关诊断的 h 检验法；能够用分布滞后模型和自回归模型分析一些实际经济问题；能熟练运用相应的 EViews 软件并能对计量分析结果进行分析解释。

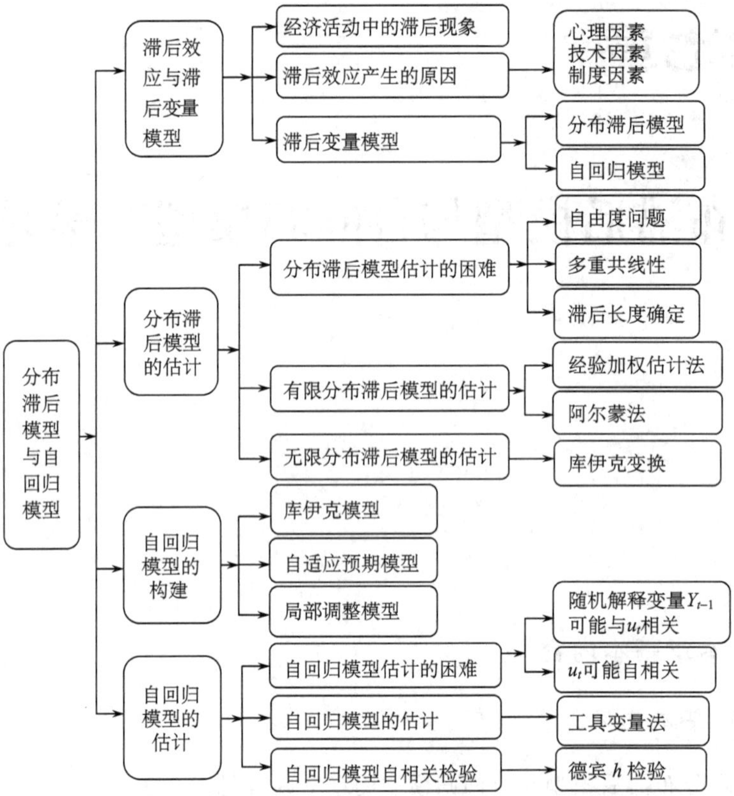

图 7.1 第七章基本内容

二、重点与难点分析

1. 分布滞后模型及其估计的困难

无限分布滞后模型 $Y_t=\alpha+\beta_0X_t+\beta_1X_{t-1}+\beta_2X_{t-2}+\cdots+\beta_sX_{t-s}+\cdots+u_t$ 中，有无穷多个参数需估计，而样本总是有限的，因此不可能对无限分布滞后模型直接用最小二乘法进行估计。

有限分布滞后模型 $Y_t=\alpha+\beta_0X_t+\beta_1X_{t-1}+\beta_2X_{t-2}+\cdots+\beta_sX_{t-s}+u_t$，似乎可像多元线性回归模型那样，用最小二乘法得到最佳线性无偏（BLUE）和一致的估计量。但事实上有限分布滞后模型也不宜用 OLS 法估计，主要困难在于：

1）自由度问题。分布滞后模型的滞后长度每滞后一期，可利用的样本数据就会减少一个，即有效样本容量会减少一个。分布滞后模型实际增加了解释变量个数，被估参数会增加，自由度会减少。当样本容量较小而滞后期较长时，自由度损失严重，将致使参数估计量偏差增大，显著性检验失效。

2）多重共线性问题。时间序列的滞后值之间往往高度线性相关，即分布滞后模型可能会存在严重的多重共线性。

3）滞后长度难以确定。在大多数情况下，有限分布滞后模型的最大滞后长度 s 是未知的，而我们又没有充分的先验信息来确定 s。

建立分布滞后模型需要选择滞后长度。可根据实际问题需要或者经验判断，滞后期长度 s 一般不超过 4；也可根据调整的可决系数 $\bar{R}^2$ 的最大值为基础来选择 s，具体可先用 Y_t 对 X_t，X_{t-1} 回归，再用 Y_t 对 X_t，X_{t-1}，X_{t-2} 回归，…，直到 $\bar{R}^2$ 值达到最大为止；还可以通过赤池（AIC）或施瓦茨（SC）信息准则来选取合适的滞后长度 s。例如，为了决定分布滞后模型的滞后长度，施瓦茨（Schwarz）建议求下列最小化函数的 s：$\mathrm{SC}=\ln\hat{\sigma}^2+s\ln n$。其中，$\hat{\sigma}^2$ 是 σ^2 的极大似然函数值；s 是滞后长度；n 是观测值个数。

2. 有限分布滞后模型的估计方法

解决分布滞后模型估计问题的基本思路：针对分布滞后模型估计面临的困难，通过对分布滞后模型的系数施加某种约束或假定条件，通过线性组合或者其他方式变换模型，设法把各滞后变量组合起来成为个数较少的新变量，目的是减少需要直接估计的参数个数、减少自由度损失并缓解多重共线性。常用的估计方法主要有经验加权估计法和阿尔蒙法。

阿尔蒙法估计分布滞后模型参数的原理建立在“魏尔斯特拉斯”定理的基础上，该定理证明了：在闭区间内的任何连续函数，都可以通过这个区间适当阶的多项式来近似获得，则有

$$\beta_i=\alpha_0+\alpha_1 i+\alpha_2 i^2+\cdots+\alpha_m i^m=\alpha_0+\sum_{j=1}^{m}\alpha_j i^j$$

$$\begin{aligned}Y_t&=\alpha+\alpha_0\sum_{i=0}^{S}X_{t-i}+\alpha_1\sum_{i=1}^{S}iX_{t-i}+\alpha_2\sum_{i=1}^{S}i^2X_{t-i}+u_t\\&=\alpha+\alpha_0 Z_{0t}+\alpha_1 Z_{1t}+\alpha_2 Z_{2t}+u_t\end{aligned}$$

阿尔蒙多项式次数 m 的实际确定往往带有主观性，可用试探法进行选择。通常是先给 m 一个较大值（如 $m=4$），然后用 t 检验逐步降低多项式次数，直到 α_m 在统计上显著为止。或以相应的 P 值为基础选择多项式次数 m。例如，若三次的系数不显著而 P 值大于 5%，二次的系数显著而 $P=0.001$，则 $m=2$ 是适宜的。注意，m 应小于分布滞后模型的滞后期 s（即 $m<s$），次数 m 通常取 2 或 3 即可。

需要说明，在 EViews 软件中对分布滞后模型运用阿尔蒙法时，与众多教材中介绍的不同，其系数采用的是阿尔蒙多项式的派生形式，即将滞后系数 β_i 分解为

$$\beta_i = \alpha_0 + \alpha_1(i-\bar{c}) + \alpha_2(i-\bar{c})^2 + \cdots + \alpha_m(i-\bar{c})^m$$

其中，s 为分布滞后模型的滞后阶数；m 为多项式的次（阶）数；当 s 为偶数时 $\bar{c}=s/2$，当 s 为奇数时 $\bar{c}=(s-1)\ /2$。

教材【例 7.4】中对该问题进行了提示："在 EViews 中用'PDL'估计分布滞后模型时，所采用的滞后系数多项式变换不是形如教材（7.4）式的阿尔蒙多项式，而是阿尔蒙多项式的派生形式。因此，输出结果中 PDL01、PDL02、PDL03 对应的估计系数不是阿尔蒙多项式系数 α_0，α_1，α_2 的估计。但同前面分步计算的结果相比，最终的分布滞后估计系数式 $\hat{\beta}_0$，$\hat{\beta}_1$，$\hat{\beta}_2$，$\hat{\beta}_3$ 是相同的。"【案例 7.4】用"PDL"估计分布滞后模型时，阿尔蒙多项式的派生形式为 $\beta_i=\alpha_0+\alpha_1(i-1)+\alpha_2(i-1)^2$，EViews 输出结果中 PDL01、PDL02、PDL03 对应的估计系数是阿尔蒙多项式派生形式的系数 α_0，α_1，α_2 的估计值。

3. 对自回归模型构成的认识

自回归模型的构成主要在于两方面：第一，为了解决无限分布滞后模型不能直接估计的问题，对滞后结构作出某种假定（如库伊克假定），通过适当的变换，将无限分布滞后模型转化为只需估计有限个参数的自回归模型；第二，若模型中引入了预期因素，变量的预期值无法观测，为此可对"期望模型"（如自适应预期模型、局部调整模型）中预期的构成作出某种假定，将期望模型转化为自回归模型。

(1) 库伊克模型

无限分布滞后模型有无穷多个参数，无法直接估计，但可将无限分布滞后模型通过数学变换的方式转换为包含有限个参数的自回归模型，然后间接地估计其参数。

库伊克模型的短期乘数、长期乘数分别为 $\hat{\beta}_0$，$\dfrac{\hat{\beta}_0}{1-\lambda}$，推导如下：

对于自回归模型 $Y_t=\alpha^*+\beta_0X_t+\beta_1Y_{t-1}+u_t^*$，滞后效应按库伊克假定的几何级数衰减

$$\beta_k = \beta_0\lambda^k,\quad k = 0,1,\cdots$$

若令 $\beta_1=\lambda$，$\alpha^*=\alpha(1-\lambda)$，$u_t^*=u_t-\lambda u_{t-1}$，按库伊克变换推导，得

$$Y_t = \alpha + \beta_0\sum_{i=0}^{\infty}\lambda^iX_{t-i} + u_t$$

若已估计出 $\hat{\beta}_0$ 和 $\hat{\beta}_1=\lambda$，则短期乘数、长期乘数分别为 $\hat{\beta}_0$，$\hat{\beta}_0\sum_{i=0}^{\infty}\lambda^i=\beta_0(1+\lambda+\lambda^2+\lambda^3+\cdots)=\dfrac{\hat{\beta}_0}{1-\lambda}$。

库伊克变换的优点：①将无限分布滞后模型变换为只有三个参数的自回归模

型，使参数估计变为可能；②极大地减少了自由度的损失；③解决了滞后长度难以确定的问题；④用被解释变量滞后值取代大量滞后解释变量，从而消除了多重共线性。

库伊克变换存在的问题：①有严格的假定条件（按固定比例递减），不一定符合经济问题的实际；②把随机变量 Y_{t-1} 引入了解释变量，不符合基本假定；③随机扰动 $v_t=u_t-\lambda u_{t-1}$ 存在自相关；④只是纯粹的数学运算的结果，缺乏经济理论依据。

为了弥补库伊克模型只是纯粹的数学运算缺乏经济理论依据的缺陷，教材用自适应预期模型和局部调整模型为例，说明从经济理论出发也可以得到类似的自回归模型形式。

（2）自适应预期模型

这是将某些变量的预期值作为解释变量的模型，由于预期变量的预期值不可观测，只能根据预期形成机理对它作出某种假定，以自适应预期理论为依据，以一个滞后因变量代替预期值，将自适应预期模型转化为自回归模型。

自适应预期模型即教材（7.14）式，可转化为无限分布滞后模型，模型的短期或即期乘数为 $\beta\gamma$，长期或总分布乘数为 β，转化过程可推导如下：

将自适应预期假定 $X_t^*=\gamma X_t+(1-\gamma)X_{t-1}^*$ 展开，有

$$\begin{aligned}X_t^* &= \gamma X_t+(1-\gamma)X_{t-1}^*\\&= \gamma X_t+(1-\gamma)[\gamma X_{t-1}+(1-\gamma)X_{t-2}^*]\\&= \gamma X_t+\gamma(1-\gamma)X_{t-1}+(1-\gamma)^2[\gamma X_{t-2}+(1-\gamma)X_{t-3}^*]\\&= \gamma X_t+\gamma(1-\gamma)X_{t-1}+\gamma(1-\gamma)^2X_{t-2}+\cdots\end{aligned}$$

将以上展开式代入自适应预期模型 $Y_t=\alpha+\beta X_t^*+u_t$，得无限分布滞后模型：

$$\begin{aligned}Y_t &= \alpha+\beta X_t^*+u_t\\&= \alpha+\beta[\gamma X_t+\gamma(1-\gamma)X_{t-1}+\gamma(1-\gamma)^2X_{t-2}+\cdots]\\&= \alpha+\beta\gamma X_t+\beta\gamma(1-\gamma)X_{t-1}+\beta\gamma(1-\gamma)^2X_{t-2}+\cdots+v_t\end{aligned}$$

由乘数的定义可知，模型的短期或即期乘数为 $\beta\gamma$。

长期或总分布乘数为

$$\beta\gamma+\beta\gamma(1-\gamma)+\beta\gamma(1-\gamma)^2+\cdots=\sum\beta\gamma(1-\gamma)^i=\beta$$

（3）局部调整模型

这是将变量预期值作为被解释变量的模型，由于预期变量的预期值不可观测，根据预期形成机理对其作出某种假定，以局部调整原理为依据，以滞后因变量代替因变量预期值，将局部调整模型转化为自回归模型。

局部调整模型（教材（7.22）式）也可以转化为无限分布滞后模型，模型的

短期或即期乘数为 $\delta\beta$，长期或总分布乘数为 β，转化过程可推导如下：

将局部调整模型 $Y_t^*=\alpha+\beta X_t+u_t$ 转化的自回归模型（即教材（7.25）式）展开，即有

$$
\begin{aligned}
Y_t &= \delta\alpha+\delta\beta X_t+(1-\delta)Y_{t-1}+\delta u_t \\
&= \delta\alpha+\delta\beta X_t+(1-\delta)[\delta\alpha+\delta\beta X_{t-1}+(1-\delta)Y_{t-2}+\delta u_{t-1}] \\
&= \cdots \\
&= (\delta\alpha+\cdots)+\delta\beta X_t+\delta(1-\delta)\beta X_{t-1}+\delta(1-\delta)^2\beta X_{t-2}+\cdots+v_t
\end{aligned}
$$

由乘数的定义知，模型的短期或即期乘数为 $\delta\beta$。

长期或总分布乘数为

$$\delta\beta+\delta(1-\delta)\beta+\delta(1-\delta)^2\beta+\cdots=\sum\delta\beta(1-\delta)^i=\beta$$

此外，还可计算预期完成调整比例（p）所需的周期数（n）。设调整系数为 δ，一周期后，未调整的部分为 $1-\delta$；两周期后，未调整的部分为 $(1-\delta)-\delta(1-\delta)=(1-\delta)^2$……经过 n 周期后，未调整的部分为 $(1-\delta)^n$，完成的调整部分为 $1-(1-\delta)^n$，即 $p=1-(1-\delta)^n$，从而有 $n=\dfrac{\lg(1-p)}{\lg(1-\delta)}$。例如，

$$n=\frac{\lg(1-p)}{\lg(1-\delta)}=\frac{\lg 0.2}{\lg(1-0.8)}=1;\quad n=\frac{\lg 0.2}{\lg(1-0.5)}=2.3;$$

$$n=\frac{\lg 0.2}{\lg(1-0.3)}=4.5$$

调整速度 δ 越接近 1，表明调整到预期最佳水平的速度越快。特别地当 $\delta=1$ 时，实际变动等于预期变动（$Y_t=Y_t^*$），则调整在当期完全实现。当 $\delta=0$ 时，本期值与上期值一样（$Y_t=Y_{t-1}$），则完全没有调整。

4. 几种自回归模型的异同

三种自回归模型的相同之处：

1）都是建立在某种假定前提下对模型的转换；

2）都导出了结构类似的自回归模型。

三种自回归模型的不同之处：

1）导出模型的背景与思想不同。库伊克模型是在无限分布滞后模型的基础上根据库伊克几何分布滞后假定的数学变换导出的；自适应预期模型是由解释变量的自适应预期原理而得到的；局部调整模型则是对被解释变量的局部调整原理而得到的。

2）当原模型为无自相关时，所导出的自回归模型的随机扰动项的自相关性质不同（表 7.1）。

表 7.1 三种自回归模型的比较

模型	模型形式（自回归模型）	建模思想和依据	随机误差项结构和性质
库伊克	$Y_t=\alpha+\beta_0X_t+\beta_1X_{t-1}+\beta_2X_{t-2}+\cdots+u_t\Rightarrow$ $Y_t=\alpha(1-\lambda)+\beta_0X_t+\lambda Y_{t-1}+(u_t-\lambda u_{t-1})$	参数按几何级数递减的数学变换 $\beta_i=\beta_0\lambda^i, 0<\lambda<1$	可能导致自相关 $u_t^*=u_t-\lambda u_{t-1}$
自适应预期	$Y_t=\alpha+\beta X_t^*+u_t\Rightarrow$ $Y_t=\gamma\beta_0+\gamma\beta_1X_t+(1-\gamma)Y_{t-1}$ $+[u_t-(1-\gamma)u_{t-1}]$	自适应预期假定 $X_t^*=X_{t-1}^*+\gamma(X_t-X_{t-1}^*)$	可能导致自相关 $u_t^*=u_t-(1-\gamma)u_{t-1}$
局部调整	$Y_t^*=\alpha+\beta X_t+u_t\Rightarrow$ $Y_t=\delta\beta_0+\delta\beta_1X_t+(1-\delta)Y_{t-1}+\delta u_t$	局部调整机理 $Y_t-Y_{t-1}=\delta(Y_t^*-Y_{t-1})$	不导致自相关 $u_t^*=\delta u_t$

5. 自回归模型估计存在的主要问题

自回归模型是否都能直接用最小二乘法估计呢？答案是否定的。

对一阶自回归模型

$$Y_t=\alpha^*+\beta_0^*X_t+\beta_1^*Y_{t-1}+u_t^*$$

参数估计存在问题：

1）模型中出现了随机解释变量 Y_{t-1}，且 Y_{t-1} 可能与 u_t^* 相关；

2）u_t^* 可能自相关：当原模型为无自相关时，库伊克模型和自适应预期模型的随机扰动项都会导致自相关，只有局部调整模型的随机扰动无自相关。

后果：违反基本假定，OLS 估计不仅是有偏的，而且在大样本时是不一致的。

要解决的问题：

1）寻求方法，设法消除 Y_{t-1} 与 u_t^* 的相关性——工具变量法。

2）检验 u_t^* 是否存在自相关（寻求新的自相关的检验方式）。

6. 对工具变量的认识

为了缓解解释变量 Y_{t-1} 与随机扰动项 u_t^* 存在相关性带来的估计偏倚，最常用的方法就是工具变量法，即找一个新的经济变量 Z_t 替代 Y_{t-1} 去估计参数，称新的经济变量 Z_t 为工具变量。可以证明，用工具变量法得到的参数估计满足一致性。

工具变量的选取条件：与替代的解释变量高度相关；与随机扰动项不相关；与模型中其他解释变量不相关（避免多重共线性），即要求工具变量“只帮忙不添乱”。

应当注意，不能将工具变量理解为代替原解释变量而成为新的解释变量。使用工具变量时模型的解释变量还是原来的解释变量，所估计参数的经济意义还是原解释变量对应的参数的意义，工具变量只是替代原解释变量用于估计原模型的参数，不是要将原模型中的变量替换成新变量。也就是说，这里的工具变量只是作为“工具”而已，不是要“喧宾夺主”。

工具变量法只解决了滞后解释变量 Y_{t-1} 与随机扰动项 u_t 相关对参数估计造成的影响，但没有解决随机扰动项自相关问题。若 u_t 不存在自相关，那么工具变量法解决了参数估计问题；若 u_t 存在自相关，问题就比较复杂，至今没有完全有效的方法。此时，需在模型的设定上多下工夫，尽可能使序列相关性弱一些。

7. 对自回归模型工具变量法参数估计量统计性质的证明

由于自回归模型参数最小二乘估计量的统计特性取决于滞后解释变量 Y_{t-1} 的存在，与 X_t 无关。不失一般性，在讨论估计量的统计特性时可以将 X_t 舍去，为了简单也不包含截距项。因此，可考虑一个与模型 $Y_t=\alpha^*+\beta_0^* X_t+\beta_1^* Y_{t-1}+u_t^*$ 具有相同特性的简化模型进行分析：

$$Y_t=\beta Y_{t-1}+u_t$$

其中，$u_t=\rho u_{t-1}+v_t$。

对 $Y_t=\beta Y_{t-1}+u_t$ 用最小二乘估计，有

$$\hat{\beta}=\frac{\sum Y_{t-1}Y_t}{\sum Y_{t-1}^2}=\beta+\frac{\sum Y_{t-1}u_t}{\sum Y_{t-1}^2}$$

求数学期望

$$E(\hat{\beta})=E\left(\beta+\frac{\sum Y_{t-1}u_t}{\sum Y_{t-1}^2}\right)\neq\beta$$

其中，因 Y_{t-1} 是随机变量，与随机扰动项 u_t 相关，故 $E(\hat{\beta})=E\left(\frac{\sum Y_{t-1}u_t}{\sum Y_{t-1}^2}\right)\neq 0$。

再对 $Y_t=\beta Y_{t-1}+u_t$ 两端求概率极限：

$$P(\lim_{n\to\infty}\hat{\beta})=\beta+P\left(\lim_{n\to\infty}\frac{\sum Y_{t-1}u_t}{\sum Y_{t-1}^2}\right)=\beta+\frac{P\left(\lim_{n\to\infty}\sum Y_{t-1}u_t/n\right)}{P\left(\lim_{n\to\infty}\sum Y_{t-1}^2/n\right)}$$

$$=\beta+\frac{\mathrm{Cov}(Y_{t-1},u_t)}{\mathrm{Var}(Y_{t-1})}\neq\beta$$

其中，由于 Y_{t-1} 与 u_t 相关，所以 $P\left(\lim_{n\to\infty}\sum Y_{t-1}u_t/n\right)=\mathrm{Cov}(Y_{t-1},u_t)\neq 0$。

这表明：自回归模型的滞后解释变量 Y_{t-1} 与随机扰动项 u_t 相关、随机扰动项有自相关，直接用最小二乘法得到的参数估计有偏、且不满足一致性。

如果存在工具变量 Z_t 满足 $\mathrm{Cov}(Z_t,u_t)=0$，$\mathrm{Cov}(Z_t,Y_{t-1})\neq 0$，利用 Z_t 可以

求得β的一致估计量。这是因为：

$$\hat{\beta}=\frac{\sum Z_tY_t}{\sum Z_tY_{t-1}}=\frac{\sum Z_t(\beta Y_{t-1}+u_t)}{\sum Z_tY_{t-1}}=\beta+\frac{\sum Z_tu_t/n}{\sum Z_tY_{t-1}/n}$$

又

$$\lim_{n\to\infty}\sum\frac{Z_tu_t}{n}=\mathrm{Cov}(Z_t,u_t)=0,\quad \lim_{n\to\infty}\sum\frac{Z_tY_{t-1}}{n}=\mathrm{Cov}(Z_t,Y_{t-1})\neq 0$$

所以，$\lim\limits_{n\to\infty}\hat{\beta}=\beta$。这表明用工具变量法得到的参数估计量满足一致性。

8. 对自回归模型随机扰动项自相关性的诊断

为什么不能用DW检验法诊断自回归模型随机扰动项是否存在自相关？

DW检验的缺陷：检验自相关的DW检验法只适用于非随机解释变量的场合，而自回归模型中包含随机解释变量Y_{t-1}，在这种情况下计算的DW统计量是有偏的，并且系统地倾向于无自相关的结论（DW总是趋近于2），所以不能用DW检验法对自回归模型随机扰动项是否存在自相关进行检验。

德宾（Durbin）提出了检验自回归模型随机扰动项自相关的h检验法。注意，该检验法适用任意阶的自回归模型，对应的

$$h=\hat{\rho}\sqrt{\frac{n}{1-n\mathrm{Var}(\hat{\beta}_1^*)}}=\left(1-\frac{d}{2}\right)\sqrt{\frac{n}{1-n\mathrm{Var}(\hat{\beta}_1^*)}}$$

仍然成立，即只用到Y_{t-1}回归系数的估计方差；当$n\mathrm{Var}(\hat{\beta}_1^*)>1$时不能直接使用此方法；该检验法是针对大样本的，用于小样本效果较差。

三、本章实验项目要点

1. 练习经验加权法估计分布滞后模型（如教材【例7.4】）

实验要点是点击genr，生成了组合权数为1，1/2，1/4，1/8的新变量Z_1。当经验加权回归结果可以接受时，则可根据经验加权的结果，计算原模型参数估计值。

2. 练习阿尔蒙法的应用（如教材【例7.4】）

方法1：生成Z_{it}新变量，键入命令“LS Y C Z_0 Z_1 Z_2”，得到阿尔蒙变换后的多项式的系数$\hat{\alpha}$，$\hat{\alpha}_0$，$\hat{\alpha}_1$，$\hat{\alpha}_2$（表7.2）。根据阿尔蒙公式求出原分布滞后模型的各个参数的估计值$\hat{\beta}_0$，$\hat{\beta}_1$，…，$\hat{\beta}_s$。

方法2：利用EViews提供的多项式分布滞后指令“PDL”估计分布滞后模型。输入命令“LS Y C PDL（X，3，2）”，得回归结果。其中，PDL指令表示进行多项式分布滞后（polynomial distributed lags）模型的估计，括号中的X表示解释变量、3表示X的分布滞后长度、2表示多项式的阶数。

正确解读“PDL”估计分布滞后模型输出结果：按 PDL 指令得到的输出结果已经为我们提供了可以直接写出原分布滞后模型的估计结果。其截距项为变量 c 的系数，而 β_0，β_1，β_2，β_3 的估计值在输出结果的底部，i 所在的列 0，1，2，3 分别表示解释变量 X 滞后 0 期、1 期、2 期、3 期，对应的系数分别是 β_0，β_1，β_2，β_3 的估计值。表中底部的折线图是分布滞后模型解释变量参数估计值的线性图，即 β_0，β_1，β_2，β_3 估计值构成的折线图（该图形需逆时针旋转 90 度去看）。

注意：若方法 2 按步骤换算系数 β_i 的估计值，注意输出结果中 PDL01、PDL02、PDL03 对应的估计系数不是阿尔蒙多项式 $\beta_i=\alpha_0+\alpha_1 i+\alpha_2 i^2$ 的系数 α_0，α_1，α_2 的估计值，PDL01，PDL02，PDL03 对应的估计系数是阿尔蒙多项式派生形式 $\beta_i=\alpha_0+\alpha_1(i-1)+\alpha_2(i-1)^2$ 的系数 α_0，α_1，α_2 的估计值，即 β_i 换算如下：

$$\begin{aligned}\beta_0&=\alpha_0+\alpha_1(0-1)+\alpha_2(0-1)^2\\&=1.131142+0.037739(0-1)-0.432155(0-1)^2=0.66125\\\beta_1&=\alpha_0+\alpha_1(1-1)+\alpha_2(1-1)^2\\&=1.131142+0.037739(1-1)-0.432155(1-1)^2=1.13114\\\beta_2&=\alpha_0+\alpha_1(2-1)+\alpha_2(2-1)^2\\&=1.131142+0.037739(2-1)-0.432155(2-1)^2=0.73673\\\beta_3&=\alpha_0+\alpha_1(3-1)+\alpha_2(3-1)^2\\&=1.131142+0.037739(3-1)-0.432155(3-1)^2=0.52200\end{aligned}$$

用这种方法换算，结果与方法 1 的最后结果一致。

3. *练习用工具变量法估计自回归模型（如第七章补充案例）*

当自回归模型违背了古典假定：$\mathrm{Cov}(Y_{t-1},u_t^*)\neq 0$，$\mathrm{Cov}(u_t^*,u_{t-1}^*)\neq 0$，可用工具变量法缓解解释变量 Y_{t-1} 与随机扰动项存在相关性带来的估计偏倚。

工具变量法的两个步骤也可采用二阶段最小二乘法一并完成：选择“Quick Estimate Equation”，在出现的对话框中输入“Y C X Y（－1)”，再在 Estimation Setting 下的“Methods”栏内选择“TSLS”，在出现的 Instrument Iist 栏内输入“C X（－1）X（－2)”，单击 OK，即可得模型参数一致估计量的输出结果。

本章具体实验内容，见第十四章的的实验四“分布滞后模型与自回归模型”。

四、本章补充案例与案例讨论

补充案例 预期固定资产投资与预期销售额关系的数量分析。

在经济活动中，经济活动主体经常根据他们对某些经济变量未来走势的“预期”改变自己的行为决策。例如，为了适应某地区销售额的变化，存在最佳预期的（或理想的）固定资产投资，即解释变量的现值影响着被解释变量的预期值。另外，某地区固定资产投资的变化也可能受到销售额预期值的影响，即需将预期解释变量引入模型。

表7.2是某地区1983～2008年固定资产投资 Y 与销售额 X 的数据。

表7.2 某地区1983～2008年固定资产投资 Y 与销售额 X 的数据 （单位：亿元）

年份	Y	X	年份	Y	X
1983	38.28	53.616	1996	135.86	189.225
1984	35.71	56.563	1997	157.89	200.126
1985	37.42	65.123	1998	170.35	203.550
1986	45.33	76.159	1999	152.56	203.825
1987	55.83	86.650	2000	158.78	211.851
1988	56.69	88.532	2001	192.59	251.862
1989	61.35	100.452	2002	196.16	263.236
1990	70.85	115.102	2003	218.65	280.532
1991	81.16	128.982	2004	239.08	289.751
1992	112.31	158.357	2005	248.91	298.945
1993	129.62	162.138	2006	246.18	299.215
1994	145.59	176.533	2007	241.23	303.366
1995	141.88	171.239	2008	245.32	300.155

分别运用自适应预期假定或局部调整假定，对以下预期模型分别进行研究：

1）$Y_t^* = \alpha + \beta X_t + u_t$；

2）$Y_t^* = \alpha X_t^{\beta} e^{u_t}$；

3）$Y_t = \alpha + \beta X_t^* + u_t$。

其中，Y_t^* 为长期（或理想）的固定资产投资；X_t^* 为预期的销售额。

1）长期（或理想）的固定资产投资模型为 $Y_t^* = \alpha + \beta X_t + u_t$。

由于长期（或理想）的固定资产投资额 Y_t^* 不可观测，作局部调整：被解释变量的实际变化仅仅是预期变化的一部分（或被解释变量实际值是本期预期最佳值与前一期实际值的加权和），即

$$Y_t - Y_{t-1} = \delta(Y_t^* - Y_{t-1}), \quad \text{或} \ Y_t = \delta Y_t^* + (1-\delta)Y_{t-1}$$

其中，δ 为调整系数，它代表调整速度。δ 越接近1，调整到预期最佳水平的速度越快。

将模型 $Y_t^* = \alpha + \beta X_t + u_t$ 转变为自回归模型

$$Y_t = \alpha^* + \beta_0^* X_t + \beta_1^* Y_{t-1} + u_t^*$$

其中，$\alpha^* = \delta\alpha$，$\beta_0^* = \delta\beta$，$\beta_1^* = 1-\delta$，$u_t^* = \delta u_t$。

由于局部调整模型的随机干扰项 u_t^* 无一阶自相关，解释变量 Y_{t-1} 与随机干扰项 u_t^* 不相关，可直接用 OLS 对自回归模型进行估计，结果如表 7.3 所示。

表 7.3 回归结果

Dependent Variable: Y
Method: Least Squares
Date: 02/04/10 Time: 15:23
Sample (adjusted): 1984 2008
Included observations: 25 after adjustments

Variable	Coefficient	Std. Error	t-Statistic	Prob.
C	-13.48601	4.311237	-3.128106	0.0049
X	0.625600	0.086223	7.255631	0.0000
Y(-1)	0.292477	0.098151	2.979885	0.0069

R-squared	0.991985	Mean dependent var	143.0920
Adjusted R-squared	0.991257	S.D. dependent var	72.93063
S.E. of regression	6.819486	Akaike info criterion	6.789612
Sum squared resid	1023.119	Schwarz criterion	6.935877
Log likelihood	-81.87015	F-statistic	1361.454
Durbin-Watson stat	1.771503	Prob(F-statistic)	0.000000

即自回归模型的估计结果为

$$\hat{Y}_t = -13.4860 + 0.6256X_t + 0.2925Y_{t-1}$$

$$(4.3112) \quad (0.0862) \quad (0.0982)$$

$$t = -3.1281 \quad 7.2556 \quad 2.9799$$

$$R^2 = 0.9920, \quad \bar{R}^2 = 0.9913, \quad DW = 1.7715$$

由 $\beta_1^* = 1-\delta$，得

$$\delta = 1 - 0.2925 = 0.7075$$

由 $\alpha^* = \delta\alpha$，得

$$\alpha = \frac{\alpha^*}{\delta} = \frac{-13.4860}{0.7075} = -19.0615$$

由 $\beta_0^* = \delta\beta$，得

$$\beta = \frac{\beta_0^*}{\delta} = \frac{0.6256}{0.7075} = 0.8842$$

最后得长期固定资产投资模型的估计式：

$$Y_t^* = -19.0615 + 0.8842X_t$$

经济意义：销售额对固定资产投资的影响，短期为 0.6256，长期（或理想）的为 0.8842，即销售额每增加 1 亿元，短期固定资产投资将增加 0.6256 亿元，长期（或理想）的固定资产投资将增加 0.8842 亿元。

用德宾 h 检验法检验自回归模型是否存在一阶自相关性：

$H_0:\rho=0$，　$H_1:\rho\neq 0$

$$h=\left(1-\frac{d}{2}\right)\sqrt{\frac{n}{1-n\mathrm{Var}(\beta_1^*)}}=\left(1-\frac{1.7715}{2}\right)\sqrt{\frac{25}{1-25\times(0.0982)^2}}$$

$$=0.6589$$

显著性水平 $\alpha=0.05$，查标准正态分布表得临界值 $h_{\alpha/2}=1.96$。

$|h|=0.6589<h_{\alpha/2}=1.96$，接受原假设，模型扰动项不存在一阶自相关。

2）长期（或理想）的固定资产投资模型为 $Y_t^*=\alpha X_t^{\beta}\mathrm{e}^{u_t}$。

对模型 $Y_t^*=\alpha X_t^{\beta}\mathrm{e}^{u_t}$ 两边取对数，得 $\ln Y_t^*=\ln\alpha+\beta\ln X_{1t}+u_t$，作如下局部调整假定：

$$\ln Y_t-\ln Y_{t-1}=\delta(\ln Y_t^*-\ln Y_{t-1}),\quad 0<\delta<1$$

将 $\ln Y_t^*$ 代入上式，得短期货币流通量需求模型：

$$\ln Y_t=\delta\ln\alpha+\delta\beta\ln X_t+(1-\delta)\ln Y_{t-1}+\delta u_t=\alpha^*+\beta_0^*\ln X_t+\beta_1^*\ln Y_{t-1}+u_t^*$$

其中，$\alpha^*=\delta\ln\alpha$，$\beta_0^*=\delta\beta_1$，$\beta_1^*=1-\delta$，$\mu_t^*=\delta\mu_t$，直接用 OLS 估计以上模型，估计结果如表 7.4 所示。

表 7.4　回归结果

Dependent Variable: LY
Method: Least Squares
Date: 02/04/10　Time: 15:27
Sample (adjusted): 1984 2008
Included observations: 25 after adjustments

Variable	Coefficient	Std. Error	t-Statistic	Prob.
C	-0.895887	0.173543	-5.162322	0.0000
LX	0.830661	0.108766	7.637152	0.0000
LY(-1)	0.305727	0.086456	3.536219	0.0019

R-squared	0.993781	Mean dependent var	4.799537
Adjusted R-squared	0.993216	S.D. dependent var	0.631562
S.E. of regression	0.052020	Akaike info criterion	-2.962211
Sum squared resid	0.059534	Schwarz criterion	-2.815946
Log likelihood	40.02764	F-statistic	1757.774
Durbin-Watson stat	1.471445	Prob(F-statistic)	0.000000

即自回归模型的估计结果为

$$\ln\hat{Y}_t=-0.8959+0.8307\ln X_{1t}+0.3057\ln Y_{t-1}+u_t^*$$

$$(0.1735)\quad(0.1088)\quad(0.0865)$$

$$t=-5.1623\quad 7.6372\quad 3.5362$$

$$R^2=0.9938,\quad \bar{R}^2=0.9932,\quad \mathrm{DW}=1.4714$$

由参数估计结果 $1-\hat{\delta}=0.3057$，得 $\hat{\delta}=0.6943$

由 $\alpha^* = \delta\ln\alpha$，$\beta_0^* = \delta\beta$ 换算，得

$$\ln\hat{\alpha} = -1.2904, \quad 即\ \hat{\alpha} = e^{-1.2904}; \hat{\beta} = 1.1965$$

长期货币流通量需求模型为

$$\ln\hat{Y}_t^* = -1.2904 + 1.1965\ln X, \quad 即\ \hat{Y}_t^* = e^{-1.2904}X^{1.1965}$$

经济意义：销售额对固定资产投资的影响，短期为 0.8307，长期（或理想）为 1.1965，即销售额每增加 1%，短期固定资产投资将增加 0.8307%，长期（或理想）的固定资产投资将增加 1.1965%。

用德宾 h 检验法检验自回归模型是否存在一阶自相关性：

$H_0: \rho = 0$， $H_1: \rho \neq 0$

$$h = \left(1 - \frac{d}{2}\right)\sqrt{\frac{n}{1 - n\mathrm{Var}(\beta_1^*)}} = \left(1 - \frac{1.4714}{2}\right)\sqrt{\frac{25}{1 - 25 \times (0.0865)^2}}$$

$$= 1.4657$$

显著性水平 $\alpha = 0.05$，查标准正态分布表得临界值 $h_{\alpha/2} = 1.96$。

$|h| = 1.4657 < h_{\alpha/2} = 1.96$，接受原假设，模型扰动项不存在一阶自相关。

3）所设自适应预期模型为 $Y_t = \alpha + \beta X_t^* + u_t$。

自适应预期假定认为，对某经济变量的预期 X_t^*，是通过一种简单的学习过程而形成，即按照过去预测偏差的某一比例对当前期望进行修正，使其适应新的经济环境，用数学式表示为

$$X_t^* = X_{t-1}^* + \gamma(X_t - X_{t-1}^*), \quad 或\ X_t^* = \gamma X_t + (1-\gamma)X_{t-1}^*$$

其中，参数 γ 为调节系数，也称为适应系数。模型可转变为自回归模型：

$$Y_t = \alpha^* + \beta_0^* X_t + \beta_1^* Y_{t-1} + u_t^*$$

其中，$\alpha^* = \gamma\alpha$，$\beta_0^* = \gamma\beta$，$\beta_1^* = 1-\gamma$，$u_t^* = u_t - (1-\gamma)u_{t-1}$。

由于自适应预期模型存在 $\mathrm{Cov}(Y_{t-1}, u_t^*) \neq 0$，$\mathrm{Cov}(u_t^*, u_{t-1}^*) \neq 0$ 问题，为了缓解解释变量 Y_{t-1} 与随机扰动项存在相关性带来的估计偏倚，采用工具变量法估计。将模型改为

$$Y_t = \alpha^* + \beta_0^* X_t + \beta_1^* \hat{Y}_{t-1} + u_t^*$$

其中，$\hat{Y}_{t-1}$ 是 $\hat{Y}_t$ 的滞后值，$\hat{Y}_t$ 是 Y 对 X 的滞后值（滞后期一般取 2 或 3）回归估计的，即

$$\hat{Y}_t = \hat{c}_0 + \hat{c}_1 X_{t-1} + \hat{c}_2 X_{t-2}$$

由于 X_t 与 u_t^* 不相关，$\hat{Y}_t$ 作为对 X 滞后值的回归，也与 u_t^* 不相关，进而 $\hat{Y}_{t-1}$ 也与 u_t^* 不相关，所以用工具变量后模型用最小二乘得到的参数估计量满足一致性。

工具变量法的两个步骤也可采用二阶段最小二乘法一并完成（方法见"本章实验项目"），估计结果如表 7.5 所示。

表 7.5 回归结果

Dependent Variable: Y
Method: Two-Stage Least Squares
Date: 02/04/10 Time: 15:42
Sample (adjusted): 1985 2008
Included observations: 24 after adjustments
Instrument list: C X(-1) X(-2)

Variable	Coefficient	Std. Error	t-Statistic	Prob.
C	-23.94349	15.30521	-1.564401	0.1327
X	0.889579	0.389962	2.281190	0.0331
Y(-1)	0.000605	0.434953	0.001391	0.9989

R-squared	0.988094	Mean dependent var	147.5663
Adjusted R-squared	0.986961	S.D. dependent var	70.90768
S.E. of regression	8.096980	Sum squared resid	1376.783
F-statistic	869.6809	Durbin-Watson stat	1.249203
Prob(F-statistic)	0.000000		

由 $\beta_1^* = 1-\gamma$，得

$$\gamma = 1 - \beta_1^* = 1 - 0.0006 = 0.9994$$

由 $\alpha^* = \gamma\alpha$，得

$$\alpha = \frac{\alpha^*}{\gamma} = \frac{-23.9435}{0.9994} = -23.9579$$

由 $\beta_0^* = \gamma\beta$，得

$$\beta = \frac{\beta_0^*}{\gamma} = \frac{0.8896}{0.9994} = 0.8901$$

则设定的模型为

$$Y_t = -23.9579 + 0.8901 X_t^*$$

经济意义：本期的固定资产投资，取决于本期销售额的预期水平或长期均衡水平，即本期销售额的预期值每增加 1 亿元，本期的固定资产投资将平均增加 0.8901 亿元。

由于 $n\mathrm{Var}(\beta_1^*) > 1$，不能用德宾 h 检验法诊断自回归模型随机扰动项是否存在自相关。

另外，从模型的估计结果看，工具变量 $\hat{Y}_{t-1}$ 通不过显著性检验，可以考虑选择其他工具变量，或重新设定模型。

五、教材中典型练习题参考解答

练习题 7.1 表 7.6（教材表 7.11）中给出了 1970～1987 年美国的个人消费支出（PCE）和个人可支配收入（PDI）数据，所有数字的单位都是 10 亿美

元（1982 年的美元价）。

表 7.6　1970～1987 年美国的个人消费支出（PCE）和个人可支配收入（PDI）数据

（单位：10 亿美元）

年份	PCE	PDI	年份	PCE	PDI	年份	PCE	PDI
1970	1492.0	1668.1	1976	1803.9	2001.0	1982	2050.7	2261.5
1971	1538.8	1728.4	1977	1883.8	2066.6	1983	2146.0	2331.9
1972	1621.9	1797.4	1978	1961.0	2167.4	1984	2249.3	2469.8
1973	1689.6	1916.3	1979	2004.4	2212.6	1985	2354.8	2542.8
1974	1674.0	1896.6	1980	2000.4	2214.3	1986	2455.2	2640.9
1975	1711.9	1931.7	1981	2042.2	2248.6	1987	2521.0	2686.3

估计下列模型：

$$PCE_t = A_1 + A_2 PDI_t + \mu_t$$

$$PCE_t = B_1 + B_2 PDI_t + B_3 PCE_{t-1} + \upsilon_t$$

1）解释这两个回归模型的结果。

2）短期和长期边际消费倾向（MPC）是多少？

【练习题 7.1 参考解答】

1）第一个模型回归的估计结果如下：

$$\widehat{PCE}_t = -216.4269 + 1.008106 PDI_t$$

$$(32.69425)\quad(0.015033)$$

$$t = (-6.619723)(67.05920)$$

$$R^2 = 0.996455,\quad F = 4496.936,\quad DW = 1.3665$$

讨论：这是绝对收入假设的消费函数，以上结果说明，此期间美国个人可支配收入（PDI）每增加 1 个单位，个人消费支出（PCE）将平均增加 1.0081 个单位（单位：10 亿美元）。这里的平均个人消费支出每增加 10 亿美元，平均个人可支配收入也几乎增加 10 亿美元，与通常的边际消费理论 0＜MPC＜1 不完全符合，这可能与美国的消费信贷较大有关，此外，由于 DW＝1.3665 不能排除存在正自相关，所估计检验的结果并不可靠。

第二个模型回归的估计结果如下：

$$\widehat{PCE}_t = -233.2736 + 0.9824 PDI_t - 0.0372 PCE_{t-1}$$

$$(45.557)\qquad(0.1409)\qquad(0.1440)$$

$$t = (-5.120)\qquad(6.9708)\qquad(0.258)$$

$$R^2 = 0.9965, \quad F = 2017.064, \quad DW = 1.5702$$

讨论：这是更一般的消费函数模型，短期边际消费倾向为 0.9824，符合理论上 0<MPC<1 的经济意义。但是这里的滞后项 PCE_{t-1} 在统计上并不显著，经计算 PDE_t 与 PCE_{t-1} 的相关系数为 0.9935，说明存在较严重的多重共线性，n = 1.1011，不存在自相关。此模型并不理想。

2）如果从第二个模型的估计结果看，短期 MPC=0.9824，由于模型二为自回归模型，先将自回归模型转换为分布滞后模型再计算长期边际消费倾向。可以从库伊克变换倒推，得到长期 MPC=0.9824/[1−(−0.0372)]=0.9472。

练习题 7.3 利用表 7.7（教材表 7.12）的数据，取阿尔蒙多项式的次数 $m=2$，运用阿尔蒙多项式变换法估计分布滞后模型：

$$Y_t = \alpha + \beta_0 X_t + \beta_1 X_{t-1} + \beta_2 X_{t-2} + \beta_3 X_{t-3} + \beta_4 X_{t-4} + u_t$$

表 7.7 某地区 1980～2001 年固定资产投资与销售额的资料 （单位：亿元）

年份	固定资产投资（Y）	销售额（X）	年份	固定资产投资（Y）	销售额（X）
1980	36.99	52.805	1991	128.68	168.129
1981	33.60	55.906	1992	123.97	163.351
1982	35.42	63.027	1993	117.35	172.547
1983	42.35	72.931	1994	139.61	190.682
1984	52.48	84.790	1995	152.88	194.538
1985	53.66	86.589	1996	137.95	194.657
1986	58.53	98.797	1997	141.06	206.326
1987	67.48	113.201	1998	163.45	223.541
1988	78.13	126.905	1999	183.80	232.724
1989	95.13	143.936	2000	192.61	239.459
1990	112.60	154.391	2001	182.81	235.142

【练习题 7.3 参考解答】

方法 1：分步骤计算

将系数 β_i(i=0，1，2，3）用二次多项式 $\beta_i=\alpha_0+\alpha_1 i+\alpha_2 i^2$ 近似，即

$$\beta_0 = \alpha_0$$

$$\beta_1 = \alpha_0 + \alpha_1 + \alpha_2$$

$$\beta_2 = \alpha_0 + 2\alpha_1 + 4\alpha_2$$

$$\beta_3 = \alpha_0 + 3\alpha_1 + 9\alpha_2$$

$$\beta_4 = \alpha_0 + 4\alpha_1 + 16\alpha_2$$

则原模型可变为

$$Y_t = \alpha + \alpha_0 Z_{0t} + \alpha_1 Z_{1t} + \alpha_2 Z_{2t} + u_t$$

其中

$$Z_{0t} = X_t + X_{t-1} + X_{t-2} + X_{t-3} + X_{t-4}$$

$$Z_{1t} = X_{t-1} + 2X_{t-2} + 3X_{t-3} + 4X_{t-4}$$

$$Z_{2t} = X_{t-1} + 4X_{t-2} + 9X_{t-3} + 16X_{t-4}$$

在工作文件窗口中点击“genr”工具栏，出现对话框，输入生成变量 Z_{0t} 的公式，点击“OK”，类似，可生成 Z_{1t}、Z_{2t}变量的数据；进入 Equation Specification 对话栏，键入回归方程形式 $Y \quad C \quad Z_0 \quad Z_1 \quad Z_2$ ；点击“OK”，显示回归结果（表 7.8）。

表 7.8 回归结果

Dependent Variable: Y
Method: Least Squares
Date: 02/02/10 Time: 22:01
Sample (adjusted): 1984 2001
Included observations: 18 after adjustments

Variable	Coefficient	Std. Error	t-Statistic	Prob.
C	-35.49234	8.192884	-4.332093	0.0007
Z0	0.891012	0.174563	5.104248	0.0002
Z1	-0.669904	0.254447	-2.632783	0.0197
Z2	0.104392	0.062311	1.675338	0.1160

R-squared	0.984670	Mean dependent var	121.2322
Adjusted R-squared	0.981385	S.D. dependent var	45.63348
S.E. of regression	6.226131	Akaike info criterion	6.688517
Sum squared resid	542.7059	Schwarz criterion	6.886378
Log likelihood	-56.19666	F-statistic	299.7429
Durbin-Watson stat	1.130400	Prob(F-statistic)	0.000000

表中 Z_0，Z_1，Z_2 对应的系数分别为 α_0，α_1，α_2 的估计值 $\hat{\alpha}_0$，$\hat{\alpha}_1$，$\hat{\alpha}_2$。将其代入分布滞后系数的阿尔蒙多项式中，可计算出 $\hat{\beta}_0$，$\hat{\beta}_1$，$\hat{\beta}_2$，$\hat{\beta}_3$，$\hat{\beta}_4$ 的估计值为

$$\hat{\beta}_0 = \hat{\alpha}_0 = 0.891012$$

$$\hat{\beta}_1 = \hat{\alpha}_0 + \hat{\alpha}_1 + \hat{\alpha}_2 = 0.891012 + (-0.669904) + 0.104392 = 0.3255$$

$$\hat{\beta}_2 = \hat{\alpha}_0 + 2\hat{\alpha}_1 + 4\hat{\alpha}_2 = 0.891012 + 2 \times (-0.669904) + 4 \times 0.104392$$
$$= -0.03123$$

$$\hat{\beta}_3 = \hat{\alpha}_0 + 3\hat{\alpha}_1 + 9\hat{\alpha}_2 = 0.891012 + 3 \times (-0.669904) + 9 \times 0.104392$$
$$= -0.17917$$

$$\hat{\beta}_4 = \hat{\alpha}_0 + 4\hat{\alpha}_1 + 16\hat{\alpha}_2 = 0.891012 + 4 \times (-0.669904) + 16 \times 0.104392$$
$$= -0.11833$$

从而，分布滞后模型的最终估计式为

$$\hat{Y}_t = -35.4923 + 0.8910X_t + 0.3255X_{t-1} - 0.0312X_{t-2}$$
$$-0.1792X_{t-3} - 0.1183X_{t-4}$$

方法 2：用 PDL 指令直接对多项式分布滞后模型进行估计

在 EViews 中输入 Y 和 X 的数据；

进入 Equation Specification 对话栏，输入方程形式“Y　C　PDL（X，4，2)”；

在 Estimation Settings 栏中选择 Least Squares，点击“OK”，屏幕显示回归分析结果（表 7.9）。

表 7.9　回归结果

Dependent Variable: Y
Method: Least Squares
Date: 02/02/10　Time: 21:34
Sample (adjusted): 1984 2001
Included observations: 18 after adjustments

Variable	Coefficient	Std. Error	t-Statistic	Prob.
C	-35.49234	8.192884	-4.332093	0.0007
PDL01	-0.031228	0.123416	-0.253031	0.8039
PDL02	-0.252336	0.062441	-4.041182	0.0012
PDL03	0.104392	0.062311	1.675338	0.1160

R-squared	0.984670	Mean dependent var	121.2322
Adjusted R-squared	0.981385	S.D. dependent var	45.63348
S.E. of regression	6.226131	Akaike info criterion	6.688517
Sum squared resid	542.7059	Schwarz criterion	6.886378
Log likelihood	-56.19666	F-statistic	299.7429
Durbin-Watson stat	1.130400	Prob(F-statistic)	0.000000

Lag Distribution of X	i	Coefficient	Std. Error	t-Statistic
	0	0.89101	0.17456	5.10425
	1	0.32550	0.08998	3.61759
	2	-0.03123	0.12342	-0.25303
	3	-0.17917	0.08488	-2.11094
	4	-0.11833	0.18034	-0.65616
Sum of Lags		0.88778	0.03007	29.5262

分布滞后模型的估计式为

$$\hat{Y}_t = -35.4923 + 0.8910X_t + 0.3255X_{t-1} - 0.0312X_{t-2}$$
$$-0.1792X_{t-3} - 0.1183X_{t-4}$$

练习题 7.5　表 7.10（教材表 7.14）给出某地区各年末货币流通量 Y、社会商品零售额 X_1、城乡居民储蓄余额 X_2 的数据。

表 7.10 某地区年末货币流通量、社会商品零售额、城乡居民储蓄余额数据

（单位：亿元）

年份	年末货币流通量（Y）	社会商品零售额（X_1）	城乡居民储蓄余额（X_2）	年份	年末货币流通量（Y）	社会商品零售额（X_1）	城乡居民储蓄余额（X_2）
1953	10518	78676	4163	1970	38500	240332	26156
1954	14088	101433	4888	1971	47100	274534	30944
1955	13375	103989	5689	1972	57200	299197	35961
1956	18354	124525	7406	1973	60000	314006	39667
1957	16867	126467	9156	1974	62500	318954	43320
1958	18515	134446	10193	1975	64500	336015	46184
1959	22558	154961	13939	1976	68000	352924	48311
1960	29036	170370	15495	1977	63000	378115	53313
1961	41472	149182	12553	1978	66000	415830	61290
1962	34826	154564	10080	1979	76000	452032	70033
1963	30000	142548	11602	1980	85000	512543	92800
1964	24300	143415	15031	1981	90000	547956	109707
1965	29300	156998	17108	1982	101000	591088	133799
1966	33900	176387	19301	1983	100000	646427	164314
1967	36100	178162	20485	1984	160000	733162	201199
1968	39600	167074	22572	1985	192000	919045	277185
1969	38300	214597	22958				

利用表中数据设定模型：

$$Y_t^* = \alpha + \beta_1 X_{1t} + \beta_2 X_{2t} + u_t$$

$$Y_t^* = \alpha X_{1t}^{\beta_1} X_{2t}^{\beta_2} e^{u_t}$$

其中，Y_t^* 为长期（或所需求的）货币流通量。试根据局部调整假设，作模型变换，估计并检验参数，对参数经济意义作出解释。

【练习题 7.5 参考解答】

1）年末货币流通量模型为

$$Y_t^* = \alpha + \beta_1 X_{1t} + \beta_2 X_{2t} + u_t \tag{7.1}$$

其中，由于长期（或所需求的）货币流通量不可观测，作局部调整假定

$$Y_t - Y_{t-1} = \delta(Y_t^* - Y_{t-1}), \quad 0 < \delta < 1 \tag{7.2}$$

将（7.1）式代入（7.2）式，得短期货币流通量需求模型：

$$\begin{aligned} Y_t &= \delta\alpha + \delta\beta_1 X_{1t} + \delta\beta_2 X_{2t} + (1-\delta)Y_{t-1} + \delta u_t \\ &= \alpha^* + \beta_0^* X_{1t} + \beta_1^* X_{2t} + \beta_2^* Y_{t-1} + u_t^* \end{aligned} \tag{7.3}$$

其中，$\alpha^*=\delta\alpha$，$\beta_0^*=\delta\beta_1$，$\beta_1^*=\delta\beta_2$，$\beta_2^*=1-\delta$，$u_t^*=\delta u_t$。

模型（7.3）为局部调整模型，其干扰项无一阶自相关，解释变量与干扰项不相关，可直接用 OLS 估计，结果如表 7.11 所示。

表 7.11　回归结果

Dependent Variable: Y
Method: Least Squares
Date: 02/03/10　Time: 19:39
Sample (adjusted): 1954 1985
Included observations: 32 after adjustments

Variable	Coefficient	Std. Error	t-Statistic	Prob.
C	6596.228	4344.078	1.518442	0.1401
X1	0.047451	0.039610	1.197940	0.2410
X2	0.274838	0.090534	3.035736	0.0051
Y(-1)	0.405275	0.187220	2.164699	0.0391

R-squared	0.967247	Mean dependent var	55355.97
Adjusted R-squared	0.963738	S.D. dependent var	40464.90
S.E. of regression	7705.604	Akaike info criterion	20.85375
Sum squared resid	1.66E+09	Schwarz criterion	21.03697
Log likelihood	-329.6600	F-statistic	275.6267
Durbin-Watson stat	2.109534	Prob(F-statistic)	0.000000

$$\hat{Y}_t = 6596.2280 + 0.0475X_{1t} + 0.2748X_{2t} + 0.4053Y_{t-1}$$

由参数估计结果 $1-\hat{\delta}=0.4053$，得 $\hat{\delta}=0.5947$。

由 $\alpha^*=\delta\alpha$，$\beta_0^*=\delta\beta_1$，$\beta_1^*=\delta\beta_2$，$\beta_2^*=1-\delta$ 换算，得

$$\hat{\alpha} = 11091.6899,\quad \hat{\beta}_1 = 0.0798,\quad \hat{\beta}_2 = 0.4621$$

长期货币流通量需求模型为

$$\hat{Y}_t^* = 11091.6899 + 0.0798X_{1t} + 0.4621X_{2t}$$

估计结果表明：社会商品零售额对某地区货币流通需求量的短期影响为 0.0475，长期为 0.0798，即社会商品零售额每增加 1 亿元，短期货币流通需求量将增加 0.0475 亿元，长期货币流通需求量将增加 0.0798 亿元；而城乡居民储蓄余额对某地区货币流通需求量的影响，短期为 0.2748，长期为 0.4621，即城乡居民储蓄余额每增加 1 亿元，短期货币流通需求量将增加 0.2748 亿元，长期货币流通量需求量将增加 0.4621 亿元。

2）年末货币流通量模型为 $Y_t^*=\alpha X_{1t}^{\beta_1}X_{2t}^{\beta_2}e^{u_t}$。

对原模型两边取对数，得

$$\ln Y_t^* = \ln\alpha + \beta_1\ln X_{1t} + \beta_2\ln X_{2t} + u_t \tag{7.4}$$

作如下局部调整假定：

$$\ln Y_t - \ln Y_{t-1} = \delta(\ln Y_t^* - \ln Y_{t-1}),\quad 0<\delta<1 \tag{7.5}$$

将（7.4）式代入（7.5）式，得短期货币流通量需求模型：

$$\ln Y_t = \delta\ln\alpha + \delta\beta_1\ln X_{1t} + \delta\beta_2\ln X_{2t} + (1-\delta)\ln Y_{t-1} + \delta u_t$$
$$= \alpha^* + \beta_0^*\ln X_{1t} + \beta_1^*\ln X_{2t} + \beta_2^*\ln Y_{t-1} + u_t^*$$

其中，$\alpha^* = \delta\ln\alpha$，$\beta_0^* = \delta\beta_1$，$\beta_1^* = \delta\beta_2$，$\beta_2^* = 1-\delta$，$u_t^* = \delta u_t$。

用 OLS 估计模型，结果如表 7.12 所示。

表 7.12 回归结果

Dependent Variable: LY
Method: Least Squares
Date: 02/03/10 Time: 20:44
Sample (adjusted): 1954 1985
Included observations: 32 after adjustments

Variable	Coefficient	Std. Error	t-Statistic	Prob.
C	0.644333	1.677888	0.384014	0.7039
LX1	0.206230	0.255557	0.806984	0.4265
LX2	0.180168	0.154913	1.163031	0.2546
LY(-1)	0.531445	0.109260	4.864049	0.0000

R-squared	0.968959	Mean dependent var	10.70088
Adjusted R-squared	0.965633	S.D. dependent var	0.672279
S.E. of regression	0.124629	Akaike info criterion	-1.210486
Sum squared resid	0.434905	Schwarz criterion	-1.027269
Log likelihood	23.36778	F-statistic	291.3458
Durbin-Watson stat	1.914829	Prob(F-statistic)	0.000000

$$\ln\hat{Y}_t = 0.6443 + 0.2062\ln X_{1t} + 0.1802\ln X_{2t} + 0.5314\ln Y_{t-1}$$

由参数估计结果 $1-\hat{\delta}=0.5314$，得 $\hat{\delta}=0.4686$。

由 $\alpha^* = \delta\ln\alpha$，$\beta_0^* = \delta\beta_1$，$\beta_1^* = \delta\beta_2$，$\beta_2^* = 1-\delta$ 换算，得

$$\ln\hat{\alpha} = 1.3749,\quad \hat{\beta}_1 = 0.4400,\quad \hat{\beta}_2 = 0.3845$$

长期货币流通量需求模型为

$$\ln\hat{Y}_t^* = 1.3749 + 0.4400\ln X_{1t} + 0.3846\ln X_{2t}$$

结果表明：社会商品零售额对某地区货币流通需求的短期影响为 0.2062，长期为 0.4400，即社会商品零售额每增加 1%，短期货币流通需求将增加 0.2062%，长期货币流通需求将增加 0.44%；而城乡居民储蓄余额对某地区货币流通需求的影响，短期为 0.1802，长期为 0.3846，即城乡居民储蓄余额每增加 1%，短期货币流通需求将增加 0.1802%，长期货币流通需求将增加 0.3846%。

练习题 7.7 考虑如下回归模型：

$$\hat{y}_t = -3012 + 0.1408x_t + 0.2306x_{t-1}$$
$$t = (-6.27)\ (2.6)\qquad (4.26)$$
$$R^2 = 0.727$$

其中，y 为通货膨胀率，x 为生产设备使用率。

1）生产设备使用率对通货膨胀率的短期影响和总的影响分别是多大？

2）如果库伊克模型为 $y_t=b_1+b_2x_t+b_3y_{t-1}+\mu_t$，你怎样得到生产设备使用率对通货膨胀率的短期影响和长期影响？

【练习题 7.7 参考解答】

1）短期乘数为 0.1408，表示本期 X 变动一个单位对 Y 平均值的影响程度；

长期乘数$=0.1408+0.2306=0.3714$，表示 X 变动一个单位时，由于滞后效应而形成对 Y 平均值的总影响大小。

2）如果库伊克模型为 $y_t=b_1+b_2x_t+b_3y_{t-1}+\mu_t$，模型在变换的时出现了随机干扰项存在一阶自相关；解释变量 Y_{t-1} 与随机干扰项 u_t^* 是相关的问题，故以上自回归模型不能直接用 OLS 估计。此时，可选用工具变量代替 Y_{t-1}，再估计库伊克模型，根据模型的估计结果，生产设备使用率对通货膨胀率的短期影响为 $\hat{b}_2$，长期影响为$\frac{\hat{b}_2}{1-\lambda}$（其中：公比 $\lambda=\hat{b}_3$）。

第八章

“虚拟变量回归”学习辅导

一、本章基本内容

（一）基本内容

第八章虚变量回归的基本内容见图 8.1。

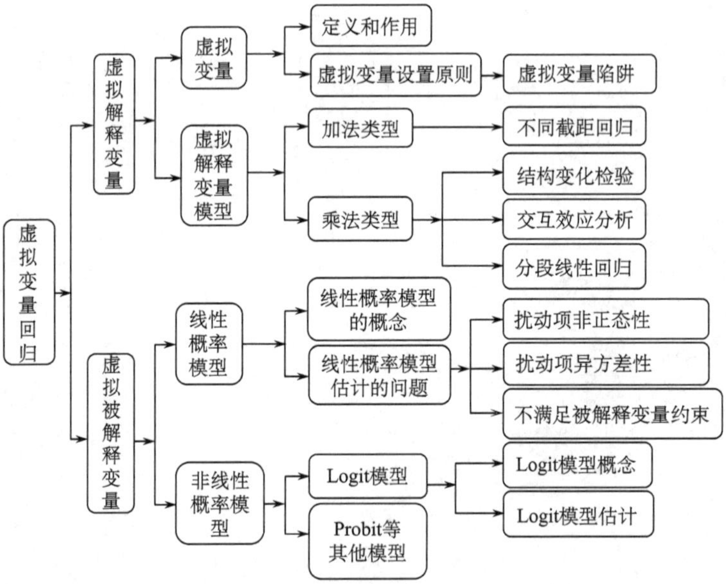

图 8.1　第八章基本内容

(二) 本章的教学目标

在现实经济生活中，影响被解释变量变动的因素，除了前几章讲的可以直接获得实际观测数据的定量变量外，还包括一些诸如性别、种族、职业、季节、受教育程度、政府政策的变动等定性因素（或称属性因素）的影响。在实际经济分析中，这些定性变量有时具有不可忽视的重要影响。为了在模型中反映定性因素的影响，可以将定性因素转化为虚拟变量去实现。简单而又常用的情况是，虚拟变量的取值为 1 和 0，代表"是"、"否"或"有"、"无"。这种做法实际上是一种变换或映射，将不能精确计量的定性因素的水平或状态变换为数字 0 和 1 来描述。

在计量经济学模型中，虚拟变量除了可以作为解释变量外，还可以作为被解释变量。当虚拟变量作为被解释变量时，其作用是对某一经济现象或活动进行"是"与"否"的判断或决策。例如，研究是否购买商品住房、是否参加人寿或财产保险、是否能按期偿还贷款、新产品在市场上是否畅销、对某一改革措施所持的态度等。这些问题的特征是被研究的对象（即被解释变量）在受到多种因素影响时，其取值只有两种状态："是"与"否"。这在计量经济学中被称为"二元型响应"现象，这种现象常在市场研究或社会问题研究中遇到。如何处理二元型响应被解释变量模型的估计、推断问题，是本节要解决的问题，考虑到本科教学的实际，本书对非线性概率模型只介绍 Logit 模型，不介绍 Probit 等其他模型。

本章的教学目标是：深刻理解定性因素在计量经济分析中的背景和含义；明确虚拟变量在建立和估计计量经济模型中的意义和作用；熟练掌握引入和应用虚拟变量的基本思想和方法；能够运用虚拟变量模型作相应的经济实证分析方面的应用；掌握 EViews 软件中相关内容的操作方法。

在本科教学中虚拟被解释变量是供选择使用的部分，其教学目标是了解什么是线性概率模型（LPM）；明确 OLS 法不适用于直接估计 LPM 的原因；了解非线性概率模型的基本思想以及 Logit 模型的基本概念和估计方法；能初步掌握运用 EViews 对 Logit 模型进行估计的方法。

二、重点与难点分析

1. 虚拟变量的设置原则

被解释变量的变动经常是定量因素和定性因素共同作用的结果。在计量经济模型中，应当同时包含定量和定性两种因素对被解释变量的影响作用。但在设置反映定性因素的虚拟变量时必须遵循一定的原则。

若 1 个定性因素有 m 个相互排斥的类型（或属性、水平）时，按照模型设定中有无截距项，虚拟变量个数的设置规则分为两种情况：①在有截距项的模型中，只能引入 $m-1$ 个虚拟变量，否则会陷入所谓“虚拟变量陷阱”，产生完全的多重共线性；②在无截距项的模型中，可引入 m 个虚拟变量，不会导致完全的多重共线性。这种情形下虚拟变量参数的估计结果，实际上是 $D=1$ 时被解释变量的样本均值。

可以通过以下例子加以理解：

考虑季节因素（春夏秋冬，四个类型）对某种商品销量 $\boldsymbol{Y}$ 的影响，如果建立如下模型：

$$Y_i = \alpha + \beta_1 D_{1i} + \beta_2 D_{2i} + \beta_3 D_{3i} + \beta_4 D_{4i} + u_i$$

其中，$D_{1i}=\begin{cases}1,春季,\\0,其他,\end{cases}$ $D_{2i}=\begin{cases}1,夏季,\\0,其他,\end{cases}$ $D_{3i}=\begin{cases}1,秋季,\\0,其他,\end{cases}$ $D_{4i}=\begin{cases}1,冬季,\\0,其他,\end{cases}$ 即在有截距项的模型中，引入 $m=4$ 个虚拟变量，则有

$$D_{1i} + D_{2i} + D_{3i} + D_{4i} = \begin{bmatrix}1\\1\\\vdots\\1\end{bmatrix}$$

或者 $-\boldsymbol{e}+D_{1i}+D_{2i}+D_{3i}+D_{4i}=0$，其中 $\boldsymbol{e}=(1,1,\cdots,1)'$。也就是说，构成 OLS 估计解释变量数据矩阵 $\boldsymbol{X}$ 的向量 $\boldsymbol{e}$，D_{1i}，D_{2i}，D_{3i}，D_{4i} 线性相关，即完全的共线性，OLS 估计无法获得。实际上此时只需设置 $m-1=3$ 个虚拟变量即可，比如

$$Y_i = \alpha + \beta_1 D_{1i} + \beta_2 D_{2i} + \beta_3 D_{3i} + u_i$$

因为 D_{1i}，D_{2i}，D_{3i} 已构成春夏秋冬四个类型的完备选择（当三者都为 0 时即代表冬季），而这样又能避免虚拟变量陷阱。

但是，在无截距项的模型中，引入 $m=4$ 个虚拟解释变量不会导致它们间的线性相关性（即不存在不全为零的数 λ_1，λ_2，λ_3，λ_4 使得 $\lambda_1 D_{1i}+\lambda_2 D_{2i}+\lambda_3 D_{3i}+\lambda_4 D_{4i}=0$），因而不会引起多重共线性，不会落入虚拟变量设置陷阱。而稍后将证明，在这种情况下，虚拟变量参数的估计结果，实际上是 $D=1$ 时所对应的 Y 的均值。

2. 虚拟变量引入模型的具体方式及含义

在计量经济模型中，引入虚拟解释变量有两种基本方式：加法方式和乘法方式。不同的途径引入虚拟变量有不同的作用，加法方式引入虚拟变量考虑的是截距是否变化；乘法方式引入虚拟变量考虑的是斜率是否变化。当然，很多时候可以考虑加法方式和乘法方式同时引入虚拟变量，用以分析截距和斜率的变化，或者称为结构变化分析。

（1）加法方式

假设模型为

$$Y_i = \alpha_1 + \alpha_2 D_i + \beta X_i + \mu_i$$

条件期望

$$E(Y_i \mid X_i, D_i = 0) = \alpha_1 + \beta X_i$$

$$E(Y_i \mid X_i, D_i = 1) = (\alpha_1 + \alpha_2) + \beta X_i$$

表示的是虚拟变量的两种状态下，截距（平均水平）的差异。当然，是否真的有差异，还要检验 α_2 是否为零。

（2）乘法方式

以乘法方式引入虚拟变量，是将虚拟解释变量与其他解释变量相乘（或反映不同定性因素的虚拟变量之间相乘）作为解释变量，以分析模型中斜率系数的变化。当然多数时候是乘法方式与加法方式合用，进行结构变化检验，交互效应分析及分段回归等。

模型

$$Y_t = \alpha_1 + \alpha_2 D_t + \beta_1 X_t + \beta_2 (D_t X_t) + u_t$$

可视为乘法方式引入虚拟变量的最基本最重要的形式，它用于结构变化检验。除了截距，可以判断斜率是否有变化，当然这依赖于对 β_2 是否为零的检验。

类似地，交互效应分析及分段回归的基本模型分别是

$$Y_i = \alpha_1 + \alpha_2 D_{2i} + \alpha_3 D_{3i} + \alpha_4 (D_{2i} D_{3i}) + \beta X_i + u_i$$

$$Y_t = \alpha_0 + \beta_1 X_t + \beta_2 (X_t - X^*) D_t + u_t$$

同样需要检验 α_4 是否为零或 β_2 是否为零，以判断是否存在交互效应分析或分段回归。

*3. 线性概率模型与普通线性回归模型的联系①

我们以前讨论的回归分析主要是研究条件均值 $E(Y_i \mid X_i)$ 轨迹的问题，而线性概率模型主要是研究条件概率 $P(Y_i \mid X_i)$ 轨迹的问题。两者看上去研究的对象不同，但是在二元响应被解释变量的问题中它们其实是一致的。需要注意的是，由于被解释变量的条件概率必须在 0 与 1 之间，所以当我们用条件均值 $E(Y_i \mid X_i)$来描述模型的时候，它的值也必须在 0 与 1 之间。

*4. OLS 不能直接适用于 LPM 的原因

1）由于被解释变量 Y 只能取 0 和 1 两个值，所以扰动项 u_i 显然不服从正态分布，不满足线性回归模型的基本假设。因此，虽然 OLS 对参数估计的无偏性

---

① ＊部分内容在本科教学中供选择使用

没有影响，但是在小样本下对其统计推断有所影响。这里我们需要注意的是，大样本条件下由中心极限定理，扰动项是趋近于正态的，所以如果样本足够大，扰动项的非正态性不会对参数估计产生太大的影响。

2）假设 $P(Y_i=1 \mid X_i)=p_i$，我们可以容易得到 $\mathrm{Var}(u_i)=p_i(1-p_i)$。因此扰动项存在异方差。这里我们可以利用加权最小二乘法进行修正。

3）由于线性概率模型中我们必须要求 $E(Y_i \mid X_i)$ 在 0 与 1 之间，但是实际分析中我们并不能保证这一点。所以这是用 LPM 的 OLS 法估计存在的实际问题。

虽然扰动项的非正态性和异方差性在某种程度上都可以得到修正与缓解，但是条件概率的范围问题在线性条件下却往往不容易解决，所以我们需要引入以 Logit 模型为代表的非线性概率模型。但是非线性概率模型的估计却是一个难点。

*5. Logit 模型设定的思想

由于线性概率模型等式左边 $E(Y_i \mid X_i)$ 被限定在 0 与 1 之间，而等式右边 $\beta_1+\beta_2 X_i$ 却可以取到负无穷到正无穷的所有值，因此这样的模型设定是不合理的。另外，线性概率模型中，解释变量对被解释变量条件概率的边际效应保持不变，这也是与实际经济现象不符的。因此我们就想到把 $E(Y_i \mid X_i)$ 作非线性转换，使之能取到负无穷到正无穷的所有值，与等式右边的线性形式相一致。所以我们不难发现其中的一种变换为 $L_i=\ln\left(\dfrac{E(Y_i \mid X_i)}{1-E(Y_i \mid X_i)}\right)$。这样我们就把只能取值在 0 与 1 之间的 $E(Y_i \mid X_i)$ 转化到可以取值在负无穷到正无穷的 L_i，我们称 L_i 为对数单位。这样的模型 $\ln\left(\dfrac{E(Y_i \mid X_i)}{1-E(Y_i \mid X_i)}\right)=\beta_1+\beta_2 X_i$ 就是 Logit 模型。我们需要注意的是：

1）随着 p_i 从 0 变到 1，对数单位 L_i 从 $-\infty$ 变到 ∞，即概率 p_i 在 0 与 1 之间，但对数单位 L_i 并不一定在 0 与 1 之间。

2）虽然对数单位 L_i 对 X_i 是线性的，但概率 p_i 对 X_i 并不是线性的，这与线性概率模型不同。

3）Logit 模型中参数的意义：β_2 是 X_i 每变动一个单位时，对数单位 L_i（机会比率的对数）的平均变化，然而我们研究的目的并不是对数单位 L_i，而是概率 p_i。

4）如果设法估计出参数 β_1 和 β_2，给定某一水平 $X_i=X^*$，若欲估计 p_i，当 β_1 和 β_2 估计量已知时，可直接得到（$Z_i=\hat{\beta}_1+\hat{\beta}_2 X_i$），就可能计算出要估计的概率 p_i。

但是由于 L_i 是不可观测的，所以通常我们用最大似然（ML）的方法对模型的参数进行估计。

三、数理证明的补充与拓展

现在给出对于无截距模型虚拟变量系数的估计结果，实际上是虚拟变量取 1 时被解释变量 Y 的样本均值的证明。

为方便起见，考虑无截距模型的最简单形式

$$Y_i = \beta_1 D_{1i} + \beta_2 D_{2i} + u_i$$

比如，Y 表示服装消费，虚拟变量代表性别 $D_{1i}=\begin{cases}1, & 男性,\\ 0, & 女性,\end{cases}$ $D_{2i}=\begin{cases}1, & 女性,\\ 0, & 男性,\end{cases}$ 那么，易知 β 的最小二乘估计是

$$\hat{\beta}_1 = \frac{\left(\sum_{i=1}^{n} D_{1i}Y_i\right)\left(\sum_{i=1}^{n} D_{2i}^2\right) - \left(\sum_{i=1}^{n} D_{2i}Y_i\right)\left(\sum_{i=1}^{n} D_{1i}D_{2i}\right)}{\left(\sum_{i=1}^{n} D_{1i}^2\right)\left(\sum_{i=1}^{n} D_{2i}^2\right) - \left(\sum_{i=1}^{n} D_{1i}D_{2i}\right)^2} = \frac{\sum_{i=1}^{n} D_{1i}Y_i}{\sum_{i=1}^{n} D_{1i}^2} = \bar{Y}_{男}$$

这是因为 $\sum_{i=1}^{n} D_{1i}D_{2i} = 0$。如果在 n 个样本中，男性有 m 个，女性则有 $n-m$ 个，于是有 $\sum_{i=1}^{n} D_{1i}^2 = m$，以及 $\sum_{i=1}^{n} D_{1i}Y_i = Y_{i1} + \cdots + Y_{im}$，即男性所对应的 Y 的观测值之和。因此，

$$\hat{\beta}_1 = \frac{Y_{i1} + \cdots + Y_{im}}{m} = \bar{Y}_{男}$$

同理可证 $\hat{\beta}_2 = \bar{Y}_{女}$。

于是我们就通过上述简单的形式证明并理解了“无截距模型虚拟变量系数的估计结果，实际上是虚拟变量取 1 时被解释变量 Y 的样本均值”的结论。

四、本章实验项目要点

本章的实验项目主要是对虚拟解释变量的应用。要点是练习如何将虚拟变量输入到 EViews 的数据表中，然后作多元线性回归。具体实验内容，见第十四章的实验五“虚拟解释变量”。

虚拟被解释变量的应用在本科教学中只是供选择的内容，涉及线性概率模型和 Logit 模型的估计。线性概率模型与 Logit/Probit 模型的 EViews 操作如下。

1. 线性概率模型的操作

线性概率模型的 EViews 操作与一般的多元回归分析操作相同。但是需要注意，线性概率模型由于存在随机扰动项的非正态性和异方差性，其估计结果是不合理的。

2. Logit/Probit 模型的操作

将被解释变量 Y 的值设置为 0 和 1，并录入到数据表中；从工作文件主菜单中点击 Quick 键，选择 Estimate Equation 功能，在弹出 Equation Specification（方程设定）对话框中（图 8.2），点击 Method（估计方法），在下拉的估计方法选择框中选择 BINARY（二元）-估计方法。在 Binary Estimation Method（二元估计方法）中选择需要估计的模型种类（如 Logit/Probit/Extreme value）。在 Equation Specification（方程设定）框中依次输入被解释变量的变量名和解释变量的变量名（截距项用 c 表示），点击 OK 键即可得到估计结果。结果的读取与一般多元回归模型的结果相似。

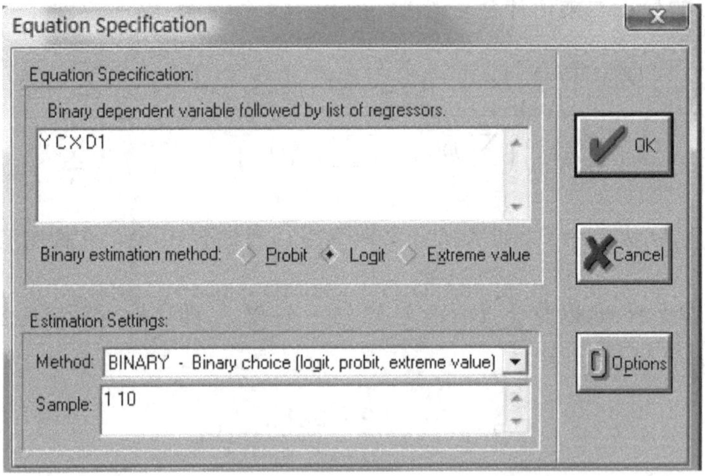

图 8.2 Equation Specification 选择框

五、本章补充案例与案例讨论

案例 1 季节数据模型①。

由于受取暖用煤的影响，我国每年第四季度市场用煤销售量大大高于其他季度。设立如下 3 个体现季节性因素的虚拟变量，设立第一季度为基础性变量：

$$D_1 = \begin{cases} 1, & \text{第四季度}, \\ 0, & \text{其他}, \end{cases} \quad D_2 = \begin{cases} 1, & \text{第三季度}, \\ 0, & \text{其他}, \end{cases} \quad D_3 = \begin{cases} 1, & \text{第二季度} \\ 0, & \text{其他} \end{cases}$$

图 8.3 与表 8.1 是我国 1982～1988 年市场用煤销量的季节性数据。

① 该案例选自樊丽淑主编《计量经济学》浙江大学出版社 2007 年第 184 页

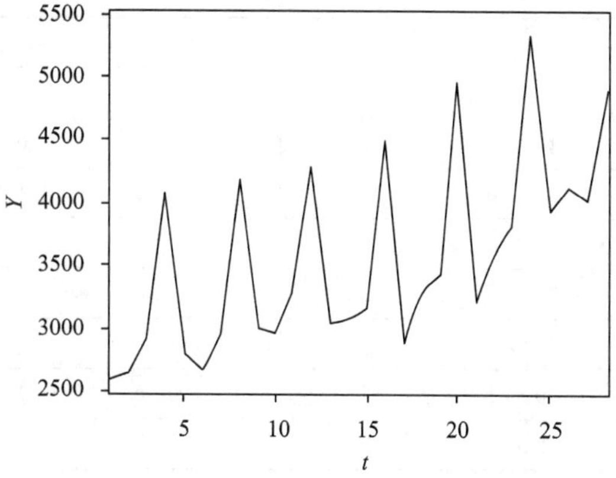

图 8.3　我国 1982～1988 年用煤销售量

表 8.1　全国按季节市场用煤销售量数据

季度	Y_t/t	t	D_1	D_2	D_3
1982 年第一季度	2599.8	1	0	0	0
1982 年第二季度	2647.2	2	0	0	1
1982 年第三季度	2912.7	3	0	1	0
1982 年第四季度	4087	4	1	0	0
1983 年第一季度	2806.5	5	0	0	0
1983 年第二季度	2672.1	6	0	0	1
1983 年第三季度	2943.6	7	0	1	0
1983 年第四季度	4193.4	8	1	0	0
1984 年第一季度	3001.9	9	0	0	0
1984 年第二季度	2969.5	10	0	0	1
1984 年第三季度	3287.5	11	0	1	0
1984 年第四季度	4270.6	12	1	0	0
1985 年第一季度	3044.1	13	0	0	0
1985 年第二季度	3078.8	14	0	0	1
1985 年第三季度	3159.1	15	0	1	0
1985 年第四季度	4483.2	16	1	0	0
1986 年第一季度	2881.8	17	0	0	0
1986 年第二季度	3308.7	18	0	0	1
1986 年第三季度	3437.5	19	0	1	0
1986 年第四季度	4946.8	20	1	0	0

续表

季度	Y_t/t	t	D_1	D_2	D_3
1987 年第一季度	3209	21	0	0	0
1987 年第二季度	3608.1	22	0	0	1
1987 年第三季度	3815.6	23	0	1	0
1987 年第四季度	5332.3	24	1	0	0
1988 年第一季度	3929.8	25	0	0	0
1988 年第二季度	4126.2	26	0	0	1
1988 年第三季度	4015.1	27	0	1	0
1988 年第四季度	4904.2	28	1	0	0

数据来源：中国统计年鉴 1987～1989，中国统计出版社

注：以季节数据 D_1 为例

试建立以 t，D_1，D_2，D_3 为解释变量（1982 年第一季度取 $t=1$）的煤销售量 y 的模型。假设模型形式为

$$Y_t = \alpha + \beta_0 t + \beta_1 D_1 + \beta_2 D_2 + \beta_3 D_3 + u_t$$

使用 EViews 软件建立模型，具体过程同上，估计的方程为

$$\hat{Y}_t = 2431.198 + 48.9507t + 1388.091D_1 + 201.8415D_2 + 85.0065D_3$$

$$(93.3579) \quad (4.52852) \quad (103.3655) \quad (102.8683) \quad (102.5688)$$

$$t = (26.04170) \quad (10.80941) \quad (13.42896) \quad (1.962136) \quad (0.828775)$$

$$R^2 = 0.9458, \quad \bar{R}^2 = 0.9364, \quad F = 100.4000, \quad \mathrm{DW} = 1.2158$$

由于 D_2，D_3 的系数显著性不强，因此，第二、三季度可以归并入基础类别第一季度。于是只考虑加入一个虚拟变量 D_1，把季节因素分为第四季度和第一、二、三季度两类。从上式中剔除虚拟变量 D_2，D_3，得煤销售量 Y 的估计方程为

$$\hat{Y}_t = 2515.862 + 49.7330t + 1290.910D_1$$

$$(78.5513) \quad (4.6777) \quad (87.2606)$$

$$t = (32.0283) \quad (10.6320) \quad (14.7937)$$

模型效果显著。

第一、二、三季度模型：

$$\hat{Y}_t = 2515.862 + 49.733t$$

第四季度模型：

$$\hat{Y}_t = 2515.862 + 1290.910 + 49.733t$$

案例 2 城镇居民的人均消费支出的季节分析。

在各个季度城镇居民的人均消费支出是不一样的，它会随着时间而变化。为了深入研究我国城镇居民的个人消费支出与个人可支配收入的在不同季度之间的具体数量关系，收集了中国城镇居民季度人均可支配收入（X）和人均消费支出（Y）2004～2008 年各季度数据序列（表 8.2）。

表 8.2 人均可支配收入与人均消费支出的季度性数据 （单位：元）

季度	X	Y	D_2	D_3	D_4
2004 年第一季度	2638.800	1838.920	0	0	0
2004 年第二季度	2175.800	1645.260	1	0	0
2004 年第三季度	2257.400	1888.580	0	1	0
2004 年第四季度	2349.600	1809.340	0	0	1
2005 年第一季度	2937.800	2020.130	0	0	0
2005 年第二季度	2436.200	1845.120	1	0	0
2005 年第三季度	2527.700	2084.820	0	1	0
2005 年第四季度	2591.300	1992.810	0	0	1
2006 年第一季度	3293.000	2243.810	0	0	0
2006 年第二季度	2703.740	1983.810	1	0	0
2006 年第三季度	2802.080	2252.770	0	1	0
2006 年第四季度	2960.630	2216.160	0	0	1
2007 年第一季度	3934.940	2619.550	0	0	0
2007 年第二季度	3117.050	2210.480	1	0	0
2007 年第三季度	3294.240	2565.020	0	1	0
2007 年第四季度	3439.560	2602.420	0	0	1
2008 年第一季度	4385.590	2882.260	0	0	0
2008 年第二季度	3679.410	2608.030	1	0	0
2008 年第三季度	3800.000	2855.180	0	1	0
2008 年第四季度	3915.680	2897.330	0	0	1

数据来源：中经专网统计数据库宏观季度数据

为了研究 2004～2008 年期间城镇居民人均可支配收入和人均消费支出的变化规律是否有变化，考证随城镇居民人均可支配收入和人均消费支出季度性时间的变化情况，如图 8.4 所示。

从图 8.4 中发现镇居民人均可支配收入和人均消费支出呈现明显的季度性变化，我们引入了如下 3 个体现季节性因素的虚拟变量，并设第一季度为基础性变量：

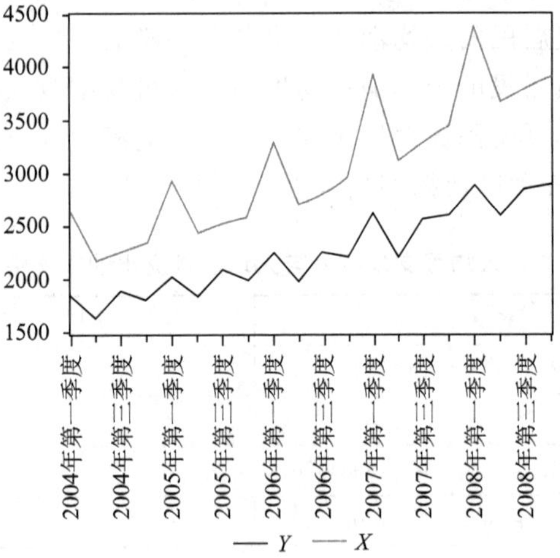

图 8.4 人均可支配收入和人均消费支出图形

$$D_2=\begin{cases}1, & \text{第二季度,}\\ 0, & \text{其他,}\end{cases}\quad D_3=\begin{cases}1, & \text{第三季度,}\\ 0, & \text{其他,}\end{cases}\quad D_4=\begin{cases}1, & \text{第四季度}\\ 0, & \text{其他}\end{cases}$$

试建立以人均可支配收入（X），D_2，D_3，D_4 为解释变量的个人消费支出（Y）的模型。假设模型形式为

$$Y_t=\alpha+\beta_1X_t+\beta_2D_{2t}+\beta_3D_{3t}+\beta_4D_{4t}+u_t$$

使用 EViews 软件估计方程结果为

$$\hat{Y}_t=141.336+0.634X_t+127.8677D_{2t}+326.4283D_{3t}+227.8156D_{4t}$$

$$(44.1784)\quad(0.0122)\quad(21.1603)\quad(20.7089)\quad(20.3389)$$

$$t=(3.1992)\quad(52.0133)\quad(6.0428)\quad(15.7627)\quad(11.2009)$$

$$R^2=0.9949,\quad \bar{R}^2=0.9949,\quad F=741.2424,\quad \mathrm{DW}=2.1437$$

由于各个系数的 t 值均大于 2，表明各个解释变量的系数显著的不等于 0，居民个人消费支出季度增加额的回归模型分别为

第一季度：$\hat{Y}_t=141.3360+0.634X_t$

第二季度：$\hat{Y}_t=269.2037+0.634X_t$

第三季度：$\hat{Y}_t=467.7643+0.634X_t$

第四季度：$\hat{Y}_t=369.1516+0.634X_t$

这表明四个季度的个人消费支出是不同的，对每个季度的城镇人均可支配收入每增加 1 元，个人消费支出会增加 0.643 元，但是各个季度的固定支出是不一样的。可以发现，第一季度的固定支出最小，第三季度的固定支出最大。

*案例 3 虚拟被解释变量。

在某地随机调查 40 个受访家庭的收入情况 X（千元/月）以及他们的买房情况（$Y=1$ 表示已买房，$Y=0$ 表示尚未买房）。我们希望从中了解收入与是否买房之间的数量关系。调查数据如表 8.3 所示。

表 8.3 某地家庭收入与购房情况表

序号	Y	X	序号	Y	X
1	0	8	21	1	22
2	1	16	22	1	16
3	1	18	23	0	12
4	0	11	24	0	11
5	0	12	25	1	16
6	1	19	26	0	11
7	1	20	27	1	20
8	0	13	28	1	18
9	0	9	29	0	11
10	0	10	30	0	10
11	1	17	31	1	17
12	1	18	32	0	13
13	0	14	33	1	21
14	1	20	34	1	20
15	0	6	35	0	11
16	0	19	36	0	8
17	1	16	37	1	17
18	0	10	38	1	16
19	0	8	39	0	7
20	1	18	40	1	17

这里，Y 为被解释变量，X 为解释变量。我们容易发现这是一个典型的"二元响应"现象。首先，直接用 Y 对 X 作回归，那么建立的是线性概率模型；然后，直接用 OLS 估计，可得

$$\hat{Y}_i = -0.8846 + 0.0962X_i, \quad R^2 = 0.7115$$

EViews 结论如表 8.4 所示。

我们知道这样的模型存在异方差，所以我们希望对以上模型进行修正，具体方法是使用加权最小二乘法。从上面的回归分析中我们可以得到 $\hat{Y}_i$，由于 $\hat{Y}_i$ 是对买房的概率作估计，所以必须限制它们在 0 与 1 之间。如果 $\hat{Y}_i$ 小于 0，设定它为 0；如果 $\hat{Y}_i$ 大于 1，设定它为 1。那么可以算得权数 $\hat{w}_i = \hat{p}_i(1-\hat{p}_i) = \hat{Y}_i(1-\hat{Y}_i)$。这样，可以对以上模型作修正，得到以下方程：$\hat{Y}_i = -2.2217 + 0.1889X_i$，$R^2 = 0.8763$（EViews 结论如表 8.5 所示）。可以发现拟合优度有明显的改善。

表 8.4 线性概率回归 EViews 结论

Dependent Variable: Y
Method: Least Squares
Date: 06/30/10 Time: 08:39
Sample: 1 40
Included observations: 40

Variable	Coefficient	Std. Error	t-Statistic	Prob.
C	-0.884615	0.149503	-5.917045	0.0000
X	0.096154	0.009932	9.681598	0.0000

R-squared	0.711538	Mean dependent var	0.500000
Adjusted R-squared	0.703947	S.D. dependent var	0.506370
S.E. of regression	0.275519	Akaike info criterion	0.308389
Sum squared resid	2.884615	Schwarz criterion	0.392833
Log likelihood	-4.167784	F-statistic	93.73333
Durbin-Watson stat	2.459872	Prob(F-statistic)	0.000000

表 8.5 加权线性概率回归 EViews 结论

Dependent Variable：Y
Method：Least Squares
Date：01/26/10 Time：20：35
Sample：1 40
Included observations：40
Weighting series：W

Variable	Coefficient	Std. Error	t-Statistic	Prob.
X	0.188919	0.014862	12.71174	0.0000
C	−2.221652	0.221634	−10.02398	0.0000

Weighted Statistics

R-squared	0.876323	Mean dependent var	0.540477
Adjusted R-squared	0.873068	S. D. dependent var	0.792879
S. E. of regression	0.282483	Akaike info criterion	0.358312
Sum squared resid	3.032280	Schwarz criterion	0.442756
Log likelihood	−5.166250	F-statistic	161.5882
Durbin-Watson stat	2.003437	Prob（F-statistic）	0.000000

Unweighted Statistics

R-squared	0.049269	Mean dependent var	0.500000
Adjusted R-squared	0.024250	S. D. dependent var	0.506370
S. E. of regression	0.500192	Sum squared resid	9.507308
Durbin-Watson stat	2.057815		

但是我们知道，回归方程的扰动项不服从正态分布，我们的样本也不是足够的大，所以模型的可靠性不能得到保证。并且回归方程说明，无论家庭的月收入为多少，月收入每增加 1 千元，买房的概率相应的增加 18.89%，这也是与经济

现象不相符的。所以尝试用非线性概率模型中比较常用的 Logit 模型对数据进行拟合，得到的结果如下（EViews 结论如表 8.6 所示）。

$$\hat{L}_i = -15.7936 + 1.0621X_i$$

表 8.6 Logit 回归模型的 EViews 结论

Dependent Variable：Y

Method：ML-Binary Logit（Quadratic hill climbing）

Date：01/26/10 Time：20：47

Sample：1 40

Included observations：40

Convergence achieved after 7 iterations

Covariance matrix computed using second derivatives

Variable	Coefficient	Std. Error	z-Statistic	Prob.
X	1.062086	0.360196	2.948631	0.0032
C	−15.79364	5.600384	−2.820099	0.0048
Mean dependent var	0.500000	S. D. dependent var		0.506370
S. E. of regression	0.191910	Akaike info criterion		0.453549
Sum squared resid	1.399516	Schwarz criterion		0.537993
Log likelihood	−7.070988	Hannan-Quinn criter.		0.484082
Restr. log likelihood	−27.72589	Avg. log likelihood		−0.176775
LR statistic（1 df）	41.30980	McFadden R-squared		0.744968
Probability（LR stat）	1.30E-10			
Obs with Dep=0	20	Total obs		40
Obs with Dep=1	20			

作一个简单的变换可得

$$\hat{p}_i = \frac{e^{-15.7936+1.0621X_i}}{1+e^{-15.7936+1.0621X_i}}, \quad \frac{\partial \hat{p}_i}{\partial X_i} = 1.0621\hat{p}_i(1-\hat{p}_i)$$

那么，当家庭月收入为 1.2 万元时，月收入每增加 1 千元，买房的概率增加 4.6%；当家庭月收入为 1.6 万元时，月收入每增加 1 千元，买房的概率增加 18.9%；而当家庭月收入为 2.2 万元时，月收入每增加 1 千元，买房的概率增加 0.05%左右。这可以说明当家庭月收入较低时，增加一定的收入不足以刺激买房的需求；当家庭月收入达到中等偏上时，收入增加可以大大增加买房的概率；而当家庭月收入较高时，往往已经买房，所以增加收入几乎不会影响买房的概率。

六、教材中典型练习题参考解答

练习题 8.1 Sen 和 Srivastava（1971）在研究贫富国之间期望寿命的差异时，利用 101 个国家的数据，建立了如下的回归模型：

$$\bar{Y}_i = -2.40 + 9.39\ln X_i - 3.36[D_i(\ln X_i - 7)]$$

$$t = (-4.37) \quad (0.857) \quad (-2.42)$$
$$R^2 = 0.752$$

其中，X 是以美元计的人均收入；Y 是以年计的期望寿命。

Sen 和 Srivastava 认为人均收入的临界值为 1097 美元（ln1097=7），若人均收入超过 1097 美元，则被认定为富国；若人均收入低于 1097 美元，则被认定为贫穷国。

括号内的数值为对应参数估计值的 t 值。

1）解释这些计算结果。

2）回归方程中引入 $D_i(\ln X_i - 7)$ 的原因是什么？如何解释这个回归解释变量？

3）如何对贫穷国进行回归？又如何对富国进行回归？

4）从这个回归结果中可得到的一般结论是什么？

【练习题 8.1 参考解答】

1）由 $\ln X=1$ 时 $X=2.7183$，也就是说，人均收入每增加 1.7183 倍，平均意义上各国的期望寿命会增加 9.39 岁。若为富国时，$D_i=1$，则平均意义上，富国的人均收入每增加 1.7183 倍，其期望寿命就会减少 3.36 岁，但其截距项的水平会增加 23.52，达到 21.12 的水平。但从统计检验结果看，对数人均收入 $\ln X$ 对期望寿命 Y 的影响并不显著。方程的拟合情况良好，可进一步进行多重共线性等其他计量经济学的检验。

2）若 $D_i=1$ 代表富国，则引入 $D_i(\ln X_i-7)$ 的原因是想从截距和斜率两个方面考证富国的影响，其中，富国的截距为（$-2.40+3.36\times7=$）21.12，斜率为（$9.39-3.36=$）6.03，因此，当富国的人均收入每增加 1.7183 倍，其期望寿命会增加 6.03 岁。

3）对于贫穷国，设定 $D_i=1$ 为贫穷国，$D_i=0$ 为富国，则引入的虚拟解释变量的形式为 $D_i(7-\ln X)$；对于富国，回归模型形式不变。

练习题 8.3 在统计学教材中，采用了方差分析方法分析了不同班次对劳动效率的影响，其样本数据为表 8.7（教材表 8.6）。

表 8.7 不同班次的劳动效率

早班	中班	晚班
37	47	40
35	51	42
33	48	39
33	50	41
35	51	42
36	51	40
37	47	40

试采用虚拟解释变量回归的方法对上述数据进行方差分析。

【练习题 8.3 参考解答】

考虑到班次有三个属性，故在有截距项的回归方程中只能引入两个虚拟变量，按加法形式引入，模型设定形式为

$$Y_i = \beta_1 + \beta_2 D_1 + \beta_3 D_2 + u_i$$

其中，Y_i 为劳动效率；$D_1 = \begin{cases} 1, & \text{早班,} \\ 0, & \text{其他;} \end{cases}$ $D_2 = \begin{cases} 1, & \text{中班,} \\ 0, & \text{其他。} \end{cases}$

输入命令“LS Y C D1 D2”，则有如下结果（表 8.8）。

表 8.8　回归结果

Dependent Variable：Y

Method：Least Squares

Date：06/29/09　Time：16：56

Sample：1 21

Included observations：21

Variable	Coefficient	Std. Error	t-Statistic	Prob.
C	40.42857	0.555329	72.80115	0.0000
D1	−5.714286	0.785353	−7.276069	0.0000
D2	9.142857	0.785353	11.64171	0.0000
R-squared	0.952909	Mean dependent var		41.57143
Adjusted R-squared	0.947676	S. D. dependent var		* 6.423172
S. E. of regression	1.469262	Akaike info criterion		3.738961
Sum squared resid	* 38.85714	Schwarz criterion		3.888178
Log likelihood	−36.25909	F-statistic		* 182.1176
Durbin-Watson stat	2.331933	Prob（F-statistic）		0.000000

注：表中的 * 号部分表示在方差分析中需要用到的数据

依据上述数据，有

$$TSS = 6.423172^2 \times (21-1) = 825.1427708$$

$$RSS = 38.85714$$

$$ESS = TSS - RSS = 825.1427708 - 38.85714 = 786.2856$$

$$F = 182.1176$$

于是方差分析的结果如表 8.9 所示。

表 8.9 方差分析表

方差来源	离差平方和	自由度	方差	F 值
组间	786.286	2	393.143	182.118
组内	38.857	18	2.158	
总和	825.143	20		

* **练习题 8.5** Greene 在分析讲授某门经济学课程采用新的教学方法的效应时，搜集了如表 8.10（教材表 8.7）所示的数据。

表 8.10 采用新的教学方法讲授某门经济学课程的数据

obs	GRADE	GPA	TUCE	PSI	obs	GRADE	GPA	TUCE	PSI
1	0	2.66	20	0	17	0	2.75	25	0
2	0	2.89	22	0	18	0	2.83	19	0
3	0	3.28	24	0	19	0	3.12	23	1
4	0	2.92	12	0	20	1	3.16	25	1
5	1	4.00	21	0	21	0	2.06	22	1
6	0	2.86	17	0	22	1	3.62	28	1
7	0	2.76	17	0	23	0	2.89	14	1
8	0	2.87	21	0	24	0	3.51	26	1
9	0	3.03	25	0	25	1	3.54	24	1
10	1	3.92	29	0	26	1	2.83	27	1
11	0	2.63	20	0	27	1	3.39	17	1
12	0	3.32	23	0	28	0	2.67	24	1
13	0	3.57	23	0	29	1	3.65	21	1
14	1	3.26	25	0	30	1	4.00	23	1
15	0	3.53	26	0	31	0	3.10	21	1
16	0	2.74	19	0	32	1	2.39	19	1

其中，GRADE 是学生在接受新教学方法（PSI，$\text{PSI}=\begin{cases}1, & \text{接受新教学方法,}\\ 0, & \text{没有采用新方法}\end{cases}$）后学习成绩是否有所提高的虚拟变量，$\text{GRADE}=\begin{cases}1, & \text{有所提高,}\\ 0, & \text{没有提高,}\end{cases}$其他变量分别为平均级点 GPA，非期末考试成绩分数 TUCE。试用 Logit 模型对此进行估计，并分析相应的边际效应。

【练习题 8.5 参考解答】

在 EViews 中按照给定数据进行录入，点击 Quick，录入 grade c gpa tuce psi，点击 Method，在下拉菜单中，选择 Binary，并选择 Logit，则如表 8.11 所示。

表 8.11 回归结果

Dependent Variable: GRADE

Method: ML-Binary Logit (Quadratic hill climbing)

Date: 06/29/05 Time: 17: 44

Sample: 1 32

Included observations: 32

Convergence achieved after 5 iterations

Covariance matrix computed using second derivatives

Variable	Coefficient	Std. Error	z-Statistic	Prob.
C	−13.02135	4.931324	−2.640537	0.0083
GPA	2.826113	1.262941	2.237723	0.0252
TUCE	0.095158	0.141554	0.672235	0.5014
PSI	2.378688	1.064564	2.234424	0.0255

Mean dependent var	0.343750	S. D. dependent var	0.482559
S. E. of regression	0.384716	Akaike info criterion	1.055602
Sum squared resid	4.144171	Schwarz criterion	1.238819
Log likelihood	−12.88963	Hannan-Quinn criter.	1.116333
Restr. log likelihood	−20.59173	Avg. log likelihood	−0.402801
LR statistic (3 df)	15.40419	McFadden R-squared	0.374038
Probability (LR stat)	0.001502		
Obs with Dep=0	21	Total obs	32
Obs with Dep=1	11		

边际效应等于

$$f(\bar{\boldsymbol{X}}\hat{\boldsymbol{\beta}})\hat{\boldsymbol{\beta}} = 0.189 \times \begin{pmatrix} 2.826 \\ 0.095 \\ 2.379 \end{pmatrix} = \begin{pmatrix} 0.534 \\ 0.018 \\ 0.499 \end{pmatrix}$$

其中，

$$f(\bar{\boldsymbol{X}}\hat{\boldsymbol{\beta}}) = \frac{e^{\bar{X}\hat{\beta}}}{(1+e^{\bar{X}\hat{\beta}})^2} = \frac{e^{-13.02135+2.8261\times 3.1172+0.0952\times 21.9375+2.3787\times 0.4375}}{(1+e^{-13.02135+2.8261\times 3.1172+0.0952\times 21.9375+2.3787\times 0.4375})^2}$$

$$= \frac{0.3387}{(1+0.3387)^2} = 0.188988746 \approx 0.189$$

第九章

"设定误差与测量误差"学习辅导

一、本章基本内容

（一）基本内容

第九章设定误差与测量误差的基本内容见图 9.1。

（二）本章的教学目标

在第二章和第三章讨论的古典假定内容可分为两个部分：一是关于随机扰动项分布的基本假定，包括零均值、同方差、无自相关、解释变量与扰动项不相关和正态性假设等；二是关于模型设定的假设，包括模型中变量和函数形式等。对变量的假设主要是指解释变量的选取是正确的，且解释变量无多重共线性，同时还假定被解释变量与解释变量都没有测量误差。对模型函数形式设定的假设强调正确地描述了被解释变量与解释变量之间的真实关系。

在建模实践中，以上古典假设不一定都成立，于是就产生了古典假设违反的问题。对于古典假设中对同方差性和无自相关性假定的违反，在第五、第六章中进行了讨论；解释变量的多重共线性问题在第四章中作了讨论；解释变量与扰动项不相关假设的违反在第七章和第十一章中已有所涉及，并提出了工具变量（Ⅳ）法的弥补思路。零均值和正态性假设的违反，在本科教学中一般不深入讨论。那么，还需要具体讨论的主要是模型设定和变量选取的问题。

本章的教学目标是：充分认识模型设定在计量经济学建模分析的重要性；深刻理解计量经济分析中模型设定检验的基本思想；掌握模型设定的基本方法；能够运用 EViews 正确进行模型设定检验。

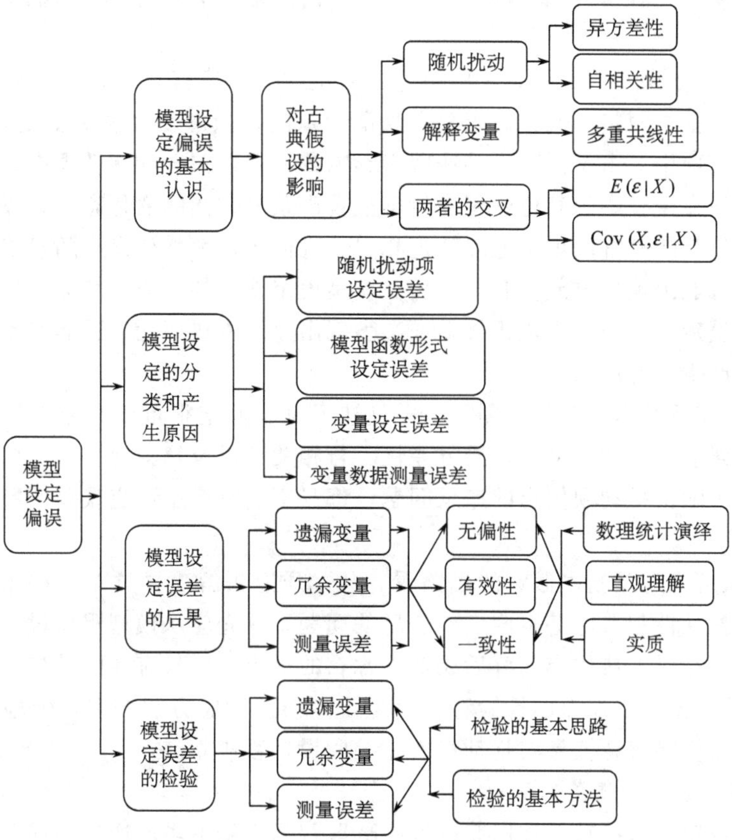

图 9.1 第九章基本内容

二、重点与难点分析

1. 深刻认识模型设定误差与基本假定违反的关系

总体回归函数（PRF）是将总体被解释变量 Y 的条件期望表现为解释变量 X 的某种函数，总体回归函数所体现的实际是经济现象或经济变量之间的客观规律性。模型设定实际上是对总体回归函数的某种设定，反映了研究者对客观经济规律性的认识。所设定的模型如果是“正确”的，就能够比较好的表现被解释变量的基本特征和变化规律；反之，如果模型设定是错误的，对被解释变量的基本特征和变化规律的刻画就会出现偏误。这种由模型设定而导致的偏误，在计量经济学中统称为设定误差。由于事实上我们并不知道正确的总体回归函数，只能通过某些理论或感性认识去加以设定，所以设定误差是经常可能存在的。

设定误差与模型对基本假定的违反有内在联系，这主要表现在以下几个方面：

1）从设定误差的后果看。模型出现设定误差的直接后果，主要表现在将导致模型违反基本假定。例如，当存在遗漏变量时，遗漏变量事实上是被“归入”了随机扰动项中。由于同时受某些因素影响等原因，包含在扰动项中的遗漏解释变量与出现在模型中的其他解释变量常呈现出某种共同的变化态势，表现为模型中解释变量与随机扰动项中遗漏变量相关，进而出现解释变量与随机扰动项的相关，而且可能出现异方差性和自相关。模型设定误差的实质，实际上就是在不正确的模型设定下，模型中随机扰动项会表现出违反古典假设，进而对参数估计的统计性质产生不良后果。

2）从违反基本假定的原因看。模型违反基本假定很重要的原因就在于模型存在设定误差。某种意义上，异方差性、自相关性以及解释变量与随机扰动项不相关等关于随机扰动项假定的违反问题，都只不过是模型设定误差的特殊表现形式而已。

3）从解决违反基本假定的思路看。从本质上去解决异方差、自相关性、解释变量与扰动性相关等基本假定被违反的问题，首先应从模型重新设定入手。纠正设定误差是对古典假定违背后果加以弥补的最重要、最有效的措施。

4）从模型设定误差的检验看。模型设定误差检验方法较多，但检验的基本思路主要是检验解释变量与扰动性不相关假设是否成立。

2. 对变量设定误差的认识

变量设定误差指在总体回归函数中选取解释变量不当所产生的误差，包括相关变量的遗漏（欠拟合）、无关变量的误选（过拟合）。

变量设定误差的实质：变量设定误差的主要后果是一个或多个解释变量与随机扰动项之间会存在着相关性，而影响参数估计的无偏性、有效性、一致性等统计特性。

变量设定误差的检验思路：从解释变量与随机扰动项之间存在的相关性入手，构造相应检验统计量。

变量设定误差的分析方式：遗漏变量或无关变量误选问题，可形象的表述为长短模型设定的问题。例如模型设定表述为

1）长模型　$Y_i=\beta_1+\beta_2X_{2i}+\beta_3X_{3i}+u_i$；

2）短模型　$Y_i=\alpha_1+\alpha_2X_{2i}+v_i$。

若1）为正确的模型设定，则2）为有遗漏解释变量；

若2）为正确的模型设定，则1）为有冗余（误选）解释变量。

变量设定误差影响后果的分析思路：看无偏性、有效性、一致性等统计特性是否成立（表9.1）。

表 9.1　遗漏相关解释变量和误选无关解释变量的比较

项目			遗漏相关解释变量	误选无关解释变量
对参数估计量的影响	X_3 与 X_2 不相关		$\hat{\alpha}_2$ 具无偏性、一致性 $E(\hat{\alpha}_2)=\beta_2$ 但 $\hat{\alpha}_1$ 有偏 $E(\hat{\alpha}_1)\neq\beta_1$	具无偏性、一致性 $E(\hat{\alpha}_2)=\beta_2$ $E(\hat{\alpha}_1)=\beta_1$
	X_3 与 X_2 相关	小样本	有偏 $E(\hat{\alpha}_2)\neq\beta_2$	无偏性 $E(\hat{\alpha}_2)=\beta_2$
		大样本	非一致性 $p\lim\limits_{n\to\infty}(\hat{\alpha}_2)\neq\beta_2$ $p\lim\limits_{n\to\infty}(\hat{\alpha}_1)\neq\beta_1$	一致性 $p\lim\limits_{n\to\infty}\hat{\alpha}_2=\beta_2$ $p\lim\limits_{n\to\infty}\hat{\alpha}_1=\beta_1$
对随机误差项方差估计的影响			对正确模型随机扰动项 u_i 的方差 σ_u^2 的估计是有偏的	随机误差项方差的估计是无偏估计
对参数估计量方差的影响			$\hat{\alpha}_2$ 的方差是 $\hat{\beta}_2$ 方差的有偏估计 $\hat{\mathrm{Var}}(\hat{\beta}_2)\neq\hat{\mathrm{Var}}(\hat{\alpha}_2)$	$\hat{\alpha}_2$ 方差有偏 方差会增大，不是有效估计量 $\mathrm{Var}(\hat{\alpha}_2)\geqslant\mathrm{Var}(\hat{\beta}_2)$
对假设检验的影响			与方差相关的其他估计和检验，包括区间估计、假设检验等，都容易导出错误的结论	接受错误假设的概率可能会较高

通常情况下，误选无关变量不如遗漏相关变量的后果严重。

如果研究者注重参数估计量的无偏性、一致性，一般宁误选无关变量也不愿遗漏相关变量。

如果研究者注重估计量的有效性，一般宁遗漏相关变量，也不愿误选无关变量。

结论　在大多数的实证经济研究中，X_3 与 X_2 通常都是相关的，产生有偏、无效、非一致性等后果的可能性更大。因此必须清楚，一旦根据相关理论把模型建立起来，再从中剔除变量，需要充分地谨慎。例如，出现多重共线性时，用逐步回归法剔除变量时要注意可能出现的设定误差。

3. 对变量设定误差检验的基本思想

检验模型中有无冗余变量，可以用通常的 t 检验或 F 检验，比较容易操作。

检验模型是否有遗漏变量的基本思想：如果模型有遗漏变量，认为遗漏的相关变量应包含在随机扰动项中，随机扰动项（或回归所得的残差序列）应与遗漏的相关变量呈现出某种依存关系，将使随机扰动项会随遗漏变量的变化而变动。

检验遗漏变量的方法很多，但是几乎都是从不同角度去检验随机扰动项（或回归的残差序列）是否的确与遗漏的相关变量呈现出了某种依存关系，若确有依存关系，则表明有遗漏变量，若没有依存关系，则表明不显著存在遗漏变量。

(1) DW 检验

认为遗漏的相关变量包含在随机扰动项中，残差序列就会呈现单侧的正

（负）相关性，如果将残差序列按遗漏解释变量的递增（或递减）次序排序，用DW统计量检验是否存在正（或负）自相关，即可检验是否有遗漏变量。

注意，DW检验强调单侧相关性检验。当按照递增次序排序时，DW检验只检验是否存在正相关；当按照递减次序排序时，DW检验只检验是否存在负相关。

（2）拉格朗日乘数（LM）检验

为检验残差序列是否与相关变量有依存关系，直接进行残差序列与对全部的解释变量（包括遗漏变量）的辅助回归，在一定显著水平下构造检验统计量 nR^2 去检验，若相关变量具有统计显著性，则认为存在遗漏变量形成的设定偏误，若相关变量不具有统计显著性，则认为没有遗漏变量形成的设定误差。

（3）一般性检验（RESET）

当并不知道遗漏了哪个变量时，寻找替代变量 Z 代替遗漏变量检验是否与残差序列有依存关系。RESET检验中，通常选用所设定模型被解释变量拟合值 $\hat{Y}$ 若干次幂的线性组合作为替代变量 Z。若模型估计所得的残差包含着遗漏的相关变量，那么这个残差可用被解释变量拟合值的线性组合近似表示；若这个线性组合是显著的，则认为原模型的设定有误。由于可引入若干个替代变量去判断是否有多个变量被遗漏，所以该方法被称为一般性设定偏误检验。

4. 对变量测量误差及其检验的基本思想

测量误差是指被解释变量和解释变量在其数据收集过程中因各种原因所产生的登记误差、整理误差以及其他统计误差的总称。测量误差可能是被解释变量的测量误差，也可能是解释变量的测量误差。存在测量误差时将低估真实参数，即会出现因测量误差而导致的OLS估计的衰减偏误。存在测量误差条件下，参数估计的无偏性和一致性可能受到影响，有效性则视各个扰动项之间的相关性而论。

值得指出的是，回归变量中的测量误差是数据问题，目前计量经济学家们还提不出更有效的解决方法。一般的做法往往是忽略测量误差问题，主观上希望测量误差足够小，从而不破坏计量分析的合理性。

检验变量测量误差的基本思想：检验测量误差存在与否的基本思路依然是从解释变量与随机扰动项是否相关入手，检验 $\mathrm{Cov}(X_i,\ \xi_i \mid X_i)=0$ 是否成立。当不存在测量误差时，$\mathrm{Cov}(X_i,\ \xi_i \mid X_i)=0$ 成立；而当存在测量误差时，则 $\mathrm{Cov}(X_i,\ \xi_i \mid X_i)=0$ 不成立。不成立的原因是由 $X_i=X_i^*+\omega_i$ 中的 ω_i 所致。于是，检验测量误差存在与否的问题就转化为检验 ω_i 显著存在与否的问题了。

如果解释变量存在测量误差，且测量误差 ω_i 已知，可以把测量误差 ω_i 作为解释变量引入模型，检验测量误差对被解释变量影响的显著性，以判断是否有测量误差。

若测量误差 ω_i 未知，则采用工具变量法的思路找到替代 ω_i 的变量 $\hat{\omega}_i$，检验 $\hat{\omega}_i$ 的显著性即可。具体过程由豪斯曼（Hausman）提出的检验方法实现。

Hausman 检验方法：对可能存在测量误差的解释变量 X，选择与其相关且认为无测量误差的工具变量 Z，以可能有测量误差的解释变量 X_j 为被解释变量，以无测量误差的工具变量 Z_i 为解释变量作回归 $X_i=\hat{\alpha}_1+\hat{\alpha}_2Z_i+\hat{\omega}_i$，计算残差 $\hat{\omega}_i$ 作为对 X 测量误差 ω_i 的估计（这里注意与 RESET 检验的区别）。将 $\hat{\omega}_i$ 作为解释变量加入观测数据模型作回归：$Y_i=\beta_1+\beta_2X_{2i}+\cdots+\beta_kX_{ki}+\beta_{\hat{\omega}}\hat{\omega}+u_i$，若 $\hat{\beta}_{\hat{\omega}}$ 显著不为 0，则认为解释变量存在测量误差；反之，认为解释变量不存在测量误差。

Huasman 检验方法的基本思路是，若解释变量中存在如 $X_i=X_i^*+\omega_i$ 的测量误差，当我们用

$$Y_i=\alpha+\beta(X_i-\omega_i)+u_i=\alpha+\beta X_i+(u_i-\beta\omega_i)$$

进行回归时，就会出现解释变量 X_i 与扰动项 ω_i 相关的情形，形成对解释变量与扰动项不相关古典假设的违反。于是，Huasman 检验首先对 $X_i=X_i^*+\omega_i$ 进行回归，得到的残差 $\hat{\omega}$ 即为测量误差部分 ω 的估计。此时，可以证明工具变量 X_i^* 与 $\hat{\omega}$ 是不相关的。其次，将这个测量误差部分的估计值 $\hat{\omega}$ 加入到模型中进行回归，由于若测量误差部分的估计值 $\hat{\omega}$ 在回归中存在显著性影响，则说明测量误差部分的确存在，否则不存在。Huasman 检验的关键是采用工具变量替代不可观测解释变量 X_i^* 的做法，以克服不可观测解释变量的困难。

三、数理证明的补充

设定误差对参数估计量无偏性、有效性、一致性影响的证明，涉及较多的数理统计知识，较烦琐的证明放在教材的附录中，可依据读者的实际情况选择阅读。本着“重思想、重方法、重应用”的理念，在本科阶段一般对设定误差的数学证明可以不作要求，但应当理解设定误差影响参数估计量统计性质的基本思想，理解检验设定误差的基本思路和具体做法。

四、本章补充案例与案例讨论

案例　中国私人汽车拥有量的增长。

改革开放以来，随着中国经济的增长和人民生活水平的提高，私人汽车拥有量也呈现出快速增长的趋势，1985 年我国私人汽车保有量仅为 28.49 万辆，至 2007 年已经飞速增长到 2876.22 万辆，为 1985 年的 146 倍。

经分析，私人汽车拥有量主要取决于居民的收入水平、城镇化进程（以城镇人口表示）等多种因素。为分析中国私人汽车拥有量增长的规律性，建立如下线性回归模型：

$$Y_t=\beta_1+\beta_2X_2+\beta_3X_3+u_t$$

由中国统计年鉴（2009）收集到以下数据（表 9.2）。

表 9.2 数据表

年份	私人汽车拥有量(Y)/万辆	城镇人均可支配收入(X_2)/元	城镇人口(X_3)/亿人	公路里程(X_4)/万公里
1989	73.12	1375.7	2.95	101.43
1990	81.62	1510.2	3.02	102.83
1991	96	1700.6	3.05	104.11
1992	118.2	2026.6	3.24	105.67
1993	155.77	2577.4	3.34	108.35
1994	205.42	3496.2	3.43	111.78
1995	249.96	4283	3.52	115.7
1996	289.67	4838.9	3.73	118.58
1997	358.6	5160.3	3.94	122.64
1998	423.65	5425.1	4.16	127.85
1999	533.88	5854	4.37	135.17
2000	625.3	6280	4.59	140.27
2001	770.78	6859.6	4.81	169.8
2002	968.98	7702.8	5.02	176.52
2003	1219.23	8472	5.24	180.98
2004	1481.66	9422	5.43	187.07
2005	1848.07	10493	5.62	334.52
2006	2333.32	11759	5.77	345.70
2007	2876.22	13786	5.94	358.37
2008	3501.39	15781	6.07	373.02

用 OLS 估计其参数，采用 EViews 估计检验结果如表 9.3 所示。

表 9.3 回归估计检验结果 1

Dependent Variable: Y
Method: Least Squares
Date: 09/29/10 Time: 16:52
Sample: 1989 2008
Included observations: 20

Variable	Coefficient	Std. Error	t-Statistic	Prob.
C	808.2219	517.2992	1.562388	0.1366
X2	0.363326	0.047482	7.651941	0.0000
X3	-512.9674	184.6559	-2.777963	0.0129

R-squared	0.959445	Mean dependent var	910.5420
Adjusted R-squared	0.954674	S.D. dependent var	1006.751
S.E. of regression	214.3369	Akaike info criterion	13.71046
Sum squared resid	780985.0	Schwarz criterion	13.85982
Log likelihood	-134.1046	F-statistic	201.0915
Durbin-Watson stat	0.212754	Prob(F-statistic)	0.000000

其中，对 X_2 和 X_3 的 t 检验都显著，可决系数也较高。但是，X_3 的参数估计值为负值，在经济意义上难以解释。而且，DW=0.2128，查表得 $d_L=1.100$，$d_U=1.537$，表明存在较严重正自相关，可能的遗漏变量“汽车使用条件 X_4”（以公路里程表示）是逐步递增的，提示可能有遗漏的解释变量。

如果在解释变量中补充公路里程 X_4，回归结果得到如表 9.4 所示。

表 9.4 回归估计检验结果 2

Dependent Variable: Y
Method: Least Squares
Date: 09/29/10 Time: 16:54
Sample: 1989 2008
Included observations: 20

Variable	Coefficient	Std. Error	t-Statistic	Prob.
C	249.4842	401.3604	0.621597	0.5430
X2	0.234691	0.047132	4.979466	0.0001
X3	-371.2735	138.9348	-2.672286	0.0167
X4	4.369461	1.088852	4.012906	0.0010

R-squared	0.979788	Mean dependent var	910.5420
Adjusted R-squared	0.975998	S.D. dependent var	1006.751
S.E. of regression	155.9717	Akaike info criterion	13.11408
Sum squared resid	389234.6	Schwarz criterion	13.31323
Log likelihood	-127.1408	F-statistic	258.5335
Durbin-Watson stat	0.918159	Prob(F-statistic)	0.000000

模型中各解释变量的 t 检验都显著，可决系数也较高。但是，X_3 的参数估计值仍为负值，在经济意义上难以解释。而且，模型中 DW=0.9182，查表得 $d_L=0.998$，$d_U=1.676$，存在正自相关，可能还有遗漏变量，模型仍有设定误差。

计算解释变量相关系数（表 9.5）。

表 9.5 相关系数表

	X_2	X_3	X_4
X_2	1.000000	0.968288	0.933644
X_3	0.968288	1.000000	0.881292
X_4	0.933644	0.881292	1.000000

这表明解释变量间相关系数较高，有较严重的多重共线性，然而若是剔除变量又容易出现遗漏变量，因为模型函数形式的错误设定往往也会引起随机扰动项的自相关。为探索模型的函数形式是否有误，分别作 X_2 对 Y 及 X_3 对 Y 的散点图（图 9.2）。

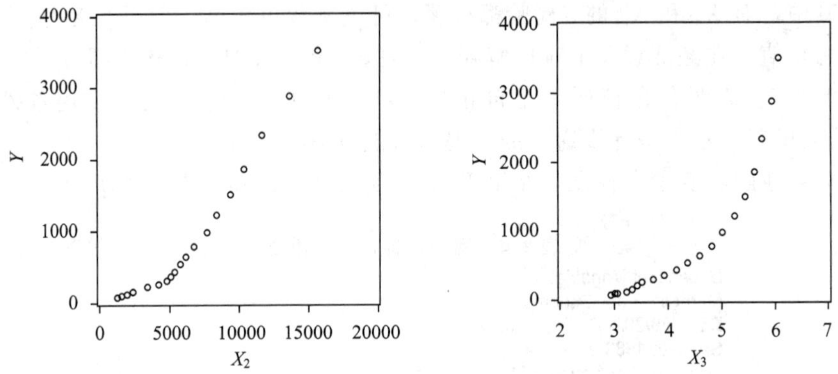

图 9.2 散点图

可以看出，Y 与 X_2 及 Y 与 X_3 的关系有可能为非线性关系。

用 Y 与 X_2，X_3，X_4 回归的残差 E_1 对 X_2 及 X_3 的平方项等回归，得到如表 9.6 所示的结果。

表 9.6 回归估计检验结果 3

Dependent Variable: E1
Method: Least Squares
Date: 09/28/10 Time: 22:23
Sample: 1989 2008
Included observations: 20

Variable	Coefficient	Std. Error	t-Statistic	Prob.
C	-1856.139	1215.230	-1.527397	0.1475
X2	-0.331001	0.080734	-4.099917	0.0009
X2X2	1.23E-05	3.60E-06	3.408625	0.0039
X3	955.9665	616.9364	1.549538	0.1421
X3X3	-44.36878	62.96034	-0.704710	0.4918

R-squared	0.669034	Mean dependent var	-2.90E-13
Adjusted R-squared	0.580776	S.D. dependent var	143.1308
S.E. of regression	92.67359	Akaike info criterion	12.10836
Sum squared resid	128825.9	Schwarz criterion	12.35730
Log likelihood	-116.0836	F-statistic	7.580471
Durbin-Watson stat	2.216101	Prob(F-statistic)	0.001506

DW 检验结果表明：DW＝2.2161，查表得 $d_L=0.894$，$d_U=1.828$，新的残差不存在正自相关，这表明原模型很可能函数形式设定有误。

重新将模型设定为非线性函数形式（回归估计检验结果如表 9.7 所示）：

$$Y_t=\beta_1+\beta_2X_{2t}+\beta_3X_{3t}+\beta_4X_{2t}^2+\beta_5X_{3t}^2+\beta_6X_{4t}+u_t$$

其中的 X_2 经 t 检验并不显著，剔除 X_2 再作回归：

$$Y_t=\beta_1+\beta_2X_{3t}+\beta_3X_{2t}^2+\beta_4X_{3t}^2+\beta_5X_{4t}+u_t$$

估计检验结果如表 9.8 所示。

表 9.7 回归估计检验结果 4

Dependent Variable: Y
Method: Least Squares
Date: 09/29/10 Time: 17:06
Sample: 1989 2008
Included observations: 20

Variable	Coefficient	Std. Error	t-Statistic	Prob.
C	1757.902	499.8137	3.517114	0.0034
X2	0.023442	0.028596	0.819745	0.4261
X3	-1017.759	248.1694	-4.101066	0.0011
X2X2	8.52E-06	1.23E-06	6.924418	0.0000
X3X3	139.4861	26.41734	5.280099	0.0001
X4	0.818673	0.317516	2.578366	0.0219

R-squared	0.999326	Mean dependent var	910.5420
Adjusted R-squared	0.999086	S.D. dependent var	1006.751
S.E. of regression	30.43719	Akaike info criterion	9.912533
Sum squared resid	12969.92	Schwarz criterion	10.21125
Log likelihood	-93.12533	F-statistic	4154.567
Durbin-Watson stat	2.112120	Prob(F-statistic)	0.000000

表 9.8 回归估计检验结果 5

Dependent Variable: Y
Method: Least Squares
Date: 09/29/10 Time: 17:13
Sample: 1989 2008
Included observations: 20

Variable	Coefficient	Std. Error	t-Statistic	Prob.
C	1413.312	267.4144	5.285100	0.0001
X3	-846.2114	131.9289	-6.414147	0.0000
X2X2	9.47E-06	3.95E-07	23.97926	0.0000
X3X3	123.3204	17.38458	7.093666	0.0000
X4	0.916134	0.291180	3.146285	0.0067

R-squared	0.999294	Mean dependent var	910.5420
Adjusted R-squared	0.999106	S.D. dependent var	1006.751
S.E. of regression	30.10255	Akaike info criterion	9.859415
Sum squared resid	13592.46	Schwarz criterion	10.10835
Log likelihood	-93.59415	F-statistic	5309.140
Durbin-Watson stat	2.146694	Prob(F-statistic)	0.000000

即

$$\hat{Y}_t = 1413.31 - 846.21X_{3t} + 0.00000947X_{2t}^2 + 123.32X_{3t}^2 + 0.9161X_{4t}$$

$$t = (5.2851) \quad (-6.4141) \quad (23.9793) \qquad (7.0934) \quad (3.1463)$$

$$R^2 = 0.9993, \quad \bar{R}^2 = 0.9991, \quad F = 5309.14, \quad \mathrm{DW} = 2.1467$$

经纠正设定误差后，已经无自相关，模型中各个解释变量对私人汽车拥有量的影响均显著，表明经函数形式设定的检验和调整后，模型的设定得到改善。

五、教材中典型练习题参考解答

练习题 9.1 设真实模型为无截距模型：

$$Y_i = \alpha_2 X_2 + u_i$$

回归分析中却要求截距项不能为零，于是，有人采用的实证分析回归模型为

$$Y_i = \beta_1 + \beta_2 X_2 + \varepsilon_i$$

试分析这类设定误差的后果。

【练习题 9.1 参考解答】

$$\hat{\alpha}_2 = \frac{\sum X_{2i} Y_i}{\sum X_{2i}^2}, \quad \hat{\beta}_2 = \frac{\sum x_{2i} y_i}{\sum x_{2i}^2}$$

$$\hat{\beta}_2 = \frac{\sum x_{2i} y_i}{\sum x_{2i}^2} = \frac{\sum x_{2i}(Y_i - \bar{Y})}{\sum x_{2i}^2} = \frac{\sum x_{2i}(\alpha_2 X_{2i} + u_i - (\alpha_2 \bar{X}_2 + \bar{u}))}{\sum x_{2i}^2}$$

$$= \frac{\sum x_{2i}(\alpha_2 (X_{2i} - \bar{X}_2) + (u_i - \bar{u}))}{\sum x_{2i}^2} = \frac{\sum x_{2i}(\alpha_2 x_{2i} + (u_i - \bar{u}))}{\sum x_{2i}^2}$$

$$= \frac{\sum \alpha_2 x_{2i}^2 + x_{2i}(u_i - \bar{u})}{\sum x_{2i}^2} = \alpha_2 + \frac{\sum x_{2i}(u_i - \bar{u})}{\sum x_{2i}^2} = \alpha_2 + \frac{\sum x_{2i} u_i - \bar{u} \sum x_{2i}}{\sum x_{2i}^2}$$

$$= \alpha_2 + \frac{\sum x_{2i} u_i}{\sum x_{2i}^2}$$

$$E(\hat{\beta}_2 \mid X) = \alpha_2$$

$$\operatorname{Var}(\hat{\beta}_2 \mid X) = E\{[\hat{\beta}_2 - E(\hat{\beta}_2 \mid X)]^2\} = E\left[\left(\alpha_2 + \frac{\sum x_{2i} u_i}{\sum x_{2i}^2} - \alpha_2\right)^2 \mid X\right]$$

$$= E\left[\left(\frac{\sum x_{2i} u_i}{\sum x_{2i}^2}\right)^2 \mid X\right] = E\left[\frac{\left(\sum x_{2i} u_i\right)^2}{\left(\sum x_{2i}^2\right)^2} \mid X\right]$$

$$= E\left(\frac{\sum x_{2i}^2 u_i^2 + \sum_{i \neq j} x_i x_j u_i u_j}{\left(\sum x_{2i}^2\right)^2} \mid X\right)$$

$$= \frac{\sum x_{2i}^2 \underbrace{E(u_i^2 \mid X)}_{E(u_i \mid X) = 0, E(u_i^2 \mid X) = \sigma_u^2} + \sum_{i \neq j} x_i x_j \underbrace{E(u_i u_j \mid X)}_{E(u_i u_j \mid X) = 0}}{\left(\sum x_{2i}^2\right)^2}$$

$$= \frac{\sum x_{2i}^2 \sigma_u^2}{\left(\sum x_{2i}^2\right)^2} = \frac{\sigma_u^2}{\sum x_{2i}^2}$$

$$\hat{\alpha}_2 = \frac{\sum X_{2i} Y_i}{\sum X_{2i}^2} = \frac{\sum X_{2i}(\alpha_2 X_{2i} + u_i)}{\sum X_{2i}^2} = \frac{\sum \alpha_2 X_{2i}^2 + X_{2i} u_i}{\sum X_{2i}^2} = \alpha_2 + \frac{\sum X_{2i} u_i}{\sum X_{2i}^2}$$

$$E(\hat{\alpha}_2 \mid X)=E\left(\alpha_2+\frac{\sum X_{2i}u_i}{\sum X_{2i}^2} \mid X\right)=\alpha_2$$

$$\mathrm{Var}(\hat{\alpha}_2 \mid X)=E\{[\hat{\alpha}_2-E(\hat{\alpha}_2 \mid X)]^2 \mid X\}=E\left[\left(\alpha_2+\frac{\sum X_{2i}u_i}{\sum X_{2i}^2}-\alpha_2\right)^2 \mid X\right]$$

$$=E\left[\left(\frac{\sum X_{2i}u_i}{\sum X_{2i}^2}\right)^2 \mid X\right]=E\left(\frac{\sum X_{2i}^2u_i^2+\sum_{i\neq j}X_{2i}X_{2j}u_iu_j}{\left(\sum X_{2i}^2\right)^2} \mid X\right)$$

$$=\frac{\sum X_{2i}^2\underbrace{E(u_i^2 \mid X)}_{E(u_i|X)=0,E(u_i^2|X)=\sigma_u^2}+\sum_{i\neq j}X_{2i}X_{2j}\underbrace{E(u_iu_j \mid X)}_{E(u_iu_j|X)=0}}{\left(\sum X_{2i}^2\right)^2}$$

$$=\frac{\sigma_u^2\sum X_{2i}^2}{\left(\sum X_{2i}^2\right)^2}=\frac{\sigma_u^2}{\sum X_{2i}^2}$$

$$\Rightarrow \mathrm{Var}(\hat{\beta}_2 \mid X)\neq \mathrm{Var}(\hat{\alpha}_2 \mid X)$$

另外，无截距项回归模型的残差不等于有截距项回归模型的残差，故由这两个模型残差平方和对 σ_u^2 的估计也应不等。具体应从两个模型残差平方和的期望与方差两个方面进行进一步的讨论，这里从略。

练习题 9.3　1978～2008 年的全国居民消费水平与国民收入的数据如表 9.9 所示。

表 9.9　1978～2008 年的全国居民消费水平与国民收入的数据

年份	国民总收入(GNI)/万亿元	国内生产总值(GDP)/万亿元	全国居民消费水平(CT)/元	农村居民消费水平(CN)/元	城镇居民消费水平(CC)/元
1978	3645.2	3645.2	184	138	405
1979	4062.6	4062.6	208	159	425
1980	4545.6	4545.6	238	178	489
1981	4889.5	4891.6	264	201	521
1982	5330.5	5323.4	288	223	536
1983	5985.6	5962.7	316	250	558
1984	7243.8	7208.1	361	287	618
1985	9040.7	9016	446	349	765
1986	10274.4	10275.2	497	378	872
1987	12050.6	12058.6	565	421	998

续表

年份	国民总收入(GNI)/万亿元	国内生产总值(GDP)/万亿元	全国居民消费水平(CT)/元	农村居民消费水平(CN)/元	城镇居民消费水平(CC)/元
1988	15036.8	15042.8	714	509	1311
1989	17000.9	16992.3	788	549	1466
1990	18718.3	18667.8	833	560	1596
1991	21826.2	21781.5	932	602	1840
1992	26937.3	26923.5	1116	688	2262
1993	35260	35333.9	1393	805	2924
1994	48108.5	48197.9	1833	1038	3852
1995	59810.5	60793.7	2355	1313	4931
1996	70142.5	71176.6	2789	1626	5532
1997	78060.8	78973	3002	1722	5823
1998	83024.3	84402.3	3159	1730	6109
1999	88479.2	89677.1	3346	1766	6405
2000	98000.5	99214.6	3632	1860	6850
2001	108068.2	109655.2	3869	1969	7113
2002	119095.7	120332.7	4106	2062	7387
2003	135174	135822.8	4411	2103	7901
2004	159586.7	159878.3	4925	2301	8679
2005	184088.6	183217.5	5463	2560	9410
2006	213131.7	211923.5	6138	2847	10423
2007	251481.2	257306	7081	3265	11855
2008	302853.4	300670	8181	3730	13519

数据来源：中经网统计数据库，http://192.168.30.168：81/

若依据弗里德曼的持久收入假设，消费函数的真正模型应为

$$CC_t = \alpha + \beta GNI_t + u_t$$

1）试用 EViews 软件，采用两种以上检验方法对实证分析模型

$$CC_t = \gamma_1 + \gamma_2 GDP_t + \mu_t$$

进行变量设定检验；

2）若 $GNI_i^* = GDP_i + \omega_i$，试用对实证分析模型

$$CC_t = \gamma_1 + \gamma_2 GDP_t + \varepsilon_t$$

进行测量误差检验。

【练习题 9.3 参考解答】

对模型作回归，结果如表 9.10 所示。

表 9.10 回归结果

Dependent Variable: CC
Method: Least Squares
Date: 02/23/10 Time: 13: 14
Sample: 1978 2008
Included observations: 31

Variable	Coefficient	Std. Error	t-Statistic	Prob.
C	953.8174	199.5824	4.779065	0.0000
GDP	0.046908	0.001874	25.03650	0.0000
R-squared	0.955781	Mean dependent var		4302.419
Adjusted R-squared	0.954256	S. D. dependent var		3856.352
S. E. of regression	824.7889	Akaike info criterion		16.33047
Sum squared resid	19728026	Schwarz criterion		16.42299
Log likelihood	−251.1223	F-statistic		626.8265
Durbin-Watson stat	0.084298	Prob (F-statistic)		0.000000

DW 检验：$d=0.084298$，对 $n=31$ 和 $k'=1$，5%的 DW 统计量的临界值为 $d_L=1.363$ 和 $d_U=1.496$，$0.084298<d_L=1.363$，表明存在显著的遗漏变量现象。

LM 检验：对表一回归结果可得残差 EE，用 EE 关于所有其他变量进行回归，得到表 9.11 和表 9.12。

表 9.11 回归结果

Dependent Variable: EE
Method: Least Squares
Date: 02/23/10 Time: 13: 35
Sample: 1978 2008
Included observations: 31

Variable	Coefficient	Std. Error	t-Statistic	Prob.
C	−1067.730	65.24516	−16.36488	0.0000
GDP	−0.060605	0.021441	−2.826553	0.0089
GNI	−0.010518	0.020965	−0.501700	0.6201
CN	0.578727	0.528423	1.095197	0.2835
CT	2.291424	0.372030	6.159240	0.0000
R-squared	0.975368	Mean dependent var		−1.76E-13
Adjusted R-squared	0.971578	S. D. dependent var		810.9259
S. E. of regression	136.7125	Akaike info criterion		12.82033
Sum squared resid	485948.3	Schwarz criterion		13.05162
Log likelihood	−193.7151	F-statistic		257.3803
Durbin-Watson stat	0.468998	Prob (F-statistic)		0.000000

表 9.12 回归结果

Dependent Variable：EE

Method：Least Squares

Date：02/23/10 Time：13：39

Sample (adjusted)：1979 2008

Included observations：30 after adjustments

Variable	Coefficient	Std. Error	t-Statistic	Prob.
C	−1085.046	42.52413	−25.51600	0.0000
GNI	−0.046047	0.005595	−8.229520	0.0000
GNI (−1)	−0.040838	0.008031	−5.085222	0.0000
CT	2.893753	0.088852	32.56811	0.0000
R-squared	0.982871	Mean dependent var		23.99358
Adjusted R-squared	0.980895	S. D. dependent var		813.5201
S. E. of regression	112.4456	Akaike info criterion		12.40638
Sum squared resid	328744.1	Schwarz criterion		12.59321
Log likelihood	−182.0957	F-statistic		497.3078
Durbin-Watson stat	1.665816	Prob (F-statistic)		0.000000

再计算 $nR^2=30\times0.982871=29.48613$，查表 $\chi^2_{0.025}(3)=9.34840$，显然，$29.49>9.35$，拒绝 H_0：无约束回归模型，认为存在遗漏变量。

测量误差部分（略）

练习题 9.5 假设制造业企业工人的平均劳动生产率（Y）与工人的平均培训时间（t）和平均能力（X）之间存在依存关系，可建立如下的回归模型：

$$Y=\beta_0+\beta_1 t+\beta_2 X+u$$

若政府给那些工人能力低的企业以政府培训补助，则平均培训时间就和工人平均能力负相关。现在考虑这个因素，采用如下模型进行回归：

$$Y=\alpha_0+\alpha_1 t+\varepsilon$$

问由此获得的 $\hat{\alpha}_1$ 会有怎样的偏误。

【练习题 9.5 参考解答】

$$\hat{\alpha}_1=\frac{\sum(t-\bar{t})y_i}{\sum(t-\bar{t})^2}$$

将正确模型的离差形式上式，得

$$\hat{\alpha}_1=\frac{\sum(t-\bar{t})[\beta_1(t-\bar{t})+\beta_2 x_i+(u_i-\bar{u})]}{\sum(t-\bar{t})^2}$$

$$=\frac{\sum\beta_1(t-\bar{t})^2+\sum[\beta_2(t-\bar{t})x_i+(t-\bar{t})(u_i-\bar{u})]}{\sum(t-\bar{t})^2}$$

$$=\beta_1+\frac{\sum[\beta_2(t-\bar{t})x_i+(t-\bar{t})(u_i-\bar{u})]}{\sum(t-\bar{t})^2}$$

$$=\beta_1+\beta_2\frac{\sum[(t-\bar{t})x_i]}{\sum(t-\bar{t})^2}+\frac{\sum[(t-\bar{t})(u_i-\bar{u})]}{\sum(t-\bar{t})^2}$$

对上式两边取条件期望，有

$$E(\hat{\alpha}_1\mid t)=E\left\{\beta_1+\beta_2\frac{\sum[(t-\bar{t})x_i]}{\sum(t-\bar{t})^2}+\frac{\sum[(t-\bar{t})(u_i-\bar{u})]}{\sum(t-\bar{t})^2}\mid t\right\}$$

$$=\beta_1+E\left\{\beta_2\frac{\sum[(t-\bar{t})x_i]}{\sum(t-\bar{t})^2}+\frac{\sum[(t-\bar{t})(u_i-\bar{u})]}{\sum(t-\bar{t})^2}\mid t\right\}$$

在小样本下，式中的第二项求期望不会为零，表明OLS估计量 $\hat{\alpha}_2$ 在小样本下有偏。大样本情形下，有

$$p\lim_{n\to\infty}\hat{\alpha}_1=p\lim_{n\to\infty}\left(\beta_1+\beta_2\frac{\sum[(t-\bar{t})x_i]}{\sum(t-\bar{t})^2}+\frac{\sum[(t-\bar{t})(u_i-\bar{u})]}{\sum(t-\bar{t})^2}\right)$$

$$=\beta_1+\beta_2\frac{\mathrm{Cov}(t,X)}{\mathrm{Var}t}+\frac{\mathrm{Cov}(t,u)}{\mathrm{Var}t}$$

具体讨论见教材。

第十章

“时间序列计量经济模型”学习辅导

一、本章基本内容

（一）基本内容

第十章时间序列计量经济模型的基本内容见图 10.1

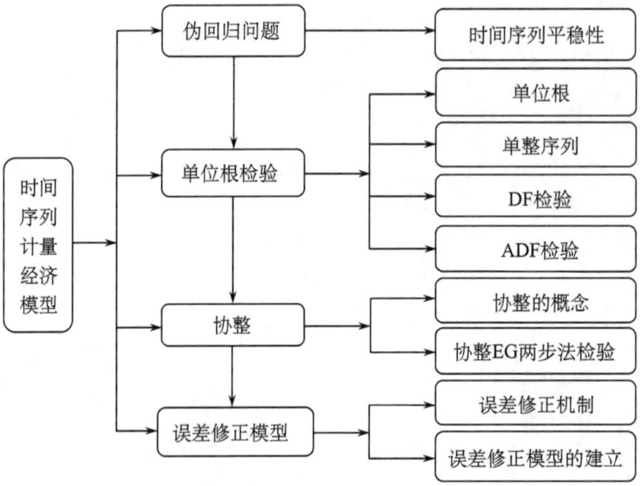

图 10.1　第十章基本内容

（二）本章的教学目标

本章是本科教学的选讲内容。按照计量经济学的分类，时间序列计量经济模型属于非经典计量经济学的范畴。尽管经典计量经济分析中经常使用时间序列数据，但那里要求时间序列变量是平稳的。对于非平稳时间序列的回归分析，协整分析是行之有效的方法。本章首先介绍了时间序列的平稳性的概念及检验方法，然后讨论了如何检验变量之间的协整性，最后介绍了误差修正模型的建模过程。

本章的教学目标是：理解伪回归、平稳、单位根、协整、误差修正等概念的含义及其本质；掌握检验时间序列平稳性的DF和ADF检验方法；掌握检验协整关系的EG两步法；理解误差修正机制，能够建立和估计误差修正模型；要求掌握用EViews软件作单位根检验、协整检验、估计误差修正模型等内容，具备将时间序列计量经济分析方法运用分析现实经济金融问题的初步能力。

二、重点与难点分析

1. 对时间序列平稳性的进一步认识

时间序列的平稳性分为严格平稳和弱平稳。严格平稳要求时间序列的联合分布不随时间推移而发生变化，因此它的所有统计特征都不会随时间的变化而发生改变。但是在现实社会经济活动中，时间序列的联合分布很难得到，对联合分布进行设定也不一定恰当，而现实中通常比较关注的是时间序列变量的数字特征，如果其数字特征不随时间而发生变化，也表明它的统计特征具有稳定性，所以引入了弱平稳的概念。

顾名思义，严格平稳所要求的条件要严格一些，而弱平稳所要求的条件要弱一些。这二者是什么关系？是不是意味着一个时间序列如果严格平稳则一定弱平稳呢？回答是不一定，因为即使时间序列严格平稳，但它可能不存在二阶矩，从而不满足弱平稳的条件；反过来，一个时间序列如果弱平稳，则它也可能不是严格平稳，因为联合分布可能会随时间发生变化。当然，在正态假定下，这二者是相通的（为什么？读者自己思考）。

2. 进行单位根检验时检验模型类型的选择

在单位根检验中有三种模型可供选择（以DF检验为例）。

模型1：$Y_t=\gamma Y_{t-1}+\varepsilon_t$

模型2：$Y_t=\alpha+\gamma Y_{t-1}+\varepsilon_t$

模型3：$Y_t=\alpha+\beta t+\gamma Y_{t-1}+\varepsilon_t$

当用EViews软件检验序列是否具有单位根时，需要指定检验模型的类型。为什么会有三种模型呢？原因在于：检验单位根的t统计量的极限分布同数据序列的生成过程有关，在不同的数据生成过程以及回归模型下，DF检验（或ADF检验）的临界值会不同。由此可见，单位根检验的结果依赖于对数据真实生成过程的设定及估计模型类型的选择。如果模型选择不当，则可能会导致错误的结论。

在进行单位根检验时，如何去选择检验模型的类型呢？通常情况下，应尽可能从经济学和统计学的角度考虑数据的生成过程，以决定模型中是否应包含常数项或趋势项。在没有先验信息的情况下，应采用从一般到特殊的模型选择思路，首先选择模型 3 进行估计，如果常数项或趋势项在统计上显著，则说明模型选择适当，可根据此模型进行判断；若趋势项不显著，则选择模型 2 进行估计，如果常数项在统计上显著，则说明选择模型 2 是适当的，可根据此模型进行判断；若常数项不显著，则选择模型 1 进行估计，据此模型的估计结果判断是否含有单位根。

3. 当用 ADF 检验法检验单位根时，如何确定模型中的滞后阶数？

DF 检验与 ADF 检验的区别在于检验模型的扰动项是否存在自相关。当扰动项为白噪声序列时，检验模型形如前面问题 2 中的三种类型（使用 DF 检验法）。若扰动项存在自相关，则检验模型为三种类型。

模型 1：$Y_t=\gamma Y_{t-1}+u_t$

模型 2：$Y_t=\alpha+\gamma Y_{t-1}+u_t$

模型 3：$Y_t=\alpha+\beta t+\gamma Y_{t-1}+u_t$

其中，u_t 为随机扰动项，它可以是一个一般的平稳过程。建立在该检验模型基础上的检验方法主要采用 ADF 检验法。由于扰动项存在相关性，直接对模型进行估计，则参数估计和 t 检验统计量值会存在偏差，直接使用 DF 检验法会出现偏误。为了保证单位根检验的有效性，人们将检验模型变为如下形式：

模型 1：$Y_t=\gamma Y_{t-1}+\sum_{i=1}^{p}\alpha_i\Delta Y_{t-i}+\varepsilon_t$

模型 2：$Y_t=\alpha+\gamma Y_{t-1}+\sum_{i=1}^{p}\alpha_i\Delta Y_{t-i}+\varepsilon_t$

模型 3：$Y_t=\alpha+\beta t+\gamma Y_{t-1}+\sum_{i=1}^{p}\alpha_i\Delta Y_{t-i}+\varepsilon_t$

从而形成了扩展的 DF 检验，即 ADF 检验。

在 ADF 检验中，确定模型中的滞后阶数很重要，如果滞后阶数选择不当，则会导致参数 γ 的估计产生偏误，在此基础上计算的 t 统计量值出现偏差，从而有可能导致错误的判断结论。在实际应用中，滞后阶数的确定原则应该是使得扰动项成为白噪声序列，也就是说应该使模型的残差序列不存在自相关。

注意：当 ADF 检验中滞后阶数为 0 时，就退化为 DF 检验了。

4. 对协整与误差校正模型的进一步认识

协整的经济含义是：一个包含多个非平稳变量的经济子系统，存在一种长期的均衡关系。从直观角度看，尽管这些变量本身是非平稳的，它们各自的统计特征会随时间变化而变化，但是这些变量构成的经济子系统会呈现一种稳态结构，变量之间将受到一种“引力约束”，使它们协调一致而不至于分道扬镳，它们会像一个整体一样同向变动。

如果非平稳变量之间存在协整关系，则协整回归方程体现了变量之间的长期均衡关系。用协整方程进行长期预测是可行的，单作短期预测则可能会存在较大偏差，因为协整回归方程中的扰动项是一个平稳过程，扰动项序列存在序列相关，残差所体现的偏差可能会比较大。如何提高短期预测精度呢？这就要依赖于建立误差修正模型。人们已经证明，协整与误差修正模型之间存在一种对应关系，当变量之间存在协整关系时，变量在本期的变动，会根据上期偏差的情况作出调整，从而使其朝长期均衡关系靠拢，这种不断进行调整的过程就是误差校正机制。

误差修正模型刻画了变量短期变化之间的关系，在误差修正模型中，误差修正项是关键，误差修正项等于上一期的均衡误差乘以修正系数，修正系数通常是一个负数，他反应了误差修正机制的反馈过程。当被解释变量在上一期的实际值大于相对应的均衡值时，均衡误差为正值，由于修正系数为负数，在这一期必然对被解释变量的本期变化形成反向调节作用，从而导致被解释变量在本期的回落。同理，当被解释变量在上一期的实际值低于相对应的均衡值时，误差修正机制将导致被解释变量在本期的增大。

与传统建模方法的不同之处在于，误差修正模型不是单纯地用水平变量或单纯地用差分变量进行建模，而是将两者有机地结合起来，充分利用两者所提供的信息。从短期看，被解释变量的变动是由长期趋势和短期波动所决定的，但从长期看，变量之间的协同关系将起到引力作用，会将系统的非均衡偏离拉向均衡状态。以往，人们要么只讨论变量间的长期关系而忽略变量的短期变化，要么只讨论变量之间的短期变化而忽略变量间的长期信息，这两种处理方法都有缺陷。误差修正模型将变量之间的长期表现和短期效应综合在一起，从而大大增强模型的解释功能和预测能力。

三、本章实验项目要点

（一）实验教学目的

掌握时间序列平稳性的单位根常规检验方法（ADF 法）和两变量协整关系的 EG 两步法检验，以及误差修正模型的建立过程。

（二）实验要求

以《计量经济学》(第二版）第十章第四节案例分析中数据为例，应用 EViews 软件作单位根与协整检验，并建立中国城镇居民可支配收入与生活费支出的误差修正模型。

（三）实验原理

ADF单位根检验、EG两步法协整检验、误差修正模型的建立。

（四）实验关键步骤

1）例如选择月度数据类型，新建Workfile和Group对象，录入月人均可支配收入（SR）和生活费支出（ZC）数据。

2）选中Workfile窗口，双击对象SR打开其数据窗口，点击该窗口左上角菜单View\Gragh\Line，画出SR随时间变化的趋势图，可以看出SR随时间的增长整体上保持增长趋势。可见对序列SR进行单位根检验时回归检验模型宜采用模型3。

3）点击序列SR数据窗口中菜单命令：View\Unit Root Test，出现对话框（图10.2，不同版本可能略有不同）。

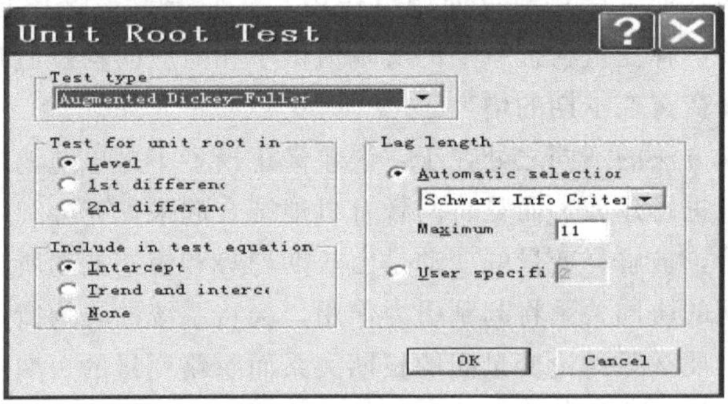

图10.2

选择ADF单位根检验方法，选择对原始数据进行单位根检验（待检验数据包括原始数据、一阶与二阶差分数据等选择），检验方程选择模型3（包含截距与时间趋势项），而检验方程中滞后阶数按照缺省的SIC最小原则选取。点击OK，得到结果如图10.3所示。

检验统计量为−1.44，存在单位根的概率大约为84%，表明序列SR有单位根。按同样的步骤，可以判断ZC序列也有单位根。

4）检验单位根的阶数。在图10.2所示对话框中选1st different，检验方程为模型2（包含截距但不含时间趋势项），点击OK，得图10.4，得到序列SR一阶差分序列的平稳性检验结果。

从结果中可见序列SR为一阶差分平稳的，故序列SR为一阶单整的。同样可以检验得到序列ZC亦为一阶单整的。

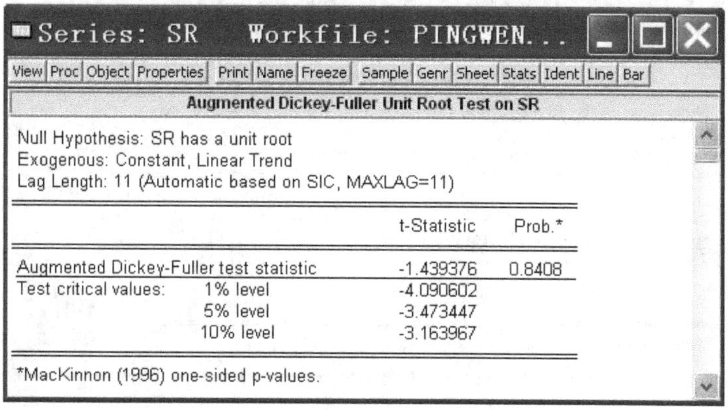

图 10.3

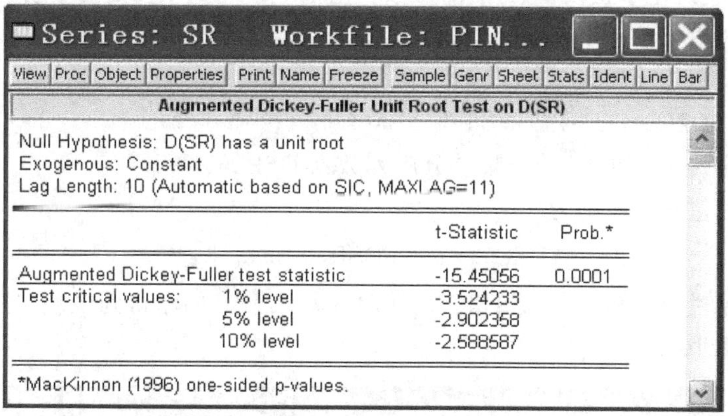

图 10.4

5）EG 两步法协整检验。作生活支出 ZC 对收入 SR 的包含常数项的回归（命令：LS ZC C SR），得到残差序列 resid，在 Workfile 窗口中点击右上角菜单 Genr，生成新的残差序列 e：e=resid。之所以要生成新的序列进行单位根检验，是因为 resid 为 EViews 所特殊保留，不允许对其直接进行检验。

对残差序列 e 作单位根检验：双击序列 e，打开其数据窗口，选择 View \ Unit Root Test。在弹出的对话框中选择回归模型 1（None）作检验，结果如图 10.5 所示。

得到检验值为－7.43，注意此时 EViews 提供的临界值为常规单位根检验临界值，不能作为 EG 两步法协整检验的临界值来判断残差序列是否存在单位根。根据 EG 检验专用临界值表，此时 5%显著水平的临界值为－3.4 左右，统计量远小于临界值，可见残差序列 e 无单位根，表明序列 SR 与 ZC 存在协整关系。

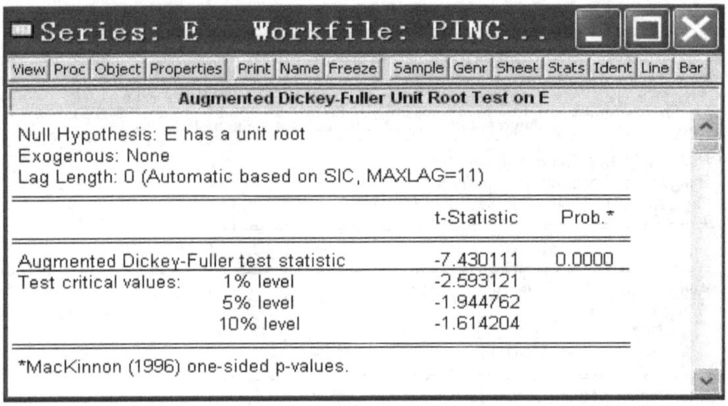

Augmented Dickey-Fuller Unit Root Test on E

Null Hypothesis: E has a unit root
Exogenous: None
Lag Length: 0 (Automatic based on SIC, MAXLAG=11)

		t-Statistic	Prob.*
Augmented Dickey-Fuller test statistic		-7.430111	0.0000
Test critical values:	1% level	-2.593121	
	5% level	-1.944762	
	10% level	-1.614204	

*MacKinnon (1996) one-sided p-values.

图 10.5

6）建立误差修正模型。用 Genr 命令生成序列 SR 和 ZC 的一阶差分序列数据。在命令栏中输入以下命令并回车：

Genr　DSR=SR−SR（−1）

Genr　DZC=ZC−ZC（−1）

得到序列 SR 和 ZC 的一阶差分序列数据 DSR、DZC。

设定误差修正模型为

$$DZC_t = \alpha + \beta DSR_t + \gamma e_{t-1} + \varepsilon_t$$

在命令栏输入命令“LS DZC C DSR e（−1）”，回车得到误差修正模型的回归结果（图 10.6）。

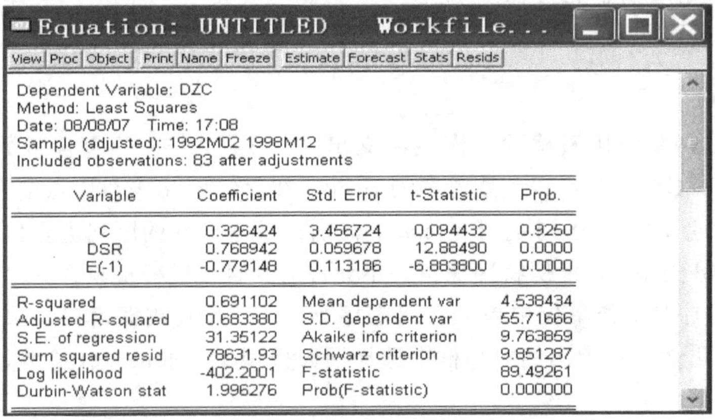

Dependent Variable: DZC
Method: Least Squares
Date: 08/08/07 Time: 17:08
Sample (adjusted): 1992M02 1998M12
Included observations: 83 after adjustments

Variable	Coefficient	Std. Error	t-Statistic	Prob.
C	0.326424	3.456724	0.094432	0.9250
DSR	0.768942	0.059678	12.88490	0.0000
E(-1)	-0.779148	0.113186	-6.883800	0.0000

R-squared	0.691102	Mean dependent var	4.538434
Adjusted R-squared	0.683380	S.D. dependent var	55.71666
S.E. of regression	31.35122	Akaike info criterion	9.763859
Sum squared resid	78631.93	Schwarz criterion	9.851287
Log likelihood	-402.2001	F-statistic	89.49261
Durbin-Watson stat	1.996276	Prob(F-statistic)	0.000000

图 10.6

误差估计项的修正系数为−0.7791，是明显显著的，体现了对短期偏差的修正，表明系统存在误差修正机制。注意此时常数项是明显不显著的，可以去掉常数项重新进行回归。

本章实验的具体内容，见第十四章的实验六“时间序列平稳性和协整检验”。

四、本章案例分析要点及补充案例

（一）对本章案例的再认识

1. 通过案例加深对本章方法的认识

本章重点介绍了时间序列平稳性检验的单位根检验方法，主要是介绍最经典的 ADF 检验方法，这是所有统计软件都提供的单位根检验方法。按照有无截距项与时间趋势项的不同情况，教材介绍了三种基本的回归检验模型。同时介绍了协整的基本概念、协整检验的基本方法以及基于协整关系的误差修正模型。

这些概念、方法和模型在计量经济学理论分析与应用经济学各个分支的实证研究中都具有重要意义，应用非常广泛。

单位根检验是分析时间序列数据伪回归、检验两个或多个变量间协整关系以及时间序列中建立 ARMA 模型的基础和前提条件。同时，很多经济学理论和假设可以直接得出研究对象为平稳或单位根过程的结论，因而可以直接用单位根检验方法对经济理论和假设条件是否符合实际情况进行验证。比如资本市场有效假设中，认为有效市场的资产价格是随机漫步过程，这就必然要求资产价格数据序列是单位根过程；购买力平价理论认为汇率变化长期而言趋近于购买力平价，这就要求真实汇率是平稳过程；再如跨代预算约束理论要求政府财政盈余数据序列是平稳过程。故而可以直接根据实际历史数据，用单位根检验方法，对理论假设是否符合实际情况进行检验和验证。单位根检验实证方面的应用论文浩如烟海，有兴趣的读者可以参阅。

实际回归分析中使用的数据（解释变量与被解释变量）常常是时间序列数据，回归分析中要特别小心，如果解释变量与被解释变量是非平稳的单位根过程，常常会得到错误的结果，因为它违背了 OLS 估计的经典假定和前提条件，这就是所谓的伪回归的概念。而宏观经济数据常常并非平稳的，对它们进行计量建模必须注意伪回归的可能性。但如果两个变量保持协整关系，也就是它们保持同样的趋势变化，两者间长期而言存在均衡关系，这时候可以使用常规 OLS 方法进行模型的估计、检验和推断，并得到有意义的结果。

2. EViews 软件的应用

EViews 软件可以实现本章介绍的计量方法，包括进行单位根经验、检验协整关系，以及建立误差修正模型等。在本章实验教学项目部分会详细介绍使用的步骤。在实际应用过程中有一系列问题需要注意，否则很容易得到错误的结果。

使用 ADF 进行单位根检验时，要注意回归检验模型的选择。从有无截距项、有无时间趋势的不同角度，教材中介绍了三种模型，如果我们不能肯定没有时间趋势，建议使用模型 3 进行检验；只有非常肯定没有时间趋势及截距项，才能使用模型 1 进行检验。基本的模型选择方法是，尽可能选择准确的模型；如果不知道准确的模型，就选择“大”的模型。否则很容易得到错误的检验结论。

检验过程中要注意样本数大小的选择，尽管有时候选择较大的样本比较困难，但必须强调的是，样本太小的话，单位根检验基本上得不出有意义的结论。如果样本数太小的话，很容易将平稳过程误判为存在单位根，得到错误的结果。

在用 EG 两步法进行协整关系检验时，有几个问题需要特别强调，否则得到的结论极可能是错误的。在协整检验第一步的协整回归方程中，解释变量与被解释变量 X_t 与 Y_t 必须是一阶单整的，不能包含其他高阶单位根过程。虽然两个二阶或高阶单位根过程的线性组合可能是平稳序列，但如果我们将二阶或高阶单位根序列放在回归方程中进行分析，将改变第二步单位根检验中统计量分布的收敛情况及临界值大小，因而不能再使用 EG 两步法的专用临界值表进行判断。二是在 EG 协整检验法第二步的残差序列单位根检验时，应该选择模型 1 的回归检验形式，也就是说选择不带截距、不带时间趋势项的形式，因为我们是用第一步回归后的残差再进行回归，这就排除了模型 2 与模型 3 两种形式。三是单位根检验临界值只能使用 EG 专用临界值表，而不能使用普通单位根检验的临界值，这也就意味着我们不能直接使用 EViews 报告的检验结果来判断是否有协整关系，否则很可能得到错误的结论。需要将 EViews 计算出来的检验统计量跟 EG 两步法专用临界值进行比较，来判断是否存在单位根及协整关系。

EG 残差单位根检验临界值跟普通单位根检验临界值有显著差异，见表 10.1。

表 10.1 EG 协整检验法的临界值与标准单位根检验临界值表

样本数	回归元数	残差 1% 临界值	残差 5% 临界值	残差 10% 临界值	标准 1% 临界值	标准 5% 临界值	标准 10% 临界值
30	1	−4.3	−3.58	−3.21	−2.63	−1.94	−1.59
30	2	−4.8	−4.05	−3.68	−2.63	−1.94	−1.59
30	3	−5.34	−4.52	−4.12	−2.63	−1.94	−1.59
30	4	−5.78	−4.9	−4.51	−2.63	−1.94	−1.59
30	5	−6.2	−5.32	−4.9	−2.63	−1.94	−1.59
50	1	−4.2	−3.5	−3.15	−2.59	−1.95	−1.6
50	2	−4.59	−3.9	−3.57	−2.59	−1.95	−1.6
50	3	−5.05	−4.32	−3.97	−2.59	−1.95	−1.6
50	4	−5.39	−4.7	−4.35	−2.59	−1.95	−1.6
50	5	−5.82	−5.04	−4.68	−2.59	−1.95	−1.6
100	1	−4.02	−3.4	−3.08	−2.53	−1.91	−1.6
100	2	−4.45	−3.84	−3.53	−2.53	−1.91	−1.6

续表

样本数	回归元数	残差 1%临界值	残差 5%临界值	残差 10%临界值	标准 1%临界值	标准 5%临界值	标准 10%临界值
100	3	−4.75	−4.18	−3.87	−2.53	−1.91	−1.6
100	4	−5.25	−4.59	−4.26	−2.53	−1.91	−1.6
100	5	−5.5	−4.9	−4.57	−2.53	−1.91	−1.6
200	1	−3.96	−3.37	−3.06	−2.58	−1.94	−1.63
200	2	−4.4	−3.8	−3.49	−2.58	−1.94	−1.63
200	3	−4.77	−4.15	−3.84	−2.58	−1.94	−1.63
200	4	−5.07	−4.5	−4.19	−2.58	−1.94	−1.63
200	5	−5.33	−4.78	−4.49	−2.58	−1.94	−1.63
500	1	−3.9	−3.35	−3.04	−2.56	−1.92	−1.6
500	2	−4.31	−3.77	−3.47	−2.56	−1.92	−1.6
500	3	−4.67	−4.1	−3.82	−2.56	−1.92	−1.6
500	4	−5	−4.47	−4.16	−2.56	−1.92	−1.6
500	5	−5.31	−4.73	−4.45	−2.56	−1.92	−1.6

注：数据来源于李鲲鹏：《中国存在稳定的消费函数吗——兼谈对 E-G 两步法的误用》，《数量经济技术经济研究》，2006 年，第 11 期

从表 10.1 可以看出，EG 协整检验法的临界值与标准单位根检验的临界值有显著差别，EG 协整检验法的临界值小于标准单位根检验的临界值，这种差别随解释变量个数的增加变得更为明显。同时，协整检验的临界值与解释变量个数有明显的负相关关系。

3. 对案例计量结果的经济意义解读

本章案例研究了中国城镇居民生活费支出与可支配收入的数量关系，得出可支配收入与生活费支出间存在长期均衡的数量关系 $ZC_t = 18.99 + 0.82SR_t + e_t$，这符合我们经济学的理论预期。回归结果表明，可支配收入每增加 1 元，将有大约 0.82 元用于生活费开支，估计出来的边际消费倾向为 0.82。同时我们也看到，生活费支出与可支配收入之间的上述关系只是一种长期均衡，在短期是可能失衡而脱离上述关系的，这可以用误差修正模型来描述。误差修正模型结果为 $\Delta ZC_t = 0.33 + 0.77\Delta SR_t - 0.78e_{t-1} + \varepsilon_t$，生活费开支的变化跟收入变化相关，同时跟上一期生活费支出对均衡水平的偏离程度有关系，如果有偏离，是存在较强的修正关系的，修正关系将偏离拉回均衡状态。这表明中国城镇居民生活费支出与可支配收入的均衡系统存在误差修正机制。这样我们就将生活费开支的波动分为了两部分：一部分描述短期波动关系，一部分描述长期均衡关系。误差修正模型比普通的单方程模型更全面地反映了生活费支出与可支配收入两个变量间的短期和长期关系。

（二）本章补充案例

案例 中国的财政收支之间存在长期均衡关系吗？

国家财政收入与财政支出之间的关系是财政政策可持续性研究的一个核心问题，是经济学家和政策制定者都非常关注的。从理论上将，国家可以通过举债筹资来维持收支平衡，弥补短期内财政赤字的亏空；但长期来讲，国家财政收支还是应该维持长期均衡的。否则必将导致一系列严重经济后果。

可以用 EG 协整检验方法来检验我国财政收支之间是否存在长期均衡关系，并建立误差修正模型。表 10.2 为 1950～2008 年国家财政收入与财政支出数据，我们取其自然对数来检验协整关系，并建立误差修正模型。

表 10.2　1950～2008 年国家财政收入与财政支出

年份	国家财政决算收入/亿元	国家财政决算本级支出/亿元	收入的对数	支出的对数	年份	国家财政决算收入/亿元	国家财政决算本级支出/亿元	收入的对数	支出的对数
1950	62.17	68.05	4.13	4.22	1980	1159.93	1228.83	7.06	7.11
1951	124.96	122.07	4.83	4.80	1981	1175.80	1138.40	7.07	7.04
1952	173.94	172.07	5.16	5.15	1982	1212.30	1230.00	7.10	7.11
1953	213.24	219.21	5.36	5.39	1983	1367.00	1409.50	7.22	7.25
1954	245.17	244.11	5.50	5.50	1984	1642.90	1701.00	7.40	7.44
1955	249.27	262.73	5.52	5.57	1985	2004.82	2004.25	7.60	7.60
1956	280.19	298.52	5.64	5.70	1986	2122.00	2204.90	7.66	7.70
1957	303.20	295.95	5.71	5.69	1987	2199.40	2262.20	7.70	7.72
1958	379.62	400.36	5.94	5.99	1988	2357.20	2491.20	7.77	7.82
1959	487.12	543.17	6.19	6.30	1989	2664.90	2823.78	7.89	7.95
1960	572.29	643.68	6.35	6.47	1990	2937.10	3083.59	7.99	8.03
1961	356.06	356.09	5.88	5.88	1991	3149.48	3386.62	8.05	8.13
1962	313.55	294.88	5.75	5.69	1992	3483.37	3742.20	8.16	8.23
1963	342.25	332.05	5.84	5.81	1993	4348.95	4642.30	8.38	8.44
1964	399.54	393.79	5.99	5.98	1994	5218.10	5792.62	8.56	8.66
1965	473.32	459.97	6.16	6.13	1995	6242.20	6823.72	8.74	8.83
1966	558.71	537.65	6.33	6.29	1996	7407.99	7937.55	8.91	8.98
1967	419.36	439.84	6.04	6.09	1997	8651.14	9233.56	9.07	9.13
1968	361.25	357.84	5.89	5.88	1998	9875.95	10798.18	9.20	9.29
1969	526.76	525.86	6.27	6.27	1999	11444.08	13187.67	9.35	9.49
1970	662.90	649.41	6.50	6.48	2000	13395.23	15886.50	9.50	9.67
1971	744.73	732.17	6.61	6.60	2001	16386.04	18902.58	9.70	9.85
1972	766.56	765.86	6.64	6.64	2002	18903.64	22053.15	9.85	10.00
1973	809.67	808.78	6.70	6.70	2003	21715.25	24649.95	9.99	10.11
1974	783.14	790.25	6.66	6.67	2004	26396.47	28486.89	10.18	10.26
1975	815.61	820.88	6.70	6.71	2005	31649.29	33930.28	10.36	10.43
1976	776.58	806.20	6.65	6.69	2006	38760.20	40422.73	10.57	10.61
1977	874.46	843.53	6.77	6.74	2007	51321.78	49781.35	10.85	10.82
1978	1132.26	1122.09	7.03	7.02	2008	61330.35	62592.66	11.02	11.04
1979	1146.40	1281.80	7.04	7.16					

协整关系检验及建立误差修正模型的关键步骤如下：

1）选择年度数据类型，新建一 Workfile 和 Group 对象（命名为 Exam），录入财政收入对数（命名为 SR）和财政支出对数（命名为 ZC）数据。

2）在 Workfile 窗口中选中并打开 Group 对象 Exam 数据窗口，点击此窗口左上角菜单 View \ Gragh \ Line（不同版本可能略有不同），画出财政收入（SR）与财政支出（ZC）随时间的变化趋势图（图 10.7），可以看出时间趋势是可能存在的，故在单位根检验中选择模型 3 是比较合适的。

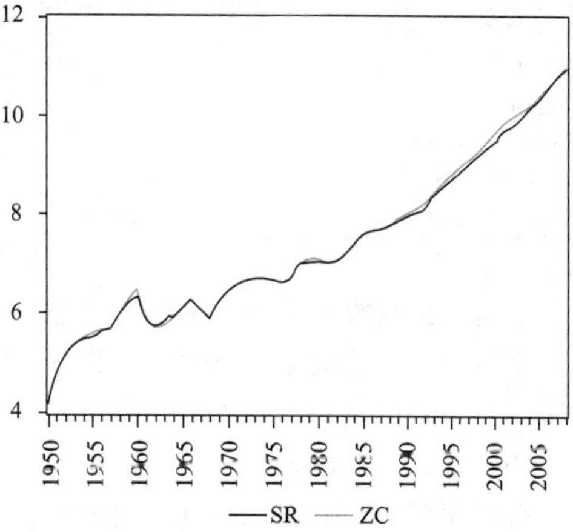

图 10.7 SR 和 ZC 变化趋势图

3）在 Workfile 窗口中点击财政收入序列 SR，在 SR 序列数据窗口中执行菜单命令：View \ Unit Root Test，进行单位根检验。选择 ADF 单位根检验方法，对 Level（原始数据）进行检验，检验方程选择模型 3（包含截距与时间趋势项），而检验方程中滞后阶数可以按照 AIC 最小原则选取。得到 ADF 检验统计量为－0.19，大于 1%、5%、10%显著水平的临界值，表明存在单位根。选择 1st difference（一阶差分数据）重新进行单位根检验，此时统计量为－5.77，小于 1%、5%、10%显著水平的临界值，表明不存在单位根。综合两个检验结果，表明 sr 为I(1)单位根过程。

用同样的检验步骤，发现财政支出（ZC）也为 I(1) 单位根过程。

4）EG 两步法协整检验。作财政支出 ZC 对财政收入 SR 的包含常数项的回归（执行命令：LS ZC C SR），得到残差序列 resid，在 Workfile 窗口中点击右上角菜单 Genr，生成新的残差序列 e：e＝resid。

对残差序列 e 作单位根检验：双击序列 e，打开其数据窗口，选择 View \ Unit Root Test。在弹出的对话框中选择回归模型 1（None）作检验，得到检验值为－4.60，根据 EG 检验专用临界值表，此时样本数为 58，其临界值应该介于样本数为 50 与 100 的临界值之间，5%显著水平的临界值应该介于（－3.5，－3.4），可见残差序列 e 无单位根，表明序列 SR 与 ZC 存在协整关系。

5）建立误差修正模型。财政支出 ZC 对财政收入 SR 的回归结果如表 10.3 所示。

表 10.3 回归结果

Dependent Variable：ZC
Method：Least Squares
Date：04/26/10 Time：17：48
Sample：1950 2008
Included observations：59

Variable	Coefficient	Std. Error	t-Statistic	Prob.
C	−0.076811	0.029032	−2.645731	0.0105
SR	1.015648	0.003846	264.0614	0.0000
R-squared	0.999183	Mean dependent var		7.405932
Adjusted R-squared	0.999169	S. D. dependent var		1.682089
S. E. of regression	0.048493	Akaike info criterion		−3.181476
Sum squared resid	0.134041	Schwarz criterion		−3.111051
Log likelihood	95.85355	F-statistic		69728.40
Durbin-Watson stat	0.966208	Prob（F-statistic）		0.000000

这是支出与收入间的长期均衡关系。

用 Genr 命令生成序列 SR 和 ZC 的一阶差分序列数据。在命令栏中执行以下命令：

Genr DSR=SR−SR（−1）

Genr DZC=ZC−ZC（−1）

得到序列 SR 和 ZC 的一阶差分序列数据 DSR、DZC。

设定误差修正模型为

$$\mathrm{DZC}_t = c + \alpha_1 \mathrm{DZC}_{t-1} + \beta_1 \mathrm{DSR}_t + \beta_2 \mathrm{DSR}_{t-1} + \gamma_1 e_{t-1} + \gamma_2 e_{t-2} + \varepsilon_t$$

根据 AIC 最小和 10%显著水平下，得到最终的回归结果如表 10.4 所示。

表 10.4 回归结果

Dependent Variable：DZC
Method：Least Squares
Date：04/28/10 Time：11：33
Sample（adjusted）：1952 2008
Included observations：57 after adjusting endpoints

Variable	Coefficient	Std. Error	t-Statistic	Prob.
DZC（−1）	0.059367	0.032201	1.843624	0.0707
DSR	0.986829	0.036683	26.90184	0.0000
E（−1）	−0.493453	0.116377	−4.240111	0.0001
R-squared	0.936056	Mean dependent var		0.109474
Adjusted R-squared	0.933688	S. D. dependent var		0.151768
S. E. of regression	0.039082	Akaike info criterion		−3.595108
Sum squared resid	0.082480	Schwarz criterion		−3.487579
Log likelihood	105.4606	Durbin-Watson stat		1.829920

$$\Delta ZC_t = 0.0594\Delta ZC_{t-1} + 0.987\Delta SR_t - 0.493e_{t-1} + \varepsilon_t$$

$$t = (1.84) \quad (26.90) \quad (-4.24)$$

$$R^2 = 0.936, \quad DW = 1.83, \quad AIC = -3.60$$

估计出来的误差项修正系数为－0.493，是明显显著的，体现了对短期偏差的修正，表明系统存在误差修正机制。

如果选择5%的显著水平，得到最终的回归结果如表10.5所示。

表 10.5 回归结果

Dependent Variable：DZC

Method：Least Squares

Date：04/28/10 Time：11：30

Sample (adjusted)：1951 2008

Included observations：58 after adjusting endpoints

Variable	Coefficient	Std. Error	t-Statistic	Prob.
DSR	0.998286	0.027491	36.31276	0.0000
E (−1)	−0.518473	0.114442	−4.530444	0.0000
R-squared	0.937817	Mean dependent var		0.117586
Adjusted R-squared	0.936706	S. D. dependent var		0.162624
S. E. of regression	0.040913	Akaike info criterion		−3.520841
Sum squared resid	0.093739	Schwarz criterion		−3.449791
Log likelihood	104.1044	Durbin-Watson stat		1.678339

在5%显著水平下，误差修正模型为

$$\Delta ZC_t = 0.998\Delta SR_t - 0.518e_{t-1} + \varepsilon_t$$

$$t = (36.31) \quad (-4.53)$$

$$R^2 = 0.938, \quad DW = 1.68, \quad AIC = -3.52$$

五、教材中典型练习题参考解答

练习题 10.1 表10.6（教材表10.10）是某国的宏观经济季度数据。其中，GDP为国内生产总值，PDI为个人可支配收入，PCE为个人消费支出，利润为公司税后利润，红利为公司净红利支出。

表 10.6 1980～2001 年某国宏观经济季度数据 (单位：亿元)

季度	GDP	PDI	PCE	利润	红利	季度	GDP	PDI	PCE	利润	红利
1980 年 1 季	2878.8	1990.6	1800.5	44.7	24.5	1991 年 1 季	3860.5	2783.7	2475.5	159.35	64
1980 年 2 季	2860.3	2020.1	1087.5	44.4	23.9	1991 年 2 季	3844.4	2776.7	2476.1	143.7	68.4
1980 年 3 季	2896.6	2045.3	1824.7	44.9	23.3	1991 年 3 季	3864.5	2814.1	2487.4	147.6	71.9
1980 年 4 季	2873.7	2045.2	1821.2	42.1	23.1	1991 年 4 季	3803.1	2808.8	2468.8	140.3	72.4
1981 年 1 季	2942.9	2073.9	1849.9	48.8	23.8	1992 年 1 季	3756.1	2795	2484	114.4	70
1981 年 2 季	2947.4	2098	1863.5	50.7	23.7	1992 年 2 季	3771.1	2824.8	2488.9	114	68.4
1981 年 3 季	2966	2106.6	1876.9	54.2	23.8	1992 年 3 季	3754.4	2829	2502.5	114.6	69.2
1981 年 4 季	2980.8	2121.1	1904.6	55.7	23.7	1992 年 4 季	3759.6	2832.6	2539.3	109.9	72.5
1982 年 1 季	3037.3	2129.7	1929.3	59.4	25	1993 年 1 季	3783.3	2843.6	2556.5	113.6	77
1982 年 2 季	3089.7	2149.1	1963.3	60.1	25.5	1993 年 2 季	3886.5	2867	2604	133	80.5
1982 年 3 季	3125.8	2193.9	1989.1	62.8	26.1	1993 年 3 季	3944.4	2903	2639	145.7	83.1
1982 年 4 季	3175.3	2272	2032.1	68.3	26.5	1993 年 4 季	4012.1	2960.6	2678.2	141.6	84.2
1983 年 1 季	3253.3	2300.7	2063.9	79.1	27	1994 年 1 季	4221.8	3123.6	2824.3	125.2	87.2
1983 年 2 季	3267.6	2315.2	2062	81.2	27.8	1994 年 2 季	4144	3065.9	2741	152.6	82.2
1983 年 3 季	3264.3	2337.9	2073.7	81.3	28.3	1994 年 3 季	4166.4	3102.7	2754.6	141.8	81.7
1983 年 4 季	3289.1	2382.7	2067.4	85	29.4	1994 年 4 季	4194.2	3118.5	2784.8	136.3	83.4
1984 年 1 季	3259.4	2334.7	2050.8	89	29.8	1995 年 1 季	4221.8	3123.6	2824.9	125.2	87.2
1984 年 2 季	3267.7	2304.5	2059	91.2	30.4	1995 年 2 季	4254.8	3189.6	2849.7	124.8	90.8
1984 年 3 季	3239.1	2315	2065.5	97.1	30.9	1995 年 3 季	4309	3156.5	2893.3	129.8	94.1
1984 年 4 季	3226.4	2313.7	2039.9	86.8	30.5	1995 年 4 季	4333.5	3178.7	2895.3	134	97.4
1985 年 1 季	3154	2282.5	2051.8	75.8	30	1996 年 1 季	4390.5	3227.5	2922.4	109.2	105.1
1985 年 2 季	3190.4	2390.3	2086.9	81	29.7	1996 年 2 季	4387.7	3281.4	2947.9	106	110.7
1985 年 3 季	3249.9	2354.4	2114.4	97.8	30.1	1996 年 3 季	4412.6	3272.6	2993.4	111	112.3
1985 年 4 季	3292.5	2389.4	2137	103.4	30.6	1996 年 4 季	4427.1	3266.2	3012.5	119.2	111
1986 年 1 季	3356.7	2424.5	2179.3	108.4	32.6	1997 年 1 季	4460	3295.2	3011.5	140.2	108
1986 年 2 季	3369.2	2434.9	2194.7	109.2	35	1997 年 2 季	4515.3	3241.7	3045.8	157.9	105.5
1986 年 3 季	3381	2444.7	2213	110	36.6	1997 年 3 季	4559.3	3285.7	3075.8	169.1	105.1
1986 年 4 季	3416.3	2459.5	2242	110.3	38.3	1997 年 4 季	4625.5	3335.8	3074.6	176	106.3
1987 年 1 季	2466.4	2463	2271.3	121.5	39.2	1998 年 1 季	4655.3	3380.1	3128.2	195.5	109.6
1987 年 2 季	3525	2490.3	2280.8	129.7	40	1998 年 2 季	4704.8	3386.3	3147.8	207.2	113.3
1987 年 3 季	3574.4	2541	2302.6	135.1	41.4	1998 年 3 季	4779.7	3443.1	3170.6	213.4	117.5
1987 年 4 季	3567.2	2556.2	2331.6	134.8	42.4	1998 年 4 季	4779.7	3473.9	3202.9	226	121
1988 年 1 季	3591.8	2587.3	2347.1	137.5	43.5	1999 年 1 季	4809.8	3473.9	3200.9	221.3	124.6
1988 年 2 季	3707.7	2631.9	2394	154	44.5	1999 年 2 季	4832.4	3450.9	3208.6	206.2	127
1988 年 3 季	3735.6	2653.2	2404.5	158	46.6	1999 年 3 季	4845.6	3446.9	3241.1	195.7	129
1988 年 4 季	3779.6	2680.9	2421.6	167.8	48.9	1999 年 4 季	4859.7	3493	3241.6	203	130.7
1989 年 1 季	3780.8	2699.2	2437.9	168.2	50.5	2000 年 1 季	4880.8	3531.4	3258.8	199.1	132.3
1989 年 2 季	3784.3	2697.6	2435.4	174.1	51.8	2000 年 2 季	4832.4	3545.3	3258.6	193.7	132.5
1989 年 3 季	3807.5	2715.3	2454.7	178.1	52.7	2000 年 3 季	4903.3	3547	3281.2	196.3	133.8
1989 年 4 季	3814.6	2728.1	2465.4	173.4	57.6	2000 年 4 季	4855.1	3529.5	3251.8	199	136.2
1990 年 1 季	3830.8	2742.9	2464.6	174.3	57.6	2001 年 1 季	4824	3514.8	3241.1	189.7	137.8
1990 年 2 季	3732.6	2692	2414.2	144.5	58.7	2001 年 2 季	4840.7	3537.4	3252.4	182.7	136.7
1990 年 3 季	3733.5	2722.5	2440.3	151	59.3	2001 年 3 季	4862.7	3539.9	3271.2	189.6	138.1
1990 年 4 季	3808.5	2777	2469.2	154.6	60.5	2001 年 4 季	4868	3547.5	3271.1	190.3	138.5

1）画出利润和红利的散点图，并直观地考查这两个时间序列是否是平稳的。

2）应用单位根检验分别检验利润和红利两个时间序列是否是平稳的。

3）分别检验 GDP、PDI 和 PCE 等序列是否平稳，并判定其单整阶数是否相同。

【练习题 10.1 参考解答】

1）利润（PFV）和红利（BNU）的散点图如图 10.8 所示。

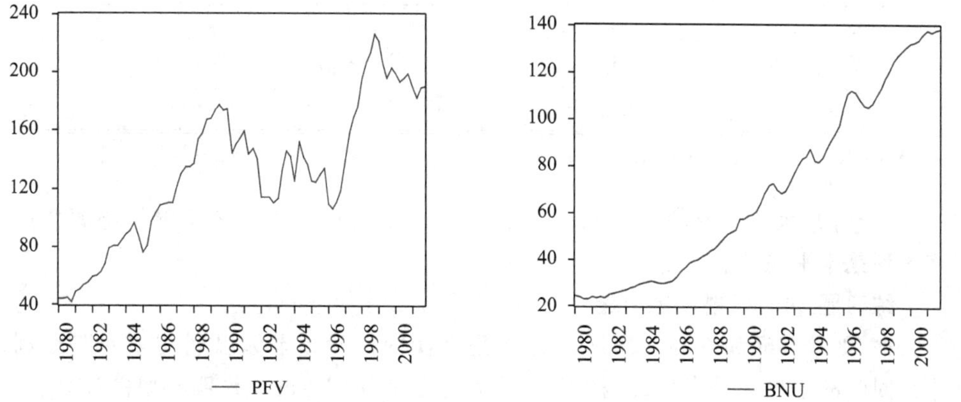

图 10.8 利润和红利的散点图

从图中可看出，利润和红利序列均值和方差不稳定，因此可能是非平稳的。

2）利润序列有截距项，在 EViews5.0 中选取截距项，同时最大滞后长度取 11 进行单位根检验，检验结果如表 10.7 所示。

表 10.7 回归结果

Null Hypothesis：PFT has a unit root

Exogenous：Constant，Linear Trend

Lag Length：0（Automatic based on SIC，MAXLAG=11）

		t-Statistic	Prob. *
Augmented Dickey-Fuller test statistic		−1.797079	0.6978
Test critical values：	1%level	−4.066981	
	5%level	−3.462292	
	10%level	−3.157475	

* MacKinnon（1996） one-sided p-values

t 统计量大于所有显著性水平下的 MacKinnon 临界值，故不能拒绝原假设，该序列是不平稳的。

红利序列有截距项和趋势项，在 EViews5.0 中选取截距项和趋势项，同时最大滞后长度取 11 进行单位根检验，检验结果如表 10.8 所示。

表 10.8 回归结果

Null Hypothesis：BNU has a unit root

Exogenous：Constant，Linear Trend

Lag Length：1（Automatic based on SIC，MAXLAG=11）

		t-Statistic	Prob.*
Augmented Dickey-Fuller test statistic		−2.893559	0.1698
Test critical values：	1%level	−4.068290	
	5%level	−3.462912	
	10%level	−3.157836	

* MacKinnon（1996）one-sided p-values

t 统计量大于所有显著性水平下的 MacKinnon 临界值，故不能拒绝原假设，该序列是不平稳的。

练习题 10.3 根据练习题 10.1 的数据，回答如下问题：

1）如果利润和红利时间序列并不是平稳的，而如果你以利润来回归红利，那么回归的结果会是虚假的吗？为什么？你是如何判定的，说明必要的计算。

2）取利润和红利两个时间序列的一阶差分，确定一阶差分时间序列是否是平稳的。

【练习题 10.3 参考解答】

1）回归的结果是虚假的。以利润回归红利，回归的估计结果如表 10.9 所示。

表 10.9 回归结果

Dependent Variable：BNU

Method：Least Squares

Date：07/23/05 Time：12：09

Sample：1980Q1 2001Q4

Included observations：88

Variable	Coefficient	Std. Error	t-Statistic	Prob.
C	−13.02644	7.371237	−1.767198	0.0807
PFT	0.628219	0.052866	11.88312	0.0000
R-squared	0.621493	Mean dependent var		69.24205
Adjusted R-squared	0.617092	S. D. dependent var		38.36748
S. E. of regression	23.74163	Akaike info criterion		9.194802
Sum squared resid	48475.19	Schwarz criterion		9.251105
Log likelihood	−402.5713	F-statistic		141.2085
Durbin-Watson stat	0.083355	Prob（F-statistic）		0.000000

根据 Granger 和 Newbold 提出的一个经验性规则：当 $R^2 > DW$ 时，所估计的回归式就有虚假回归之嫌。在本题中，$R^2 = 0.6215$ 远大于 DW 值 $d = 0.0834$，说明所估计的回归式存在伪回归。

2）一次差分后的利润序列有截距项，故在 EViews5.0 中选取截距项，同时最大滞后长度取 11 进行单位根检验，检验结果如表 10.10 所示。

表 10.10　回归结果

Null Hypothesis：D（PFT） has a unit root

Exogenous：Constant

Lag Length：0（Automatic based on SIC，MAXLAG=11）

		t-Statistic	Prob. *
Augmented Dickey-Fuller test statistic		−7.739072	0.0000
Test critical values：	1%level	−3.508326	
	5%level	−2.895512	
	10%level	−2.584952	

* MacKinnon（1996） one-sided p-values

t 统计量小于所有显著性水平下的 MacKinnon 临界值，故拒绝原假设，一次差分后的利润序列是平稳的。

一次差分后的红利序列有截距项，故在 EViews5.0 中选取截距项，同时最大滞后长度取 11 进行单位根检验，检验结果如表 10.11 所示。

表 10.11　回归结果

Null Hypothesis：D（BNU） has a unit root

Exogenous：Constant

Lag Length：2（Automatic based on SIC，MAXLAG=11）

		t-Statistic	Prob. *
Augmented Dickey-Fuller test statistic		−5.855512	0.0000
Test critical values：	1%level	−3.510259	
	5%level	−2.896346	
	10%level	−2.585396	

* MacKinnon（1996） one-sided p-values

t 统计量小于所有显著性水平下的 MacKinnon 临界值，故拒绝原假设，一次差分后的红利序列是平稳的。

练习题 10.5　表 10.12 是 1978～2008 年中国财政收入 Y 和税收 X 的数据，判断 $\ln Y$ 和 $\ln X$ 的平稳性，如果是同阶单整的，检验它们之间是否存在协整关系，如果协整，则建立相应的协整模型。

表 10.12　1978～2008 年中国财政收入 Y 和税收 X 的数据　（单位：亿元）

年份	国家财政决算收入	国家财政决算收入中各项税收	年份	国家财政决算收入	国家财政决算收入中各项税收
1978	1132.26	519.28	1994	5218.1	5126.88
1979	1146.4	537.82	1995	6242.2	6038.04
1980	1159.93	571.7	1996	7407.99	6909.82
1981	1175.8	629.89	1997	8651.14	8234.04
1982	1212.3	700.02	1998	9875.95	9262.8
1983	1367	775.59	1999	11444.08	10682.58
1984	1642.9	947.35	2000	13395.23	12581.51
1985	2004.82	2040.79	2001	16386.04	15301.38
1986	2122	2090.73	2002	18903.64	17636.45
1987	2199.4	2140.36	2003	21715.25	20017.31
1988	2357.2	2390.47	2004	26396.47	24165.68
1989	2664.9	2727.4	2005	31649.29	28778.54
1990	2937.1	2821.86	2006	38760.2	34804.35
1991	3149.48	2990.17	2007	51321.78	45621.97
1992	3483.37	3296.91	2008	61330.35	54223.79
1993	4348.95	4255.3			

数据来源：中国统计年鉴 2008，中国统计出版社

【练习题 10.5 参考解答】

1）绘制 $\ln Y$ 的图形（图 10.9）。

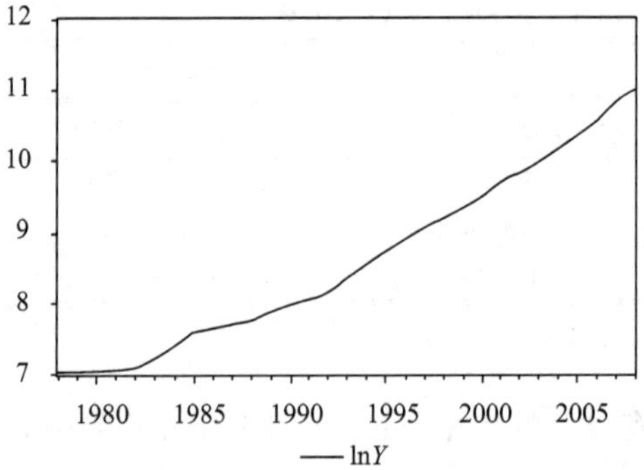

图 10.9　$\ln Y$ 的图形

从图形中可看出，序列 $\ln Y$ 有截距项和趋势项，故在 EViews5.0 中选取截距项和趋势项，同时最大滞后长度取 5 进行单位根检验，检验结果如表 10.13 所示。

表 10.13　回归结果

Null Hypothesis：LNY has a unit root
Exogenous：Constant，Linear Trend
Lag Length：2（Automatic based on SIC，MAXLAG=5）

		t-Statistic	Prob. *
Augmented Dickey-Fuller test statistic		−1.395402	0.8401
Test critical values：	1%level	−4.323979	
	5%level	−3.580623	
	10%level	−3.225334	

* MacKinnon（1996）one-sided p-values

t 统计量大于所有显著性水平下的 MacKinnon 临界值，故不能拒绝原假设，该序列是不平稳的。

一次差分后的财政收入序列有截距项，无趋势项，故在 EViews5.0 中选取截距项，同时最大滞后长度取 5 进行单位根检验，检验结果如表 10.14 所示。

表 10.14　回归结果

Null Hypothesis：D（LNY）has a unit root
Exogenous：Constant
Lag Length：0（Automatic based on SIC，MAXLAG=5）

		t-Statistic	Prob. *
Augmented Dickey-Fuller test statistic		−2.570957	0.1103
Test critical values：	1%level	−3.679322	
	5%level	−2.967767	
	10%level	−2.622989	

* MacKinnon（1996）one-sided p-values

t 统计量大于所有显著性水平下的 MacKinnon 临界值，故不能拒绝原假设，一次差分后的序列仍是不平稳的。

二次差分后的财政收入序列有截距项，无趋势项，故在 EViews5.0 中选取截距项，同时最大滞后长度取 5 进行单位根检验，检验结果如表 10.15 所示。

表 10.15　回归结果

Null Hypothesis：D（LNY，2）has a unit root
Exogenous：Constant
Lag Length：1（Automatic based on SIC，MAXLAG=5）

		t-Statistic	Prob. *
Augmented Dickey-Fuller test statistic		−5.019976	0.0004
Test critical values：	1%level	−3.699871	
	5%level	−2.976263	
	10%level	−2.627420	

* MacKinnon（1996）one-sided p-values

t 统计量小于所有显著性水平下的 MacKinnon 临界值，故拒绝原假设，二次差分后的序列是平稳的，所以 $\ln Y \sim I(2)$。

2）作图（图 10.10）。

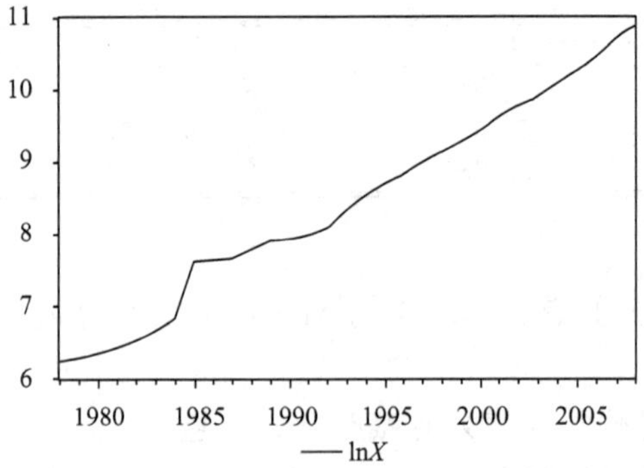

图 10.10 $\ln X$ 的图形

从图形中可看出，序列 $\ln X$ 有截距项和趋势项，故在 EViews5.0 中选取截距项和趋势项，同时最大滞后长度取 5 进行单位根检验，检验结果如表 10.6 所示。

表 10.16 回归结果

Null Hypothesis：LNX has a unit root

Exogenous：Constant，Linear Trend

Lag Length：0（Automatic based on SIC，MAXLAG=5）

		t-Statistic	Prob. *
Augmented Dickey-Fuller test statistic		−2.672895	0.2539
Test critical values：	1%level	−4.296729	
	5%level	−3.568379	
	10%level	−3.218382	

* MacKinnon（1996）one-sided p-values

t 统计量大于所有显著性水平下的 MacKinnon 临界值，故不能拒绝原假设，该序列是不平稳的。

一次差分后的税收收入序列有截距项，无趋势项，故在 EViews5.0 中选取截距项，同时最大滞后长度取 5 进行单位根检验，检验结果如表 10.17 所示。

表 10.17　回归结果

Null Hypothesis：D（LNX）has a unit root

Exogenous：Constant

Lag Length：0（Automatic based on SIC，MAXLAG=5）

		t-Statistic	Prob. *
Augmented Dickey-Fuller test statistic		−5.118986	0.0003
Test critical values：	1%level	−3.679322	
	5%level	−2.967767	
	10%level	−2.622989	

* MacKinnon（1996）one-sided p-values

t 统计量小于所有显著性水平下的 MacKinnon 临界值，故拒绝原假设，一次差分后的序列是平稳的，所以 $\ln X \sim I(1)$。

由于 $\ln Y$ 和 $\ln X$ 不是同阶单整的，故两者之间不存在协整关系。

第十一章

“联立方程组模型”学习辅导

一、本章基本内容

（一）基本内容

第十一章联立方程组模型的基本内容见图 11.1。

（二）本章的教学目标

在本章以前，讨论的都是针对单一方程模型，而单一方程模型存在的条件是经济变量之间具有的单向因果关系。但是，实际的经济活动多以经济系统或经济体系的形式进行，用单一方程模型来反映经济系统或经济体系的活动规律存在局限性，原因是在经济系统中经济变量之间具有双向因果关系，而准确反映这种双向因果关系只能用模型体系，联立方程组模型就是其中的一种形式。

本章的教学目标是：充分认识联立方程组模型的概念，包括各种变量的含义和属性，以及不同联立方程组模型的种类，这对于掌握联立方程组模型非常关键。在此基础上，能够针对经济活动建立联立方程组模型，并能够对联立方程组模型进行识别和估计，同时，能比较熟练地掌握 EViews 的相关操作。

二、重点与难点分析

1. *正确理解联立方程组模型的性质与特点*

联立方程组模型是指同时用若干个相互关联的方程，去表示一个经济系统中经济变量相互依存关系的模型。一个联立方程组模型中有多少个内生变量，联立方程组就应该有多少个方程，每一个方程的被解释变量都是内生变量，解释变量则可以是内生变量或者外生变量。

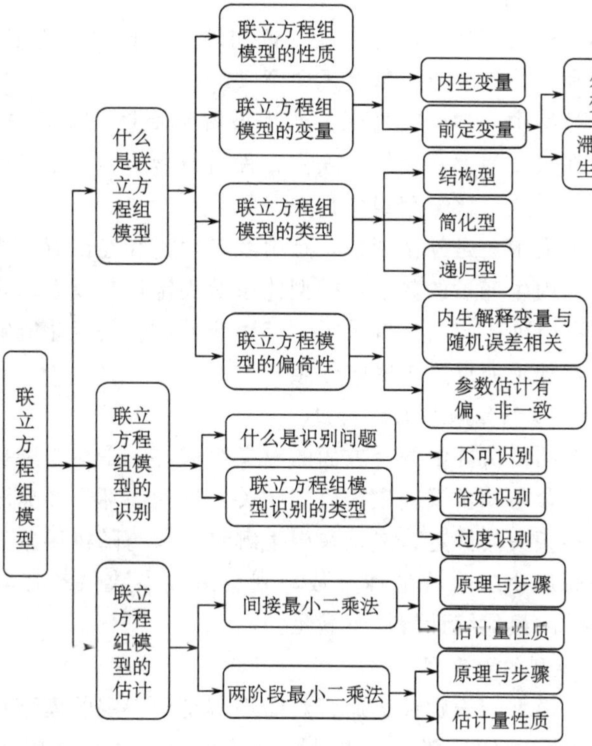

图 11.1　第十一章基本内容

联立方程组模型的特点：

1）联立方程组模型是由若干个单一方程组成的。模型中不止一个被解释变量，对 M 个方程可以有 M 个被解释变量。

2）联立方程组模型里既有非确定性方程（即随机方程）又可以有确定性方程，但必须含有随机方程。

3）被解释变量和解释变量之间可能互为因果，有的变量在某个方程为解释变量，但同时在另一个方程中可能为被解释变量。所以解释变量有可能是随机的不可控变量。

4）解释变量与随机扰动项相关，而违反 OLS 基本假定。

联立方程组与单一方程模型有明显区别。除了模型形式上的区别以外，单一方程模型研究的是某种经济行为或经济活动，而联立方程模型研究的是一个经济系统。单一方程模型的参数估计仅考虑被估计方程自身所提供的信息。而估计联立方程组模型的参数除了该方程本身的（有限）信息外，还可以考虑该方程组表示的整个经济系统所提供的信息（包括联立方程组中方程之间的关联信息）。

2. 联立方程组模型怎样确定内生变量和外生变量

联立方程组模型中的变量区分为内生变量和外生变量（或前定变量），这对联立方程模型的识别、估计和应用都有重要意义。

在联立方程组模型中，内生变量既可作为被解释变量，又可作为解释变量，而外生的前定变量都只作为解释变量。联立方程组模型中内生变量的个数应恰好等于方程组中方程的个数，该方程组才是完备的。

一个变量是内生变量还是外生变量，是由经济理论和经济意义决定，并不仅从数学形式去决定。内生变量的数值由模型体系所决定，是模型求解的结果；外生变量的数值由模型以外决定。二者关系：外生变量数值的变化能够影响内生变量的变化，内生变量却不能反过来影响外生变量。

3. 如何认识联立方程组模型的偏倚性

联立方程组模型的偏倚性由两个方面的意义组成：一是对于结构型联立方程组模型，内生解释变量与随机误差项很可能相关，这就破坏了经典假定中的解释变量与随机误差项不相关的假定；二是在内生解释变量与随机误差项相关的情况下，如果仍然用普通最小二乘法估计参数，则会造成参数估计有偏，并且非一致，从而使参数估计的最优统计特性不满足。

4. 联立方程组模型的识别性

所谓联立方程组模型的识别性，最直观的理解是对特定的模型看能否合理地估计出结构型模型参数的估计值。如果结构型模型参数的估计值能合理地估计出，则称这个结构方程是可以识别的，否则就是不可识别的。结构型模型的识别问题不是统计问题，而归根到底是结构型模型的设定问题。结构方程的可识别性可以从三个方面去深入理解。

1）从方程统计形式是否有差异去认识方程的识别。如果模型中一个结构方程与另一个结构方程含有相同的变量以及相同的变量结合的函数形式，则这两个方程具有相同的统计形式，它们是不可识别的。

2）从由简化型模型参数求解结构型模型参数去理解。简化型模型不存在联立方程偏倚，可用 OLS 估计其参数，但简化型模型不能直接进行经济变量之间的结构分析。然而简化型模型参数与结构型模型参数又是函数关系，能否从简化型模型参数求解出合理的结构型模型参数是问题的关键。如果结构型模型参数的估计值能由简化型模型的参数估计合理地求解出来，则称这个结构方程是可识别的，否则是不可识别的。

3）从方程中是否排除了必要的变量去判断方程的识别。如果一个结构方程包含了模型的所有变量，即其他方程包含的变量该方程都包含，则该方程不可识别。当模型中的结构方程有零系数限制，即其他方程中包含的某些变量不出现在该方程中时，该方程有可能被识别。因为只有排除了必要的变量，方程才会具有不同的统计形式。

在判断联立方程组模型的识别性时，应该注意单个方程识别性与整个方程组模型识别性的关系。如果联立方程组模型可识别，则该方程组里的每一个方程都必须可识别；如果联立方程组模型里有一个方程不可识别，则该方程组就不可识别。

5. 如何正确掌握识别的阶条件与秩条件

（1）对识别阶条件的理解

首先，阶条件是识别的必要条件，而非充分条件。其次，阶条件实际上是零系数限制。模型识别阶条件的基本思想是，一个结构型方程的识别取决于不包含在这个方程中，而包含在模型其他方程中变量的个数，可从这类变量的个数去判断方程的识别性质。在内生变量个数等于方程的个数前提下，识别的必要条件表示为 $(M+K)-(m_i+k_i)\geqslant M-1$。

（2）对识别秩条件的理解

阶条件是一个必要但非充分的命题，即使某个结构方程满足阶条件，也可能是不可识别的。在判断联立方程组模型识别性时仅看阶条件是不够的，还必须用秩条件进行判断。

所谓秩条件，是在有 M 个内生变量 M 个方程的完整联立方程模型中，当且仅当一个方程中不包含但在其他方程包含的变量（不论是内生变量还是外生变量）的结构参数，至少能够构成一个非零的 $M-1$ 阶行列式时，该方程是可以识别的。或者表述为，当且仅当一个方程所排斥（不包含）的变量的参数矩阵的秩等于 $M-1$ 时，该方程可以识别。这个条件是充分必要条件。从统计形式是否唯一来理解，识别的秩条件实际上是要求某个特定方程所排斥的变量，必须以不同的统计形式出现在其他 $M-1$ 个方程里，这样才能保证模型中的其他方程或这些方程的线性组合与特定方程具有不同的统计形式。从简单易操作看，可将阶条件和秩条件结合起来综合运用。

6. 对联立方程组模型估计应注意的问题

当模型为递归模型时，可用普通最小二乘法估计模型的参数；当模型为恰好识别时，可用间接最小二乘法估计模型的参数；当模型为过度识别时，可用两阶段最小二乘法估计模型的参数。

需要注意的是，表面看起来不同估计方法对应了不同的识别状况，但是，实际上这间接最小二乘法与两阶段最小二乘法有内在联系。一是间接最小二乘法和两阶段最小二乘法都是特殊的工具变量法；二是在恰好识别的情况下，可以证明间接最小二乘法、两阶段最小二乘法和工具变量法是等价的。[①]

另外，要注意间接最小二乘法和两段最小二乘法估计量的特性。在方程为恰好识别状态下，间接最小二乘法估计满足一致性，但不满足无偏性和有效性；在方程为过度识别状态下，两段最小二乘法估计满足一致性，不满足无偏性。

三、本章实验项目要点

本章实验教学的重点是，如何利用 EViews 软件对联立方程组模型的参数进行估计，特别是联立方程组模型在过度识别状况下参数 TSLS 估计法的软件操作。

例如，设简单宏观经济模型为

$$Y_t = C_t + I_t + G_t$$

$$C_t = \alpha_0 + \alpha_1 Y_t + \alpha_2 C_{t-1} + u_{1t}$$

$$I_t = \beta_0 + \beta_1 Y_t + \beta_2 I_{t-1} + u_{2t}$$

可以判断投资方程和消费方程均为过度识别方程，可使用 TSLS 方法估计。根据教材第 307 页案例中表 11.2 的数据，作如下估计：

1）对消费函数的估计。主界面菜单 Quick \ Estimate equation，弹出对话框 specification，在估计方法栏选择 TSLS，则得到如下界面（图 11.2）。

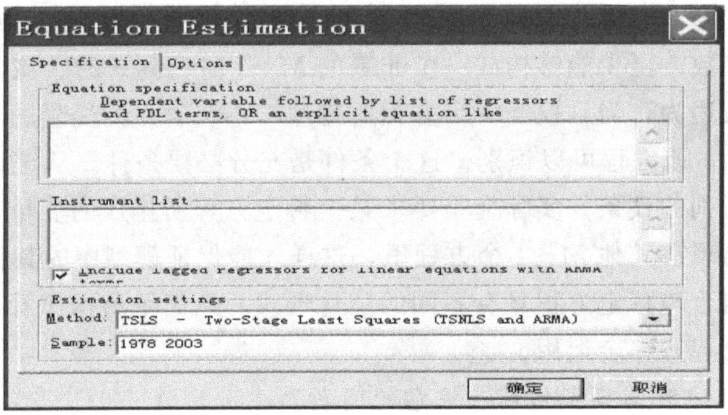

图 11.2 specification 窗口

在第一个对话框中，输入回归方程（同 OLS）“COM C GDP COM（−1）”，在第二个对话框中输入前定变量（含常数项 C）“C COM（−1）INV（−1）GOV”，点“确定”，得到回归结果（表 11.1）。

---

① 李子奈．计量经济学——方法与应用．北京：清华大学出版社．1992：116～139

表 11.1 回归结果

Dependent Variable: COM
Method: Two-Stage Least Squares
Date: 08/09/07 Time: 21:35
Sample (adjusted): 1979 2003
Included observations: 25 after adjustments
Instrument list: C INV(-1) COM(-1) GOV

Variable	Coefficient	Std. Error	t-Statistic	Prob.
C	760.1016	241.0503	3.153291	0.0046
GDP	0.393229	0.051167	7.685133	0.0000
COM(-1)	0.342025	0.095291	3.589265	0.0016

R-squared	0.998760	Mean dependent var	24219.91
Adjusted R-squared	0.998647	S.D. dependent var	22011.34
S.E. of regression	809.5354	Sum squared resid	14417648
F-statistic	8856.594	Durbin-Watson stat	0.767087
Prob(F-statistic)	0.000000		

2）投资方程可以同样估计。在主界面菜单 Quick \ Estimate equation，弹出对话框 specification，在估计方法栏选择 TSLS，则得到上面图 11.2 所示界面。然后，在第一个对话框中，输入回归方程"INV C GDP INV（−1）"，在第二个对话框中同样输入前定变量（含 C）"C COM（−1）INV（−1）GOV"，点"确定"，得到回归结果（表 11.2）。

表 11.2 回归结果

Dependent Variable: INV
Method: Two-Stage Least Squares
Date: 08/26/07 Time: 16:38
Sample (adjusted): 1979 2003
Included observations: 25 after adjustments
Instrument list: C COM(-1) INV(-1) GOV

Variable	Coefficient	Std. Error	t-Statistic	Prob.
C	-542.5631	397.8729	-1.363659	0.1865
GDP	0.524589	0.122685	4.275913	0.0003
INV(-1)	-0.369164	0.348573	-1.059074	0.3011

R-squared	0.994537	Mean dependent var	15799.04
Adjusted R-squared	0.994040	S.D. dependent var	15119.00
S.E. of regression	1167.206	Sum squared resid	29972123
F-statistic	1999.299	Durbin-Watson stat	0.786536
Prob(F-statistic)	0.000000		

四、本章补充案例与案例讨论

案例 简化的中国宏观经济调控模型。

（一）研究目的和模型设定

国民经济的健康发展受到许多因素的影响，财政收入、财政支出、社会消费品零售总额、第二产业增加值、城乡储蓄存款等因素，对宏观经济正常运行都具有重大意义。为了从系统的角度对各变量之间的关系作深入研究，测度经济变量变化的数量规律，以期为国民经济宏观调控提出一些指导建议。根据宏观经济理论，建立简化的中国宏观经济调控模型。

根据经济理论分析，通过各部门间的经济活动，分析国内生产总值的变动对财政收入和社会消费品零售额的影响，财政收入的变动对财政支出的影响，第二产业固定资产净值和劳动人数的变动对第二产业增加值的影响，上一期城乡储蓄存款、国内生产总值及工业品出厂价格指数的变动对城乡储蓄存款的影响以及第二产业增加值对国内生产总值的影响。由此，得到该问题的联立方程模型如下。

1）财政收入方程

$$\ln(\mathrm{REV}_t) = c_1 + \alpha_1 \mathrm{GDP}_t + \beta_1 T + u_{1t}$$

2）财政支出方程

$$\mathrm{EXB}_t = c_2 + \alpha_2 \mathrm{REV}_t + u_{2t}$$

3）社会消费品零售方程

$$\mathrm{SLC}_t = c_3 + \alpha_3 \mathrm{GDP}_t + u_{3t}$$

4）第二产业增加值方程

$$\ln(\mathrm{GDP2}_t) = c_4 + \alpha_4 \ln(\mathrm{NKF2}_t) + \beta_4 \ln(\mathrm{LT2}_t) + u_{4t}$$

5）储蓄存款方程

$$\mathrm{KS}_t = c_5 + \alpha_5 \mathrm{KS}_{t-1} + \beta_5 \mathrm{GDP}_t + \gamma_5 \mathrm{PAS}_t + u_{5t}$$

6）国内生产总值方程

$$\mathrm{GDP}_t = c_6 + \alpha_6 \mathrm{GDP2}_t + \beta_6 T_t + u_{6t}$$

在模型中，内生变量为财政收入（REV）、财政支出（EXB）、社会消费品零售（SLC）、第二产业增加值（GDP2）、城乡储蓄存款（KS）、国内生产总值（GDP）；前定变量为第二产业固定资产净值（NKF2）、第二产业劳动者人数（LT2）、工业品出厂价格指数（PAS）、时间趋势（T）、滞后内生变量（KS_{t-1}）。

（二）模型的识别性

根据上述理论方程，其结构型模型的标准形式为

$$\ln(\mathrm{REV}_t) - \alpha_1 \mathrm{GDP}_t + 0\mathrm{EXB}_t + 0\mathrm{SLC}_t + 0\mathrm{GDP2}_t + 0\mathrm{KS}_t - c_1$$

$$- \beta_1 T + 0\mathrm{NKF2}_t + 0\mathrm{LT2}_t + 0\mathrm{KS}_{t-1} + 0\mathrm{PAS}_t = u_{1t}$$

$$- \alpha_2 \mathrm{REV}_t + 0\mathrm{GDP}_t + \mathrm{EXB}_t + 0\mathrm{SLC}_t + 0\mathrm{GDP2}_t + 0\mathrm{KS}_t - c_2$$

$$+ 0T + 0\mathrm{NKF2}_t + 0\mathrm{LT2}_t + 0\mathrm{KS}_{t-1} + 0\mathrm{PAS}_t = u_{2t}$$

$$0\mathrm{REV}_t - \alpha_3 \mathrm{GDP}_t + 0\mathrm{EXB}_t + \mathrm{SLC}_t + 0\mathrm{GDP2}_t + 0\mathrm{KS}_t - c_3$$

$$+ 0T + 0\mathrm{NKF2}_t + 0\mathrm{LT2}_t + 0\mathrm{KS}_{t-1} + 0\mathrm{PAS}_t = u_{3t}$$

$$0\text{REV}_t + 0\text{GDP}_t + 0\text{EXB}_t + 0\text{SLC}_t + \ln(\text{GDP2}_t) + 0\text{KS}_t - c_4$$
$$+ 0T - \alpha_4 \ln(\text{NKF2}_t) - \beta_4 \ln(\text{LT2}_t) + 0\text{KS}_{t-1} + 0\text{PAS}_t = u_{4t}$$
$$0\text{REV}_t - \beta_5 \text{GDP}_t + 0\text{EXB}_t + 0\text{SLC}_t + 0\text{GDP2}_t + \text{KS}_t - c_5$$
$$+ 0T + 0\text{NKF2}_t + 0\text{LT2}_t - \alpha_5 \text{KS}_{t-1} - \gamma_5 \text{PAS}_t = u_{5t}$$
$$0\text{REV}_t + 0\text{GDP}_t + 0\text{EXB}_t + 0\text{SLC}_t - \alpha_6 \text{GDP2}_t + 0\text{KS}_t - c_6$$
$$- \beta_6 T + \text{NKF2}_t + 0\text{LT2}_t + 0\text{KS}_{t-1} + 0\text{PAS}_t = u_{6t}$$

模型标准形式的系数矩阵（$\boldsymbol{B}$，$\boldsymbol{\Gamma}$）是

$$(\boldsymbol{B},\boldsymbol{\Gamma}) = \begin{bmatrix} 1 & -\alpha_1 & 0 & 0 & 0 & 0 & -c_1 & -\beta_1 & 0 & 0 & 0 & 0 \\ -\alpha_2 & 0 & 1 & 0 & 0 & 0 & -c_2 & 0 & 0 & 0 & 0 & 0 \\ 0 & -\alpha_3 & 0 & 1 & 0 & 0 & -c_3 & 0 & 0 & 0 & 0 & 0 \\ 0 & 0 & 0 & 0 & 1 & 0 & -c_4 & 0 & -\alpha_4 & -\beta_4 & 0 & 0 \\ 0 & -\beta_5 & 0 & 0 & 0 & 1 & -c_5 & 0 & 0 & 0 & -\alpha_5 & -\gamma_5 \\ 0 & 1 & 0 & 0 & -\alpha_6 & 0 & -c_6 & -\beta_6 & 0 & 0 & 0 & 0 \end{bmatrix}$$

此联立方程模型总共有 6 个内生变量，即 $M=6$；5 个前定变量，即 $K=5$。下面分别判断各方程的识别性。

1. 财政收入方程

首先，用阶条件判断。这时 $m_1=2$，$k_1=1$，因为 $K-k_1=5-1=4$，并且 $m_1-1=2-1=1$，所以 $K-k_1>m_1-1$，说明该方程可能是可以识别的，但还需用秩条件分析其充分条件是否满足。

其次，用秩条件判断。在（$\boldsymbol{B}$，$\boldsymbol{\Gamma}$）中划去财政收入方程所在的第一行和非零系数所在的第一、二、七、八列，得

$$(\boldsymbol{B}_0,\boldsymbol{\Gamma}_0) = \begin{bmatrix} 1 & 0 & 0 & 0 & 0 & 0 & 0 & 0 \\ 0 & 1 & 0 & 0 & 0 & 0 & 0 & 0 \\ 0 & 0 & 1 & 0 & -\alpha_4 & -\beta_4 & 0 & 0 \\ 0 & 0 & 0 & 1 & 0 & 0 & -\alpha_5 & -\gamma_5 \\ 0 & 0 & -\alpha_6 & 0 & 0 & 0 & 0 & 0 \end{bmatrix}$$

可以计算得到，Rank（$\boldsymbol{B}_0$，$\boldsymbol{\Gamma}_0$）$=5$，等于模型内生变量个数减 1，所以根据秩条件，该方程是可以识别的。再根据阶条件，该方程过度识别。

2. 财政支出方程

首先，用阶条件判断。这时 $m_2=2$，$k_2=0$，因为 $K-k_2=5-0=5$，并且 $m_2-1=2-1=1$，所以 $K-k_2>m_2-1$，说明该方程可能是可以识别的，但还需用秩条件分析其充分条件是否满足。

其次，用秩条件判断。在（$\boldsymbol{B}$，$\boldsymbol{\Gamma}$）中划去财政支出方程所在的第二行和非零系数所在的第一、三、七列，得

$$(\boldsymbol{B}_0,\boldsymbol{\Gamma}_0)=\begin{bmatrix} -\alpha_1 & 0 & 0 & 0 & -\beta_1 & 0 & 0 & 0 & 0 \\ -\alpha_3 & 1 & 0 & 0 & 0 & 0 & 0 & 0 & 0 \\ 0 & 0 & 1 & 0 & 0 & -\alpha_4 & -\beta_4 & 0 & 0 \\ -\beta_5 & 0 & 0 & 1 & 0 & 0 & 0 & -\alpha_5 & -\gamma_5 \\ 1 & 0 & -\alpha_6 & 0 & -\beta_6 & 0 & 0 & 0 & 0 \end{bmatrix}$$

可以计算得到，Rank（$\boldsymbol{B}_0$，$\boldsymbol{\Gamma}_0$）$=5$，等于模型内生变量个数减 1，所以根据秩条件，该方程是可以识别的。再根据阶条件，该方程过度识别。

3. 社会消费品零售方程

首先，用阶条件判断。这时 $m_3=2$，$k_3=0$，因为 $K-k_3=5-0=5$，并且 $m_3-1=2-1=1$，所以 $K-k_3>m_3-1$，说明该方程可能是可以识别的，但还需用秩条件分析其充分条件是否满足。

其次，用秩条件判断。在（$\boldsymbol{B}$，$\boldsymbol{\Gamma}$）中划去社会消费品零售方程所在的第三行和非零系数所在的第二、四、七列，得

$$(\boldsymbol{B}_0,\boldsymbol{\Gamma}_0)=\begin{bmatrix} 1 & 0 & 0 & 0 & -\beta_1 & 0 & 0 & 0 & 0 \\ -\alpha_2 & 1 & 0 & 0 & 0 & 0 & 0 & 0 & 0 \\ 0 & 0 & 1 & 0 & 0 & -\alpha_4 & -\beta_4 & 0 & 0 \\ 0 & 0 & 0 & 1 & 0 & 0 & 0 & -\alpha_5 & -\gamma_5 \\ 0 & 0 & -\alpha_6 & 0 & -\beta_6 & 0 & 0 & 0 & 0 \end{bmatrix}$$

可以计算得到，Rank（$\boldsymbol{B}_0$，$\boldsymbol{\Gamma}_0$）$=5$，等于模型内生变量个数减 1，所以根据秩条件，该方程是可以识别的。再根据阶条件，该方程过度识别。

4. 第二产业增加值方程

首先，用阶条件判断。这时 $m_4=1$，$k_4=2$，因为 $K-k_4=5-2=3$，并且 $m_4-1=1-1=0$，所以 $K-k_4>m_4-1$，说明该方程可能是可以识别的，但还需用秩条件分析其充分条件是否满足。

其次，用秩条件判断。在（$\boldsymbol{B}$，$\boldsymbol{\Gamma}$）中划去第二产业增加值方程所在的第四行和非零系数所在的第五、七、九、十列，得

$$(\boldsymbol{B}_0,\boldsymbol{\Gamma}_0)=\begin{bmatrix} 1 & -\alpha_1 & 0 & 0 & 0 & -\beta_1 & 0 & 0 \\ -\alpha_2 & 0 & 1 & 0 & 0 & 0 & 0 & 0 \\ 0 & -\alpha_3 & 0 & 1 & 0 & 0 & 0 & 0 \\ 0 & -\beta_5 & 0 & 0 & 0 & 0 & -\alpha_5 & -\gamma_5 \\ 0 & 1 & 0 & 0 & 1 & -\beta_6 & 0 & 0 \end{bmatrix}$$

可以计算得到，Rank（$\boldsymbol{B}_0$，$\boldsymbol{\Gamma}_0$）=5，等于模型内生变量个数减 1，所以根据秩条件，该方程是可以识别的。再根据阶条件，该方程过度识别。

5. 储蓄存款方程

首先，用阶条件判断。这时 $m_5=2$，$k_5=2$，因为 $K-k_5=5-2=3$，并且 $m_5-1=2-1=1$，所以 $K-k_5>m_5-1$，说明该方程可能是可以识别的，但还需用秩条件分析其充分条件是否满足。

其次，用秩条件判断。在（$\boldsymbol{B}$，$\boldsymbol{\Gamma}$）中划去储蓄存款方程所在的第五行和非零系数所在的第二、六、七、十一、十二列，得

$$(\boldsymbol{B}_0,\boldsymbol{\Gamma}_0)=\begin{bmatrix} 1 & 0 & 0 & 0 & -\beta_1 & 0 & 0 \\ -\alpha_2 & 1 & 0 & 0 & 0 & 0 & 0 \\ 0 & 0 & 1 & 0 & 0 & 0 & 0 \\ 0 & 0 & 0 & 1 & 0 & -\alpha_4 & -\beta_4 \\ 0 & 0 & 0 & -\alpha_6 & -\beta_6 & 0 & 0 \end{bmatrix}$$

可以计算得到，Rank（$\boldsymbol{B}_0$，$\boldsymbol{\Gamma}_0$）=5，等于模型内生变量个数减 1，所以根据秩条件，该方程是可以识别的。再根据阶条件，该方程过度识别。

6. 国内生产总值方程

首先，用阶条件判断。这时 $m_6=2$，$k_6=1$，因为 $K-k_6=5-1=4$，并且 $m_6-1=2-1=1$，所以 $K-k_5>m_5-1$，说明该方程可能是可以识别的，但还需用秩条件分析其充分条件是否满足。

其次，用秩条件判断。在（$\boldsymbol{B}$，$\boldsymbol{\Gamma}$）中划去国内生产总值方程所在的第六行和非零系数所在的第二、五、七、八列，得

$$(\boldsymbol{B}_0,\boldsymbol{\Gamma}_0)=\begin{bmatrix} 1 & 0 & 0 & 0 & 0 & 0 & 0 & 0 \\ -\alpha_2 & 1 & 0 & 0 & 0 & 0 & 0 & 0 \\ 0 & 0 & 1 & 0 & 0 & 0 & 0 & 0 \\ 0 & 0 & 0 & 0 & -\alpha_4 & -\beta_4 & 0 & 0 \\ 0 & 0 & 0 & 1 & 0 & 0 & -\alpha_5 & -\gamma_5 \end{bmatrix}$$

可以计算得到，Rank（$\boldsymbol{B}_0$，$\boldsymbol{\Gamma}_0$）=5，等于模型内生变量个数减 1，所以根据秩条件，该方程是可以识别的。再根据阶条件，该方程过度识别。

综合上述各方程的判断结果，得出该模型为过度识别。

（三）宏观经济模型的估计

上述模型为过度识别，因此用两阶段最小二乘法分别估计其中的方程。考虑到数据的实效性和可得性，本案例选取了 1989～2008 年度中国的经济数据进行

分析说明，数据来源于中经网统计数据库（http://www.lib.swufe.edu.cn/bgs/zjtj.htm），见表 11.3。

表 11.3 1989～2008 年中国宏观经济数据

年份	REV /亿元	EXB /亿元	GDP /亿元	GDP2 /亿元	SLC /亿元	KS /亿元	NKF2 /亿元	LT2 /万人	PAS /%	T
1989	2664.90	2823.78	16992.3	7278.0	8101.4	5196.4	8751.64	11976	118.6	1
1990	2937.10	3083.59	18667.8	7717.4	8300.1	7119.6	10138.9	13856	104.1	2
1991	3149.48	3386.62	21781.5	9102.2	9415.6	9244.9	12019.7	14015	106.2	3
1992	3483.37	3742.20	26923.5	11699.5	10993.7	11757.3	14118.3	14355	106.8	4
1993	4348.95	4642.30	35333.9	16454.4	14270.4	15203.5	16505.8	14965	124	5
1994	5218.10	5792.62	48197.9	22445.4	18622.9	21518.8	21015.2	15312	119.5	6
1995	6242.20	6823.72	60793.7	28679.5	23613.8	29662.3	27423.1	15655	114.9	7
1996	7407.99	7937.55	71176.6	33835.0	28360.2	38520.8	34493.2	16203	102.9	8
1997	8651.14	9233.56	78973.0	37543.0	31252.9	46279.8	39778.8	16547	99.7	9
1998	9875.95	10798.18	84402.3	39004.2	33378.1	53407.5	44136.9	16600	95.9	10
1999	11444.1	13187.67	89677.1	41033.6	35647.9	59621.8	47281.4	16421	97.6	11
2000	13395.2	15886.50	99214.6	45555.9	39105.7	64332.4	51792.3	16219	102.8	12
2001	16386.0	18902.58	109655.2	49512.3	43055.4	73762.4	55437.4	16284	98.7	13
2002	18903.6	22053.15	120332.7	53896.8	48135.9	86910.7	59482.7	15780	97.8	14
2003	21715.3	24649.95	135822.8	62436.3	52516.3	103618	66068.4	16077	102.3	15
2004	26396.5	28486.89	159878.3	73904.3	59501.0	119555	79749.4	16920	106.1	16
2005	31649.3	33930.28	183217.4	87364.6	67176.6	141051	89460.5	18084	104.9	17
2006	38760.2	40422.73	211923.5	103162	76410.0	161587	105805	19225	103	18
2007	51321.8	49781.35	257305.6	124799	89210.0	172534	123449	20629	103.1	19
2008	61330.4	62592.66	314045.0	149003	108488	217885	151665	21109	106.9	20

资料来源：中经网统计数据库

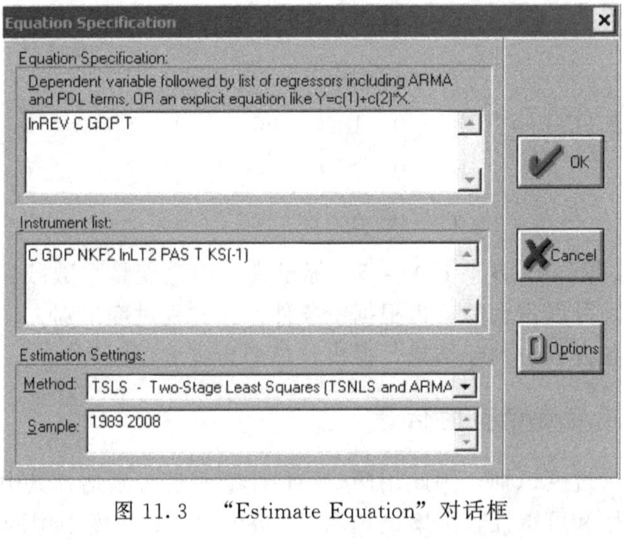

图 11.3 “Estimate Equation”对话框

首先，以财政收入方程为例。在 EViews 中，

通过 Quick → Estimate Equation → 在 Method 中选取 Two-Stage Least Squares，得到以下对话框，在对话框中，上面输入需要估计的方程“lnREV C GDP T”，下面输入前定变量“C GDP NKF2 lnLT2 PAS T KS（−1）”，如图 11.3 所示。

然后按“OK”得到回归结果，如表 11.4 所示。

表 11.4 回归结果

Dependent Variable: LNREV
Method: Two-Stage Least Squares
Date: 05/16/10 Time: 23:40
Sample(adjusted): 1990 2008
Included observations: 19 after adjusting endpoints
Instrument list: C GDP NKF2 LNLT2 PAS T KS(-1)

Variable	Coefficient	Std. Error	t-Statistic	Prob.
C	7.608912	0.019135	397.6505	0.0000
GDP	1.82E-06	2.66E-07	6.824365	0.0000
T	0.143418	0.003876	36.99996	0.0000

R-squared	0.999031	Mean dependent var	9.389982
Adjusted R-squared	0.998910	S.D. dependent var	0.948925
S.E. of regression	0.031325	Sum squared resid	0.015700
F-statistic	8251.183	Durbin-Watson stat	1.578301
Prob(F-statistic)	0.000000		

即财政收入方程的估计式为

$$\ln(\text{REV}) = 7.608912 + 0.00000182\text{GDP} + 0.143418T + e_{1t}$$

同理，可估计其他几个方程，得到估计式如下：

$$\text{EXB} = 1095.171 + 1.005573\text{REV} + e_{2t}$$

$$\text{SLC} = 3707.341 + 0.341751\text{GDP} + e_{3t}$$

$$\ln(\text{GDP2}) = -5.009491 + 0.987035\ln(\text{NKF2}) + 0.522146\ln(\text{LT2}) + e_{4t}$$

$$\text{KS} = -5934.926 + 0.674816\text{KS}(-1) + 0.317117\text{GDP} + 23.96091\text{PAS} + e_{5t}$$

$$\text{GDP} = 392.7561 + 1.973620\text{GDP2} + 726.6412T_t + e_{6t}$$

最后，写出该方程组模型的估计式为

$$\ln(\text{REV}) = 7.608912 + 0.00000182\text{GDP} + 0.143418T + e_{1t}$$

$$\text{EXB} = 1095.171 + 1.005573\text{REV} + e_{2t}$$

$$\text{SLC} = 3707.341 + 0.341751\text{GDP} + e_{3t}$$

$$\ln(\text{GDP2}) = -5.009491 + 0.987035\ln(\text{NKF2}) + 0.522146\ln(\text{LT2}) + e_{4t}$$

$$KS = -5934.926 + 0.674816KS(-1) + 0.317117GDP + 23.96091PAS + e_{5t}$$

$$GDP = 392.7561 + 1.973620GDP2 + 726.6412T_t + e_{6t}$$

五、教材中典型练习题参考解答

练习题 11.1 考虑以下凯恩斯收入决定模型：

$$C_t = \beta_{10} + \beta_{11}Y_t + u_{1t}$$

$$I_t = \beta_{20} + \beta_{21}Y_t + \beta_{22}Y_{t-1} + u_{2t}$$

$$Y_t = C_t + I_t + G_t$$

其中，C 为消费支出；I 为投资指出；Y 为收入；G 为政府支出；G_t 和 Y_{t-1} 是前定变量。

1）导出模型的简化型方程并判定上述方程中哪些是可识别的（恰好或过度）。

2）你将用什么方法估计过度可识别方程和恰好可识别方程中的参数。

【练习题 11.1 参考解答】

1）导出简化型模型为

$$Y_t = \pi_{10} + \pi_{11}Y_{t-1} + \pi_{12}G_t + v_{1t}$$

$$C_t = \pi_{20} + \pi_{21}Y_{t-1} + \pi_{22}G_t + v_{2t}$$

$$I_t = \pi_{30} + \pi_{31}Y_{t-1} + \pi_{32}G_t + v_{3t}$$

由模型的结构型，$M=3$，$K=2$。下面只对结构型模型中的第一个方程和第二个方程判断其识别性。

首先，用阶条件判断。

第一个方程，已知 $m_1=2$，$k_1=0$，因为

$$K - k_1 = 2 - 0 = 2 > m_1 - 1 = 2 - 1 = 1$$

所以该方程有可能为过度识别。

第二个方程，已知 $m_2=2$，$k_2=1$，因为

$$K - k_1 = 2 - 1 = 1 = m_2 - 1 = 2 - 1 = 1$$

所以该方程有可能恰好识别。

第三个方程为定义式，故可不判断其识别性。

其次，用秩条件判断。写出结构型方程组的参数矩阵

$$\begin{bmatrix} -\beta_{10} & 1 & 0 & -\beta_{11} & 0 & 0 \\ -\beta_{20} & 0 & 1 & -\beta_{11} & -\beta_{22} & 0 \\ 0 & -1 & -1 & 1 & 0 & 1 \end{bmatrix}$$

对于第一个方程，划去该方程所在的行和该方程中非零系数所在的列，得

$$(\boldsymbol{B}_0, \boldsymbol{\Gamma}_0) = \begin{bmatrix} 1 & -\beta_{22} & 0 \\ -1 & 0 & 1 \end{bmatrix}$$

由上述矩阵可得到三个非零行列式，根据阶条件，该方程为过度识别。事实上，所得到的矩阵的秩为 2，则表明该方程是可识别，再结合阶条件，所以该方程为过度识别。同理，可判断第二个方程为恰好识别。

2）根据上述判断的结果，第一个方程可用两阶段最小二乘法估计参数；第二个方程可用间接最小二乘法估计参数。

练习题 11.3　考虑如下的货币供求模型：

货币需求：$M_t^d=\beta_0+\beta_1 Y_t+\beta_2 R_t+\beta_3 P_t+u_{1t}$

货币供给：$M_t^s=\alpha_0+\alpha_1 Y_t+u_{2t}$

其中，M 为货币；Y 为收入；R 为利率；P 为价格；u_{1t}，u_{2t}为误差项；Y，R 和 P 是前定变量。

1）需求函数可识别吗？

2）供给函数可识别吗？

3）你会用什么方法去估计可识别的方程中的参数？为什么？

4）假设我们把供给函数加以修改，多加进两个解释变量 Y_{t-1} 和 M_{t-1}，会出现什么识别问题？你还会用你在 3）中用的方法吗？为什么？

【练习题 11.3 参考解答】

1）首先，用阶条件判断如下：根据模型可知 $M=2$，$K=3$，对于需求函数，有

$$K-k_1=3-3=m_1-1=1-1=0$$

所以，该方程有可能是恰好识别。

其次，用秩条件判断。将结构型模型转化为简化型模型后，写出其系数的矩阵为

$$\begin{bmatrix} -\beta_0 & 1 & 0 & -\beta_1 & -\beta_2 & -\beta_3 \\ -\alpha_0 & 0 & 1 & -\alpha_1 & 0 & 0 \end{bmatrix}$$

对于需求函数，划掉第一行和第一行里零所对应的非零元素以外的元素，得到一个非零元素，即 1，按照秩条件原理，说明该方程为恰好识别。

2）根据识别的原理，对于供给函数，运用阶条件有

$$K-k_2=3-1=2>m_2-1=1-1=0$$

所以，该方程有可能是过度识别。对于供给函数，按秩条件原理，可得三个非零元素，按照秩条件的原理，说明该方程为过度识别。

3）对于货币需求函数在过度识别的情况下，可考虑用间接最小二乘法估计参数；对于货币供给函数为恰好识别的情况下，可考虑用两段最小二乘法估

计参数。

4）在货币供给函数里再引进变量 Y_{t-1} 和 M_{t-1}，使得函数变为过度识别的情况，这时对参数的估计就只能用两段最小二乘法。

练习题 11.5 设我国的关于价格、消费、工资模型设定为

$$W_t = \alpha_1 + \alpha_2 I_t + u_{1t}$$

$$C_t = \beta_1 + \beta_2 I_t + \beta_3 W_t + u_{2t}$$

$$P_t = \gamma_1 + \gamma_2 I_t + \gamma_3 W_t + \gamma_4 C_t + u_{3t}$$

其中，I 为固定资产投资，W 为国有企业职工年平均工资，C 为居民消费水平指数，P 为价格指数，C，P 均以上一年为 100%，样本数据见表 11.5（教材表 11.6）。

表 11.5 样本数据

年份	全社会固定资产投资总额（I）/亿元	国有企业在岗职工平均工资(W)/元	居民消费水平环比指数(C)	价格环比指数（P）
1992	8080.1	2930	113.3	106.4
1993	13072.3	3593	108.4	114.7
1994	17042.1	4708	104.6	124.1
1995	20019.3	5663	107.8	117.1
1996	22913.5	6269	109.4	108.3
1997	24941.1	6647	104.5	102.8
1998	28406.2	7644	105.9	99.2
1999	29854.7	8350	108.3	98.6
2000	32917.7	9324	108.6	100.4
2001	37213.5	10619	105.7	100.7
2002	43499.9	12109	106.5	99.2
2003	55566.6	14028	106.5	101.2
2004	70477.4	16336	107.4	103.9
2005	88773.6	19069	107.9	101.8
2006	109998.2	22246	109.6	101.5
2007	137323.9	26284	110.2	104.8

资料来源：国家统计局网站

1）该方程组是否可识别?

2）选用适当的方法估计模型的未知参数?

【练习题 11.5 参考解答】

1）由于该方程组为递归模型，而递归模型并非真正意义下的联立方程组模型。因而淡化它的识别性判断。事实上，该方程组模型中除第一个方程为恰好识别外，其余两个方程均是不可识别。

2）直接利用 OLS 进行估计，结果如下：

$$\hat{W}_t = 2498.562 + 0.183545I_t$$

$$\hat{C}_t = 109.5245 + 0.00018I_t - 0.000918W_t$$

$$\hat{P}_t = 224.1255 + 0.000931I_t - 0.005376W_t - 0.95397C_t$$

第十二章

“实证项目的计量经济研究”学习辅导

一、本章基本内容

（一）基本内容

第十二章实证项目的计量经济研究的基本内容见图 12.1。

（二）本章的教学目标

前面各章从方法论上讨论的计量经济学的基本理论和方法，都是从对实际经济问题的计量研究中提出来的，这些理论方法之所以具有生命力，完全在于能够用于对实际经济问题的分析。运用计量经济学的基本理论和方法对实际经济管理问题作计量研究，是学习计量经济学的根本目的，也是计量经济学重要的教学环节。计量经济学的应用领域十分广泛，应用研究的方法也多种多样，不可能在教材中一一列举，但是如何运用计量经济方法去作实证项目研究，还是有某些规律可循的。

现在，很多计量经济学教材都有“计量经济学应用”的内容，常介绍一些宏观和微观计量经济模型。但从教学实践看，这部分内容难以讲好，教学效果并不理想。我们将这方面的教学改革为实施计量经济学课程论文。课程论文是让学生运用所学的理论与方法，对实际的经济或管理问题作一些具体的计量经济实证研究，通过实证项目自己去体验计量经济方法的实际应用。课程论文已成为计量经济学实践性教学的重要方式和必要环节。但是，对于多数计量经济学的初学者来说，以实证项目研究为内容的计量经济学课程论文，往往不知该从何处着手。本章以完成计量经济学课程论文为例，对实证项目的计量经济研究的构成要素、基本步骤等提出一些建议，包括实证项目计量经济研究的一般原则和常用方法、研

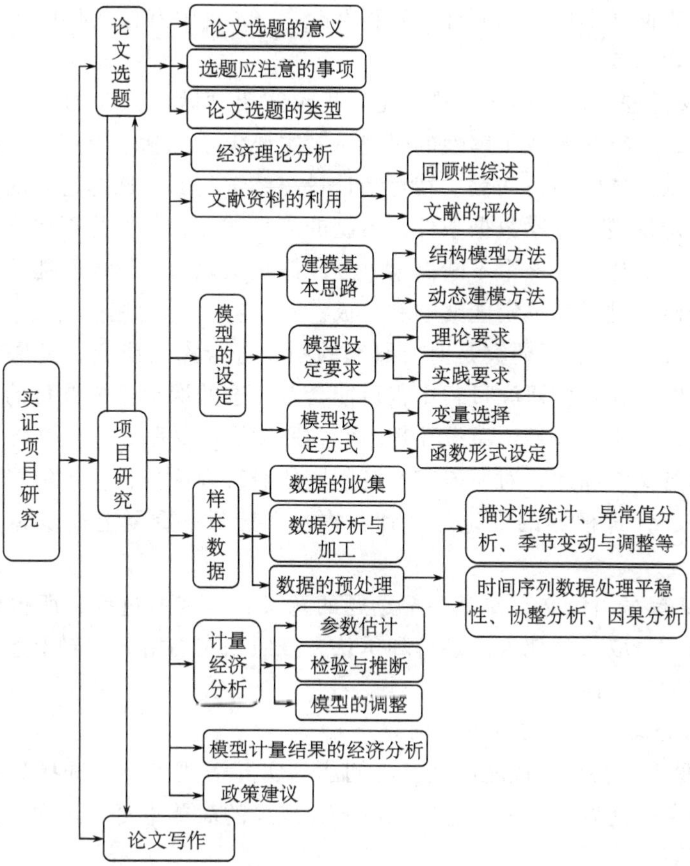

图 12.1　第十二章基本内容

究项目选题、文献综述与评价、数据搜集与预处理、计量经济建模分析技术，以及课程论文写作等。

本章的教学目标是，通过课程论文教学，基本熟悉实证项目计量经济研究的基本步骤和构成要素；在实践中更深刻理解计量经济的思想和方法；通过实践进一步熟悉计量经济软件的使用；全面训练和提高运用计量经济学理论方法分析问题与解决实际问题的能力和素质。应当强调的是，对实际经济问题计量研究的方式并不是唯一的，也不存在万能的统一模式，只有具体实践才是学习实证项目计量经济研究的最好途径。

二、重点与难点分析

1. 对课程论文的整体认识

一般而言，完成课程论文需要经历论文选题、项目研究和论文写作三个阶段，而这三方面又不可截然分开，是相互交叉、“我中有你，你中有我”的。课程论文的流程主要包括：

1）论文选题。选题的实质是确定课程论文要“做什么”的问题；是对欲研究的实际问题进行初步或了解性的研究。其主要包括：基本思路、文献准备、明确要解决什么具体的经济问题、转化为计量经济学问题、选择适当的计量分析方法、初步设定模型、探索数据条件、模型的初步试算、分析能否得出有意义的结论。课程论文的选题是一个不断探索、逐步深化认识的过程，不能认为一旦题目选定，整个研究过程就一定能够顺利完成。

2）项目研究。项目研究是对所研究的问题进行深入研究，是课程论文的主体部分，同时，在具体研究过程中很可能会对所选的课程论文题目的方向和侧重点进行修正。其主要包括：系统梳理、归纳所浏览的文献，重点从评价与再研究的角度，进行文献综述；对所研究经济问题的经济理论分析；被解释变量和解释变量的选择；计量模型的设定、估计、检验、推断；重复上述步骤，直到满意为止。

3）论文撰写。论文写作是要把选题的意义、研究的过程、所得到的结论充分表现出来，争取得到他人的理解和承认。按照相应的格式，对上述工作和过程进行文字描述与总结。

2. 课程论文选题应当注意的问题

1）选题要有意义。选题应从经济问题的实际需要出发，选择具有理论意义或是实践意义的问题，不能只是对已有研究成果的简单重复，选题要力图有所创新或者有新意。

2）选题要注意量力而行。课程论文的选题应从自己的知识结构和客观实际两个方面量力而行。例如，关于“中国省际贸易活动对新兴区域经济增长效应的动态分析”的课程论文，虽然很有意义，但从计量经济学方法上看，将会涉及动态面板数据建模技术，这些计量经济学的理论方法超出了本科计量经济学课程的要求，并不适宜作为本科课程论文的选题。此外还要充分考虑数据来源、完成时间等方面的条件。

对实际经济问题的计量研究，可分为关于经济理论验证方面的研究和关于经济实证应用分析方面的研究。前者是对某些已有的观点、理论、命题等，采用定量分析的手段进行具体验证，看这些理论是否符合观测到的现实。如果对理论结论有争议，可以通过实际数据验证理论的正确性。但是若是本来就没有争议的理论结论，其验证研究的意义并不大。后者是针对现实经济问题，运用计量经济分析方法去发现新的结论，或者去阐释自己的新观点。例如：①已有定性的研究，但缺乏数量规律的结论，虽然别人已经作过理论研究，但缺乏具体的数量概念和界线；②已有定量的研究，但所论证的数量规律有缺陷，结论并不理想，还有某些问题没有解决；③有的定量研究的研究方式过于复杂，可以加以简化。在可以解决和说明问题的前提下，方法越简明越好，不是更为复杂才好；④或者需要对未来的发展趋势作出定量的预测分析。

3. 对文献资料综述与评价的认识

项目研究的主要工作包括：经济理论分析、文献资料的综述与评价、模型的设定、数据收集与处理、计量经济分析、模型计量结果的经济分析、政策建议等内容。对于本科教学来说，文献综述和评价是其中较为重要而困难的环节。

文献综述的目的是了解该问题研究的现状和发展前沿，充分借鉴他人的研究成果，以“站在巨人的肩膀上”。文献综述是为自己的研究服务的，因此要注重文献的分析整理和评价。文献综述包括对经济问题研究的综述和对所用数量分析方法的综述两个方面。对文献的评价通常可从理论和方法两个方面展开。在理论方面主要是对理论的前提、理论命题或立论的准确性、论证推理的逻辑性等方面进行评价。在方法方面主要考证方法的假设条件、应用范围、应用对象以及实证衡量标准等。对文献的评价具有相当难度，需要综合运用所学知识和社会实践经验，对相关文献的现有研究成果给出自己的判定和评价，指出现有研究成果中存在的不足，发现其他尚未涉足的研究领域和内容。对相关文献的评价是一种基本的训练，也有利于发现实证研究项目可能的创新之处。

文献综述与评价中一些容易出现的问题：

1）“简单罗列性综述”。对相关文献不加以分类整理，只是按照时间顺序或作者对文献进行简单地罗列，流水账式地记录。这种综述不能清晰地看出别人已经解决了什么问题，还有什么问题需要去解决。

2）“为了综述而综述”。文献综述与课程论文的研究没有多少关联，仅是为了综述而综述，没有从文献中挖掘出与自己论文有关的更有价值的东西。

3）“只述不评的综述”。这是最不提倡的文献综述方式。对文献的评价主要着重于：现有研究成果的长处、现有研究成果存在的不足、其他尚未涉及的研究领域和内容、通过评价发现自己可能的创新之处。

4. 关于数据的处理

计量经济学课程论文离不开数据。样本数据是实际经济活动事实的表现，在计量经济学研究这个实验室中，也可视为一次抽样的实现，是我们发现真理和检验真理的依据。最基本的数据来源包括各种统计年鉴、月报、季报等，一些信息类的报刊、网络也经常提供经济数据。当无法获得公众信息数据时，则需专门组织调查或委托专业调查机构调查获取数据。

计量经济研究所用的数据大多都不是别人专门为此项研究而准备的，而是从各种渠道获取的既有数据，因此切忌不加分析就直接应用，通常要对数据进行必要的分析和加工。对数据的分析与加工，着重考查所采用的数据与自己研究中所选变量的定义是否相符合，着重分析这些数据的内涵、数据包含的范围、数据的计算方法、数据所说明的问题、与其他数据的依存关系等，力求保证所采用的数据与选定变量的代表性和统计意义的一致性。同时，以价值量表现的数据，通常应剔除价格因素的影响，或是采用可比价格的数据。

数据的预处理：在使用数据估计模型之前，对数据进行一些初步检查和分析，初步把握样本数据的一些统计特征，为建立和调整模型提供某些有价值的信息。预处理的方法包括：描述性统计、异常值分析、季节性变动与季节调整、消除价格因素、平稳性检验、协整分析、因果关系分析等。

如果经济变量采用的是时间序列数据，为了避免“伪回归”，需要对变量的平稳性进行单位根检验。若为平稳性时间序列，则可采用 ARMA 类模型设定，运用 OLS 估计模型；若为非平稳性序列，则应进行协整分析，若存在协整关系，才说明变量之间存在长期稳定的关系。对变量的平稳性检验和对变量之间的协整检验，是利用时间序列变量建立计量经济模型的基本思路和条件。

5. 关于对模型计量结果的经济分析

建立计量经济模型的目的可概括为经济结构分析、经济预测、政策评价、理论验证等方面。其中经济结构分析是经济预测和政策评价的基础，所谓经济结构分析主要是分析由参数所体现的变量间的数量规律性。对计量经济模型估计检验结果的经济分析应着重于：①按规范格式报告回归分析计算的结果，分析和评价模型所表现出的经济结构；②分析和评价所估计的参数数值及符号的经济意义，以及对假设检验结果及经济意义的解释；③从边际分析、弹性分析等比较静态的分析角度，对回归系数的经济意义进行说明，以及关于模型解释力度的讨论等。重点陈述所得结果的特征，与建模前对所研究问题的若干假设和预期值进行比较，对出现的意外结果给出相应的解释。对模型计量结论的经济学解读，是如何从经济理论上对所设定的模型、变量进行合理的说明，以表明对所研究的经济问题的数量解释的合理性和特色，这是实证项目计量经济研究所必需的。

6. 关于政策建议

实证项目研究的课程论文不一定都要有政策建议，但是对那些以政策评价、结构性分析以及调查性研究为主体的课程论文，应当有必要的政策建议。政策建议一定要有根有据，要有针对性。政策建议要以计量经济分析的结果为依据，切忌泛泛而谈，要与论文开始提出的所研究的问题相呼应；切忌与前面的计量结果脱节，否则计量分析将变得无意义了。政策建议需要把握全局，注重新颖性，若只是得出一些一般化的结论或建议，或者不进行数量分析也能得出的结论和政策建议，或者是本来就没有争议的“人人皆知”的结论，就会使计量经济分析的论文失去意义。

第十三章

EViews基本操作

一、预备知识

（一）什么是EViews

EViews软件是QMS（Quantitative Micro Software）公司开发的、基于Windows平台的应用软件，其前身是DOS操作系统下的TSP软件。EViews具有现代Windows软件可视化操作的优良性。可以使用鼠标对标准的Windows菜单和对话框进行操作。操作结果出现在窗口中并能采用标准的Windows技术对操作结果进行处理。EViews还拥有强大的命令功能和批处理语言功能。在EViews的命令行中输入、编辑和执行命令。在程序文件中建立和存储命令，以便在后续的研究项目中使用这些程序。

EViews是Econometric Views的缩写，通常称为计量经济学软件包，是专门从事数据分析、回归分析和预测的工具，在科学数据分析与评价、金融分析、经济预测、销售预测和成本分析等领域应用非常广泛。

应用领域如下：

- 应用经济计量学
- 总体经济的研究和预测
- 销售预测
- 财务分析
- 成本分析和预测
- 蒙特卡罗模拟
- 经济模型的估计和仿真
- 利率与外汇预测

EViews引入了流行的对象概念，操作灵活简便，可采用多种操作方式进行各种计量分析和统计分析，数据管理简单方便。其主要功能有：

1）采用统一的方式管理数据，通过对象、视图和过程实现对数据的各种操作；

2）输入、扩展和修改时间序列数据或截面数据，依据已有序列按任意复杂的公式生成新的序列；

3）计算描述统计量，包括相关系数、协方差、自相关系数、互相关系数和直方图；

4）进行 t 检验、方差分析、协整检验、Granger 因果检验；

5）执行普通最小二乘法、带有自回归校正的最小二乘法、两阶段最小二乘法和三阶段最小二乘法、非线性最小二乘法、广义矩估计法、ARCH 模型估计法等；

6）对选择模型进行 Probit、Logit 和 Gompit 估计；

7）对联立方程进行线性和非线性的估计；

8）估计和分析向量自回归系统；

9）多项式分布滞后模型的估计；

10）回归方程的预测；

11）模型的求解和模拟；

12）数据库管理；

13）与外部软件进行数据交换。

EViews 可用于回归分析与预测（regression and forecasting）、时间序列（time series）以及横截面数据（cross-sectional data）分析。与其他统计软件（如 Excel、SAS、SPSS）相比，EViews 的功能优势是回归分析与预测，其功能框架见表 13.1。

本章以 EViews5.1 版本为蓝本介绍该软件的使用。

表 13.1 EViews 功能框架

功能	具体描述
Descriptive Statistics 描述统计	Histogram and Statistics View of a Single Series Multiple Series（一个变量或多个变量的统计与图形） 图形包括线型图、条形图、多种散点图等；指标有均值、方差、偏度（Skewness）、峰度（Kurtosis）、Jarque-Bera Statistic（雅克-贝拉统计量）
	Correlogram View（相关分析） Autocorrelations（自相关）、Partial Autocorrelations（偏自相关）、Cross Correlation（交叉相关）、Q-Statistics（Q 统计量）等
Regression 回归	Standard Regression Output（标准回归输出） Regression Coefficients（回归系数）、t-Statistics（T 统计量）、R^2（判定系数）

续表

功能	具体描述
Regression 回归	Actual and Fitted Values and Residuals（实际值、拟合值、残差） Actual Values（实际值）、Fitted Values（拟合值）、Residuals（残差） Collinearity（共线性）、Heteroskedasticity（异方差性）、Weighted Least Squares（加权最小二乘法）、Two-Stage Least Squares（二段最小二乘法）、Polynomial Distributed Lags（多项式分布滞后）、Nonlinear Least Squares（非线性最小二乘法）、Logit and Probit Models（对数概率单位模型）、Granger Causality（葛兰杰因果检验）、Forecast Variances（预测方差）、Exponential Smoothing（指数平滑）等
Serial Correlation 序列相关	Durbin-Watson Statistic（德宾-沃森统计量） ARIMA Models（自回归求积移动平均模型） Unit Root Tests（单位根检验） Estimation of Difference Models（差分模型的估计） Two-Stage Least Squares With Serial Correlation（有自相关的二段最小二乘）
Systems 系统方法	System Estimation（系统估计法） Vector Autoregression（VAR 向量自回归） Vector Error Correction Models and Cointegration Tests（向量误差校正模型与协整检验）等
Specification and Diagnostic Tests 模型设定与诊断检验	Test on Coefficient（对系数的检验） Wald Test of Coefficient Restriction（Wald 检验）、Omitted Variable（遗漏变量的检验）、Redundant Variable（冗余的检验）等 Tests on Residuals（对残差的检验） Histogram and Normality Test（相关图与正态性检验）、Series Correlation LM Test（拉格朗日乘数检验）、White Hereoskedasticity Test（怀特检验）等 Specification and Stability Tests（模型设定与稳定性检验），如 Chow's Breakpoint Test（邹氏检验）、Ramsey's RESET Test（拉姆齐 RESET 检验） Recursive Least Squares（递归最小二乘）

（二）EViews 安装

打开 EViews5 文件所在文件夹，点击 Setup 安装，安装过程与其他软件安装类似。安装完毕后，电脑桌面和文件安装位置都有 EViews5 图标。双击 EViews5 图标即可启动该软件，如图 13.1 所示。

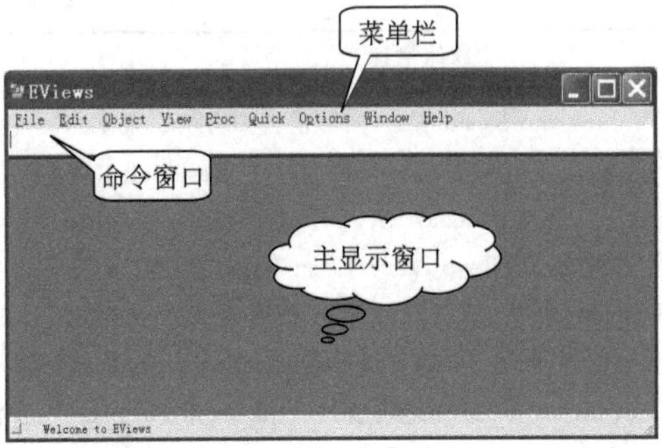

图 13.1

(三) EViews 工作特点

1) EViews 软件的具体操作是在 Workfile 中进行。如果想用 EViews 进行某项具体的操作，必须先新建一个 Workfile 或打开一个已经存在硬盘（或软盘）上的 Workfile，然后才能够进行定义变量、输入数据、建造模型等操作；

2) EViews 处理的对象及运行结果都称为对象（Object），如序列（Series）、方程（Equation）、如表格（Spreadsheet）、图（Graph）、描述统计（Descriptive Statistics）、模型（Models）、系数（Coefficients）等 Object，可以用不同形式查看（View）Object，比如表格（Spreadsheet）、图（Graph）、描述统计（Descriptive Statistics）等，但这些查看（View）结果不是独立的 Object，他们随原变量序列的改变而改变。如果想将某个查看（View）结果转换成一个独立的 Object，可使用 Freeze 命令将该结果“冻结”，从而形成一个独立的 Object，然后可对其进行编辑或存储。

3) EViews 中建立的 Object 的命名不区分大小写，其中 c、resid 为参数向量和残差序列两 Object 的专用名称，不能用来对其他对象命名。

(四) 一个示例

在这里，我们通过一个简单的回归分析例子来显示一个 EViews 过程，不对 EViews 的详细功能展开讨论，目的是使读者先对 EViews 有个概括了解。该例子是四川省人均可支配收入与人均年消费支出的数量关系分析（数据见表 13.2），共分 9 步。

表 13.2 人均可支配收入与人均年消费支出数据 （单位：元）

年份	人均年消费支出（Y）	人均可支配收入（X）
1978	314	338
1979	340	369
1980	364	391
1981	396	412
1982	407	445

续表

年份	人均年消费支出（Y）	人均可支配收入（X）
1983	457	493
1984	517	581
1985	680	695
1986	787	849
1987	889	948
1988	1086	1130
1989	1184	1349
1990	1281	1490
1991	1488	1691
1992	1651	1989
1993	2034	2408
1994	2806	3297
1995	3429	4003
1996	3733	4406
1997	4093	4763
1998	4383	5127

设定模型为

$$Y_t = \alpha + \beta X_t + u_t$$

步骤 1　启动程序

双击桌面上的EViews快捷图标，打开EViews（图13.1）。

步骤 2　建立 Workfile

点击EViews主窗口顶部命令菜单file \ new \ Workfile（图13.2），弹出Workfile Create对话框（图13.3）。在右边frequency下拉菜单中可选数据类型，Annual为默认的数据类型。因为这次数据是年度时间序列数据（1978～1998年的年度数据），故不需作调整（若是别的数据类型则需另选相应选项）。在Start和End的文本框中分别输入1978和1998，在右下角文本框中输入新建的这个Workfile的名字，如shili。点击OK，出现图13.4画面，Workfile建立完毕。

此时可以看到Workfile中有两个默认的对象，名称分别为c、resid，分别为参数估计值向量和残差序列。在作回归估计之前，向量c的每个元素的值都为0，残差序列的每个值为NA，表示还没有赋值。以后每作一次回归估计，c和resid就会被重新赋值（被分别赋予最新回归估计的参数估计值向量和残差序列）。

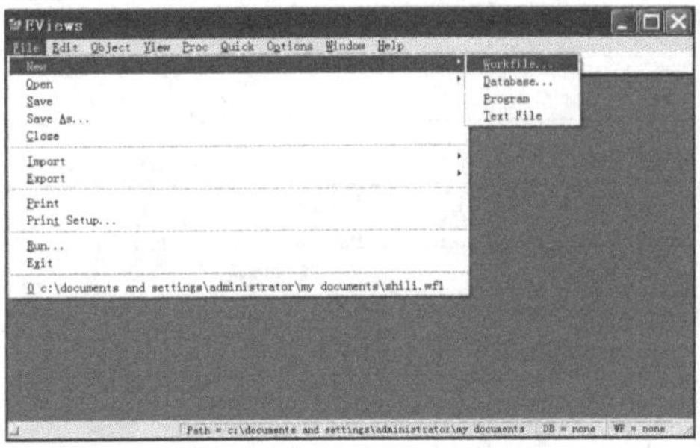

图 13.2

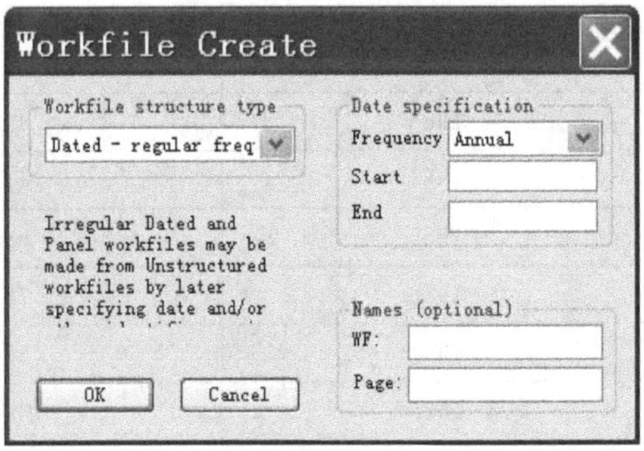

图 13.3

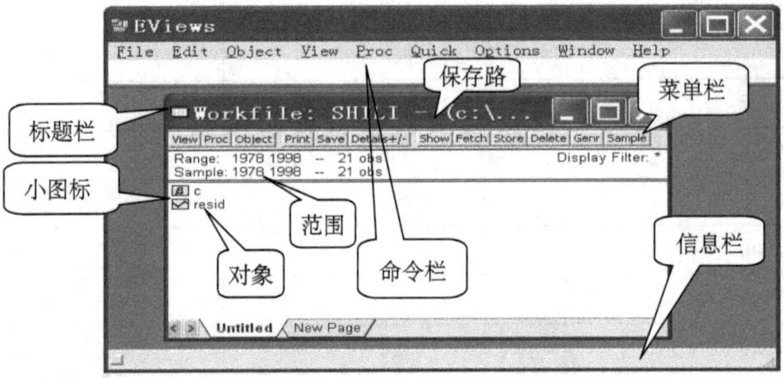

图 13.4

步骤 3　新建 Object，用以录入数据

方法一：新建 Group 对象（如 g1）。

点击 EViews 主窗口顶部菜单命令 Object \ New Object 或者 Workfile 上面的菜单命令 Object ，弹出 New Object 对话框（图 13.5），在 Type of Object 中选择 Group 类型，然后在右边文本框中为新建的 group 对象（Object）命名，比如为 g1，然后点击 OK，弹出一个表格形式的 Group 对话框（图 13.6），同时在 Workfile 中出现了新建的这个 group 对象 g1。在 g1 对话框的 obs 栏可输入多个序列对象名并在表格中录入这些序列的数据。

方法二：新建序列对象（如 Y、X）

建立序列对象方法同方法一，不同之处仅在于选择对象类型时，不是选 Group，而是选 Series。序列对象建立后，可以直接在序列对象中录入数据。

步骤 4　录入数据

对应步骤 3 中方法一：在 Group 对象（g1）表格中录入数据。

图 13.5

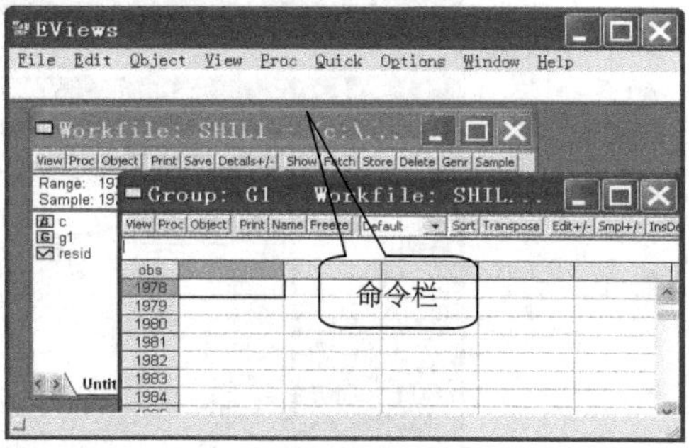

图 13.6

1）将图 13.6 表格右端的滑块拖到顶端，这时看到表格左侧出现两个 obs。

2）建立序列对象 Y：点击 g1 表格中第一列顶部的灰色条（第一个 obs 右侧），该列全部变蓝（图 13.7），输入变量名 Y，回车，出现图 13.8 所示的对话框，点 OK 即可。如此便建立了序列 Y（这时可在 Workfile 中发现多了一个序列 Y），不过此时还没有给序列对象 Y 赋值（即录入数据），序列 Y 中每个年度的值现在都为 NA（图 13.9）。

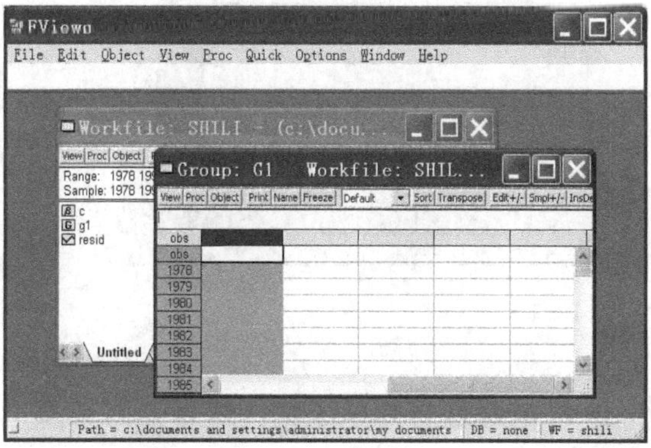

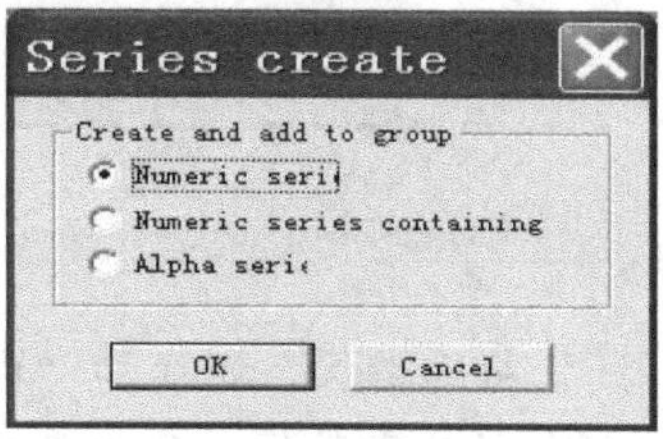

图 13.7　　　　图 13.8

3）录入数据：在 g1 数据表格中 Y 所在列录入序列 Y 的各年观测值。

仿上可在 g1 第二列建立序列 X（人均可支配收入），并录入各年人均可支配收入 X。

这样便在 g1 中定义了两个序列对象（Y、X）并录入了数据，结果如图 13.10 所示。

对应步骤 3 中方法二：直接生成序列对象（Y、X）并直接在其中录入数据。

双击 Workfile 中序列对象 Y，点击序列对象 Y 的数据表上菜单命令 edit +

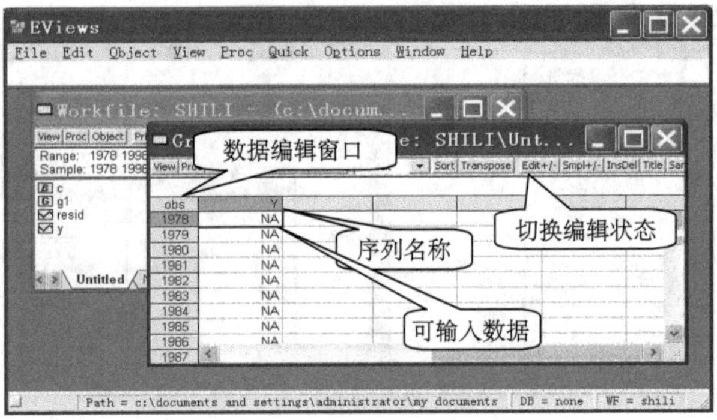

图 13.9

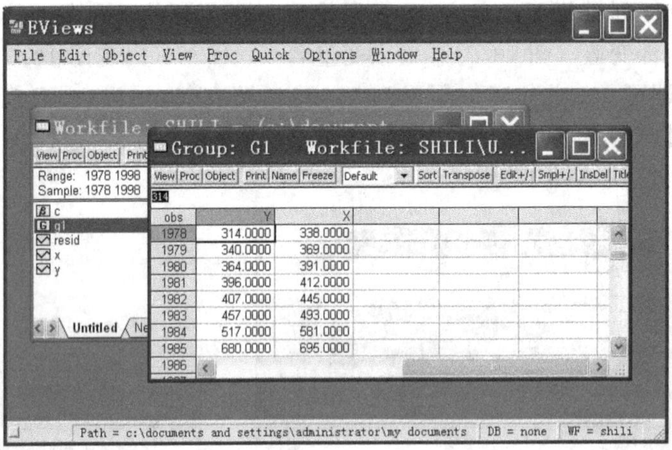

图 13.10

\－，将编辑状态切换为“可编辑”，然后在其单元格中录入数据。同样办法，录入序列 X 的数据。

注意，无论是在 g1 中，还是在 Y、X 中录入数据，在录入之后，最好再次点击数据表上菜单命令 edit ＋\－，把编辑状态切换回“不可编辑”。

步骤 5 查看对象（View）

使用 g1 对话框命令菜单 view 可以用多种形式查看数据和对数据作一些统计、检验等。下面举例用线性图查看 X 和 Y 的数据：双击打开 g1 表格形式，点击 g1 表格上菜单命令 View \ Graph，出现一个下拉菜单，选择 Line（图 13.11）。点击 Line 即可看见序列 X、Y 的线性图（图 13.12）。

步骤 6 保存对象查看的结果

前面提到，这些查看结果不是独立的对象，只是原对象的另外一种展现形式

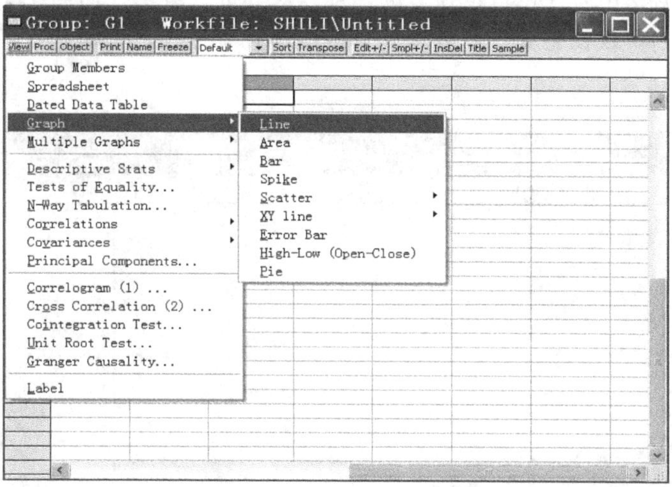

图 13.11

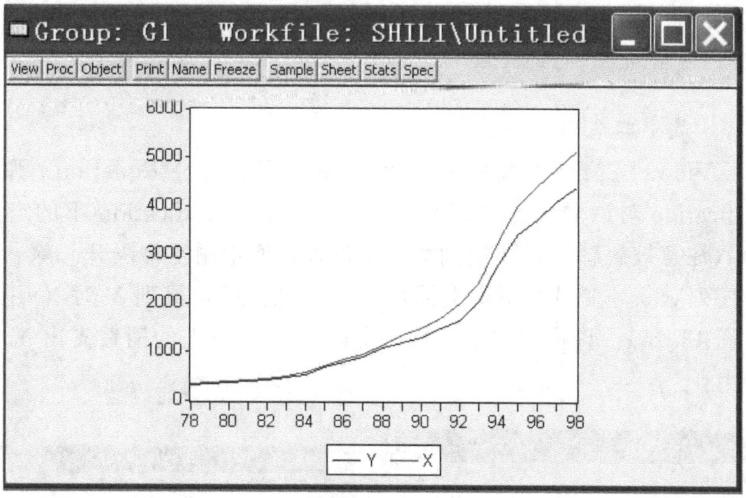

图 13.12

而已。若需保存这个展现形式，可以用 freeze 命令把它“冻结”起来。点击图 13.12 中菜单命令 Freeze，弹出 X 和 Y 的图形对象，如图 13.13 所示。点图形对象 Untitled 顶部菜单命令 Name，会弹出一个命名的对话框，在框中给该图形命名（默认为 Graph01，也可取别的名字），点 OK，就将新对象命名且保存在 Workfile 中（在 Workfile 中可以看到新出现了一个图形对象 graph01）。图 13.13 与图 13.12 不同在于，图 13.13 是一个 Graph 类型的 Object，该线性图不随 Y、X 数据变化而变化，是独立的，可以对其进行编辑；而图 13.12 是 Group 类型的 Object，仅仅是 Y、X 数据的一种图形查看形式，它随着 Y、X 数据变化而变化。

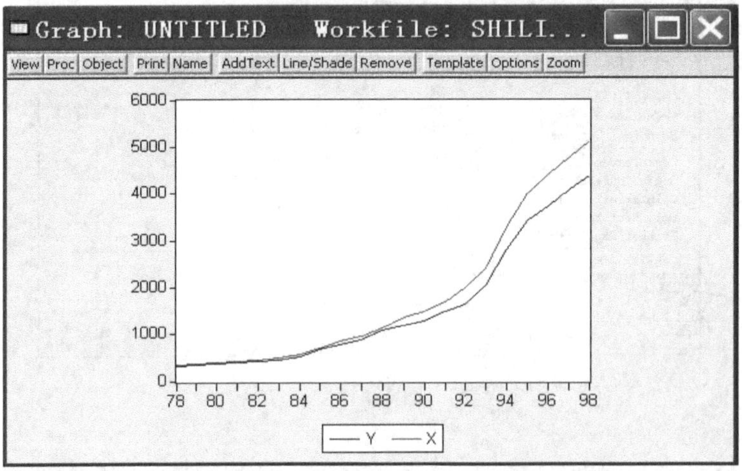

图 13.13

步骤 7 最小二乘回归分析

点击 EViews 主窗口上菜单命令的 Quick \ Estimate Equation，弹出 Equation Specification 对话框（图 13.14），在 Equation specification 下的空框中输入 Y C X（注意被解释变量要放到第一个位置，变量用空格隔开。除 c 外，其他变量须为序列对象，变量均不带下标），点击“确定”，得到 Y 对 X 回归模型估计结果（图 13.15）。该模型说明人均可支配收入 X 对人均消费支出 Y 具有较强的解释能力。

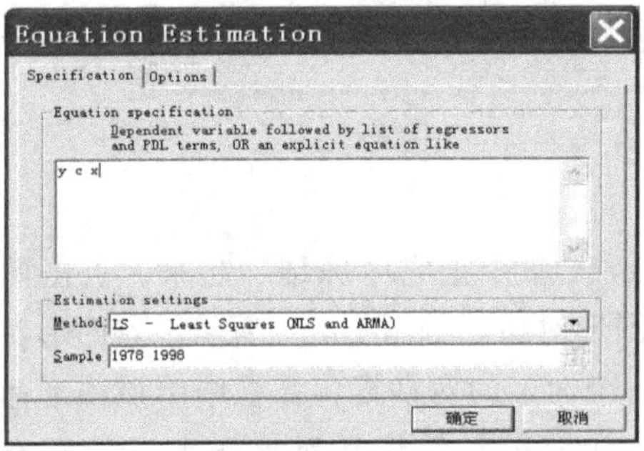

图 13.14

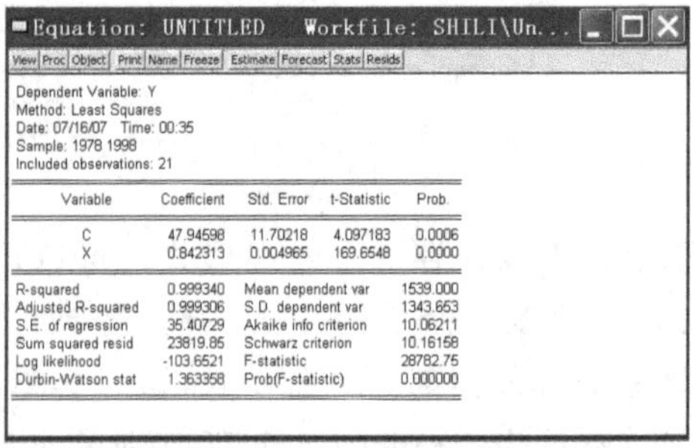

图 13.15

若需要保留回归结果，可直接点击图 13.15 顶部菜单命令 Name，在弹出的对话框中键入保存名称（为此 Equation 对象命名），点 OK 即可。

步骤 8　从图形的角度来查看一下模型的拟合情况

点击上 Equation 对话框中顶部菜单命令 View \ Actual Fitted Residual \ Actual Fitted Residua Graph ，Equation 对话框变成如图 13.16 形式，图形显示模型的拟合效果很好。

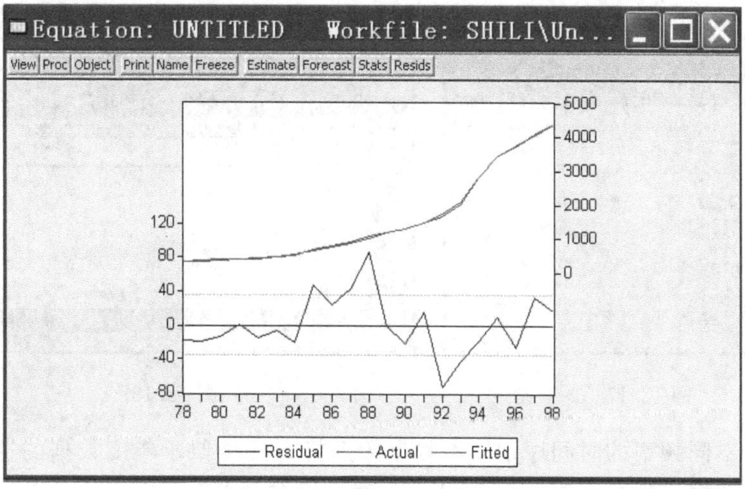

图 13.16

步骤 9　保存

点击 EViews 主窗口菜单命令：File \ save（保存）或者 File \ save as（另存），在弹出的对话框中设定保存路径和文件名后，点 save 即可（最好用英文文件名，以免出错）。

二、EViews 的基本操作

（一）Workfile（工作文件）

Workfile 就像你的一个桌面，上面放有许多 Object，在使用 EViews 时首先应该打开该桌面，如果想永久保留 Workfile 及其中的内容，关机时必须将该 Workfile 存盘，否则会丢失。

1. 创建一个新的 Workfile

打开 EViews 后，点击 File \ New \ Workfile，弹出一个 Workfile Create 对话框（图 13.17）。该对话框是定义 Workfile 的频率等内容。该频率是用于界定样本数据的类型，其中包括时序数据、截面数据、Panel Data 等。选择与所用样本数据相适应的频率。例如，样本数据是年度数据，则选择年度（Annual），相应的 Object 也是年度数据，且 Object 数据范围小于等于 Workfile 的范围。若我们的样本数据为 1978～1998 年的年度数据，则选择的频率为年度数据（Annual），接着再在起始时间（Start）和终止时间（End）两项选择项中分别键入 1970、1998，然后点击 OK，就建立了一个时间频率为年度数据的 Workfile（图 13.18）。

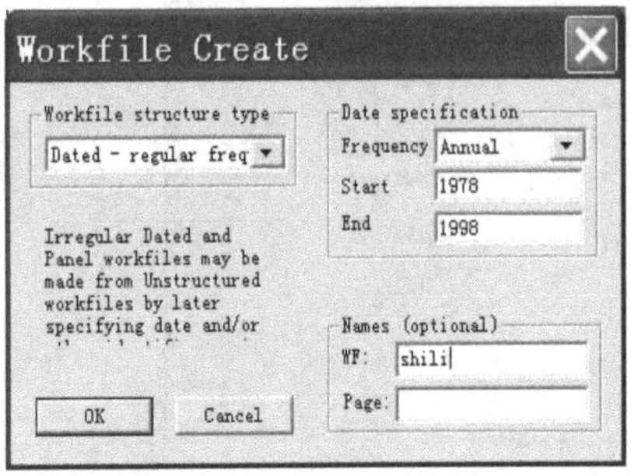

图 13.17

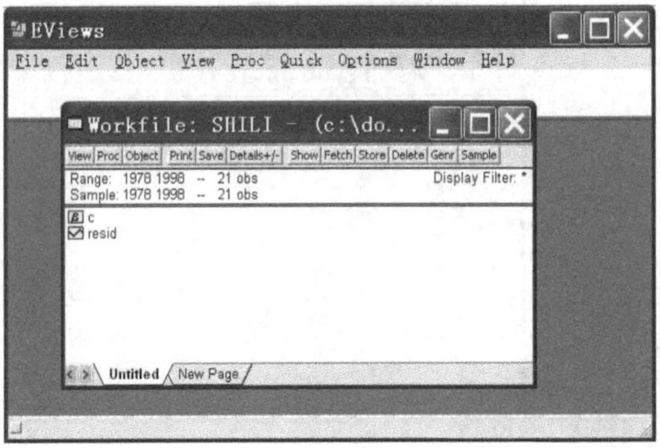

图 13.18

其他不同频率的时间序列样本数据的选择方法类似于年度数据的选择方法，对于截面数据，则是在 Workfile Create 对话框左侧 Workfile structure type 栏中选择 Unstructure/Undated 选项，在右侧 Date Range 中填入样本个数。

在 Workfile 窗口顶部，有一些主要的菜单命令，使用这些菜单命令可以查看 Object、改变样本范围（Range）、存取 Object、生成新的 Object 等操作，这些命令和 EViews 主窗口上的菜单命令功能相同。稍后我们会详细介绍其功能。

在新建的 Workfile 中已经默认存在两个 Object，即 c 和 resid。c 是系数向量、resid 是残差序列，当估计完一个模型后，该模型的系数、残差就分别保存在 c 和 resid 中。

Workfile 窗口中主要菜单命令介绍

下面我们以已经包含 X（人均可支配收入）与 Y（人均可支配支出）的 Workfile 为例来说明 Workfile 窗口中主要命令的功能（图 13.19）。

View（查看）

该命令与 EViews 主窗口顶部的 View 功能是一样的，功能是显示所选的 Object。例如，选定图 13.19 中的 X，然后点击 View \ Open Selected \ One Window ，则弹出显示 X 值的窗口。View 的这一功能与双击 X 效果是一样的。

Procs（处理）

Procs 命令包含设置 sample（样本）范围和筛选条件来选择样本、change

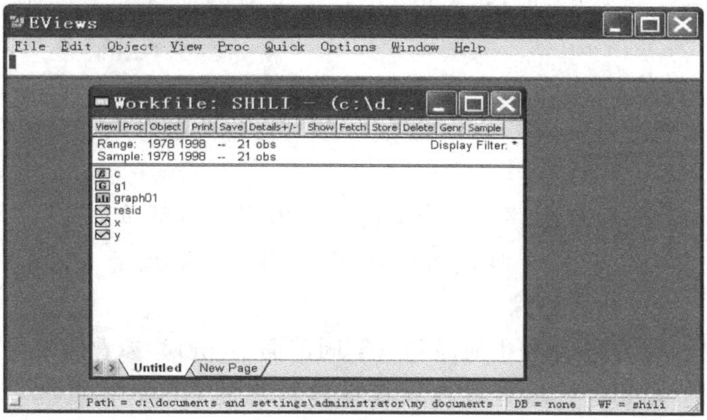

图 13.19

Workfile Range（改变工作簿范围）、import（导入数据）、export（导出数据）等功能。在 Workfile 窗口菜单命令最右端有单独列出 sample 命令。

Sample（样本）的功能

可用于改变样本的范围，但不能超过工作簿范围（Workfile Range）。如果样本范围需要超过工作簿范围，先修改工作簿范围，然后再改变样本范围。

点击 proc \ sample \ OK，弹出一个对话框（图 13.20），默认为@all（全部样本）。若只需要选择 1980～1990 年的样本，可在上面空白处键入新的样本范围 1980 和 1990，注意中间要空格，点击 OK，这样样本范围改变了。

Structure \ Resize Current Page（改变工作簿范围）功能是改变当前 Workfile 的范围，其操作与样本范围的改变相似。一般是在模型建好后，外推预测时需要改变样本或工作簿范围。

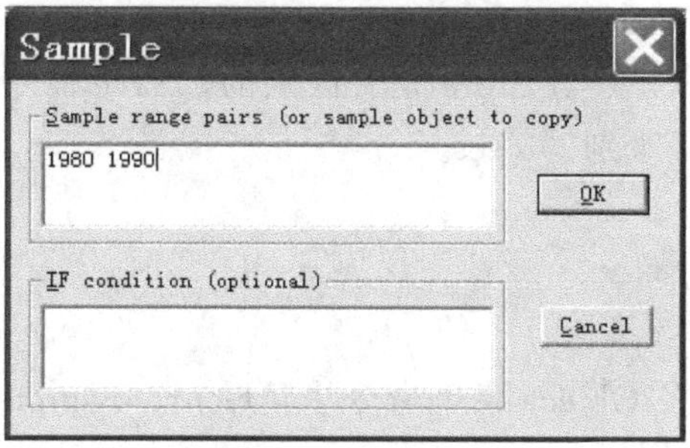

图 13.20

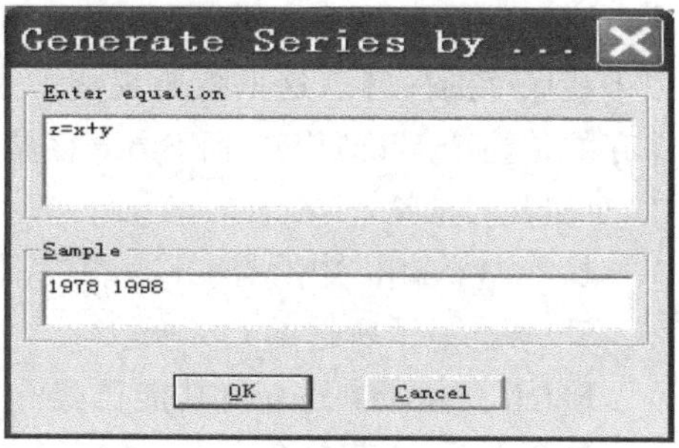

图 13.21

Genr 功能是在现有序列对象（变量）的基础上，生成新的序列对象（变量）。点击 Workfile 窗口顶部的 Genr，弹出一个对话框（图 13.21），键入要生成的变量公式，如 $z=x+y$，点击 OK，一个新的变量（序列对象）z 出现在 Workfile 中。

Object（对象）

该菜单命令主要是对 Object 进行操作，包括新建对象、新建序列、存取、删除、重新命名、复制等。

点击 Workfile 窗口上菜单命令 Object，出现下拉菜单，菜单中包含很多功能，其中一些功能以命令形式出现在 Workfile 窗口顶部，如 fetch（取出）、store（存储）、delete（删除）。

1）新建一个 Object 和生成序列（等同前面 Genr），参看前面内容。

2）fetch：取出一个已经存在硬盘或软盘上的 Object。点击 Object \ fetch from DB \ OK 或直接点击 Workfile 窗口顶部的 fetch 命令，然后按其要求给出路径及 Object 名字。

3）store：将 Workfile 中的 Object 单独存放于硬盘或软盘。

4）delete：删除 Workfile 中的 Object。操作：点击要删除的 Object，再点击 delete 按钮。

5）copy：复制一个或多个 Object。

Object 命令菜单部分功能可利用鼠标右键来完成。例如，选中 X，然后点击右键，出现一命令菜单来完成对对象的多种操作，如右键中的 copy 命令可以将该 Workfile 中的 Object 粘贴到其他 Workfile 或 Word 文档中。右键功能很方便，建议多使用。

Save（保存）

功能是将当前 Workfile 保存在硬盘或软盘。如果是新建的 Workfile，会弹出一个对话框，需要指明存放的位置及文件名。如果是原有的 Workfile，不会出现对话框，点击 Save，作用是随时保存该 Workfile。

建议在使用 EViews 时，应经常点击 Save 命令，避免电脑出现故障，而丢失未能保存的内容。这里需要提醒的是，Save 与 Store 是有区别的。Save 命令保存的是整个 Workfile，而 Store 存储的是个别 Object。

Lable（标签）

显示 Workfile 中所有 Object 的完成时间。

Show：显示所选的 Object。

Fetch、Store、Delete 功能已经包含在 Object 菜单命令中，Genr、Sample 功能包含在 Proc 菜单命令中，前面已经介绍。

2. 打开已经存在的 Workfile

双击 EViews 图标，进入 EViews 主窗口。点击 File \ Open \ EViews Workfile，弹出对话框，给出要打开的 Workfile 所在路径及文件名，点击 OK，则所需的 Workfile 就被打开。

3. Workfile 频率的设定

当新建一个 Workfile 时，首先会弹出一个 Workfile Create 对话框（图 13.17）。该对话框可定义 Workfile 的频率，Workfile 的频率也就是其中的所有 Object 的频率。各种频率的输入方法如下：

1）Annual：直接输入年份如 1998，若是 20 世纪内，则可只输入年份的后两个字，如 98 表示 1998 年。Semi-Annual：格式与 Annual 一样。

2）Quarterly：年份全称或后两个字接冒号，再接季度，如 1992：1，表示 1992 年第一季度。注意冒号后面只能跟 1、2、3、4，分别表示 1、2、3、4 季度。

3）Monthly：年份全称或后两个字接冒号，再接月度序号，如 1990：1，99：10。

4）Daily：格式为“月：日：年”，如 9：2：2002 表示 2002 年 9 月 2 日。

5）Weekly：格式与 Daily 相似，也是“月度序号：日期：年份”，但这里的日期是某个星期的某一天，当给定起始日时，系统会自动推算终止日期。

（二）Object（对象）

EViews 为 Object 提供了新建、查看（View）、重命名等功能。

1. 新建 Object

在 Workfile 已经打开的前提下，点击 EViews 主窗口顶部的命令 Object \ New（或 Workfile 窗口中的 Object \ New）弹出一个 New Object 对话框（图 13.22）。该对话框显示了 14 个不同的 Object，从中选择所需类型，并左边文本框给其一个名字，点击 OK，一个新 Object 创建并就显示在 Workfile 中。

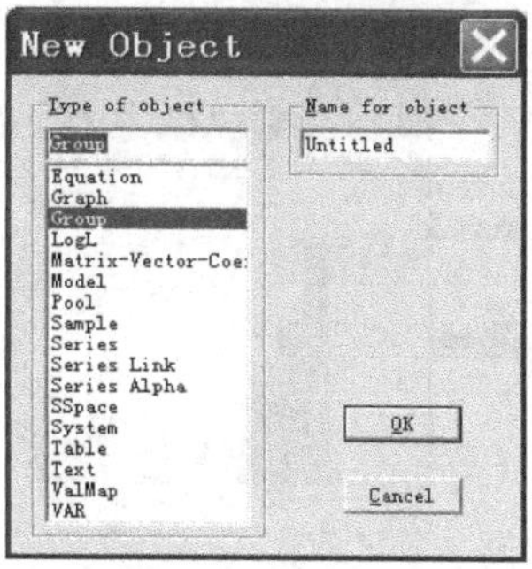

图 13.22

我们以 Series 和 Graph 两种 Object 为例来说明一般 Object 窗口常用命令的功能。其他形式的 Object 窗口顶部命令操作类似。

（1）Series 窗口

双击变量 X，打开其表格形式查看形式（图 13.23）。下面我们自左至右介绍其菜单命令。

View：我们发现在 EViews 主窗口顶部、Workfile 窗口、Object 窗口中都有该命令，他们的功能类似，都是提供查看功能，但包含具体内容又有差别。EViews 主窗口顶部的 View 命令和 Series 窗口中的 View 命令功能一样。

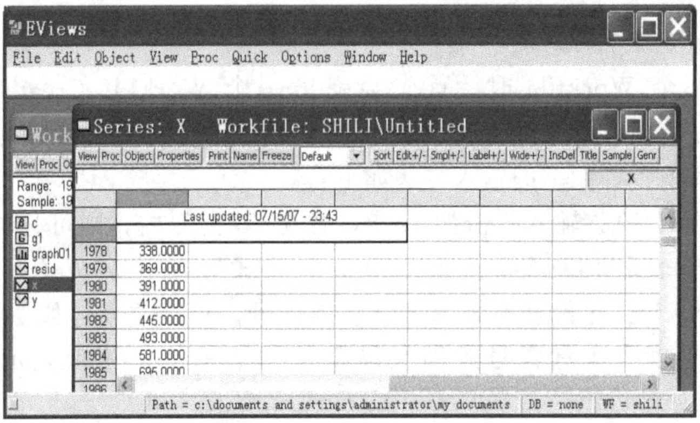

图 13.23

点击序列 X 表格上的 View，出现一个下拉菜单，该菜单命令可对 Object 有多种查看形式：Spreadsheet（表格）、Graph（绘制图形）Descriptive Statistics（描述统计）、Unit Root Test（单位根检验）等。

例如：点击 View \ Descriptive statistics \ Histogram and Stats，这样序列 X 的表格形式就转换成了描述统计的形式（图 13.24）。然后再点击 View \ spreadsheet \，直方图又变回表格形式（图 13.23）。

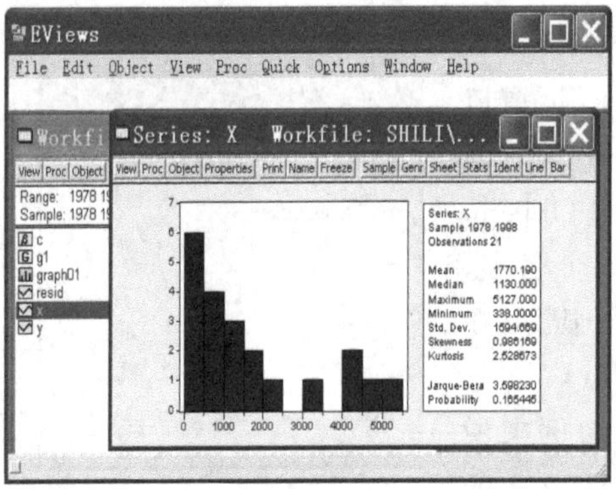

图 13.24

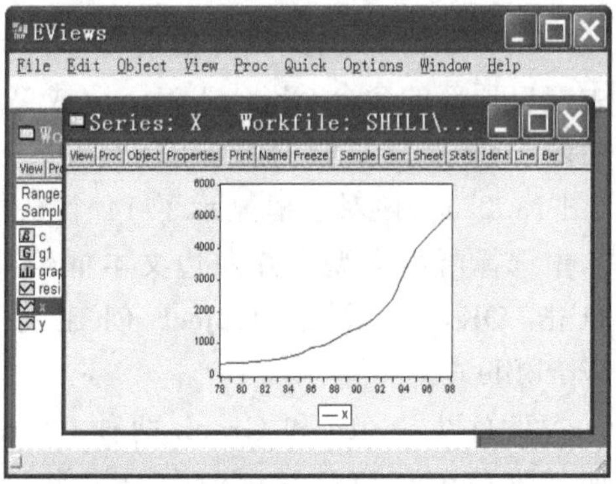

图 13.25

再点击 View \ Graph \ Line，序列 X 又转换成关于 X 的时序图的形式（图 13.25）。因此可以用不同方式浏览序列 X，但请注意不论是表格形式、还是直方图形式、时序图形式，每个图的最顶部仍然是标明“Series：X Workfile：SHILI \ ...”，意思是三种形式仍然是 Series 类型的 Object，而不是一个独立的 Object，他们会随着 X 值变化而变化。

对于 View 命令中其他功能的操作类似上述操作。

Procs：该命令中内含生成变量（generation by equation）、季节调整（seasonal adjustment）、指数平滑（exponential smoothing）、HP 滤波（Hodrick-prescott）等时序调整的方法。生成变量（generation by equation）与 Workfile 中的 generate 功能类似，是在现有变量基础上生成新的变量。建议采用 Workfile 中的 generate 功能来生成新变量。季节调整（seasonal adjustment）功能适用于季节数据与月度数据。

Object：该命令的功能与 Workfile、EViews 主窗口中的 Object 命令功能相似，这里不再详细介绍。

Prin：打印 X 序列内容。

Name：给当前 Object 命名或修改名字。这里需要提醒的是，如果想要将当前 Object 保存到 Workfile 中，就可使用 Name 命令。一个 Object 命名之后，其名字就出现在 Workfile 中，随 Workfile 的存取而永久保留。

Freeze：该命令将序列 X 当前的某种查看形式转换成为独立的 Object，前面已有介绍。

Edit＋\－：该命令功能是切换表格的输入状态，点击 Edit＋\－，表格处于可编辑状态，此时可输入数据、删除数据等操作，再次点击 Edit＋\－，则表格处于非编辑状态。

Smpl＋\－：该命令与 Wide＋\－是配对使用。点击 Smpl＋\－，数据以列的形式排列；再点击 Wide＋\－，数据以行的形式排列。

Lable＋\－：功能是控制表格顶部是否显示标签及标签是否可编辑。

InsDel：在数据中插入或删除数据命令。例如，点击 InsDel，弹出对话框，选择插入或删除即可。

Sample：该命令与 Workfile 中 Sample 命令功能一样，是改变样本范围。

Genr：该命令与 Workfile 中 Genr 命令功能一样，用于生成新的序列。

（2）Graph 窗口

前面我们谈到如何将序列转换成图形，这里详细介绍有关作图内容，并以时序图为例，其他图形操作类似。

1）画图：为了将某个序列画成图，双击 Workfile 中该序列的名字，打开序列表格形式的窗口。使用 View \ Graph \ Line，将序列转换成该序列的时序图，或 View \ Graph \ Bar 转换成直方图。此外，EViews 还可画散点图、饼图等。

EViews 可以同时画两个或多个序列图。按住 Ctrl 键选中多个序列，然后点右键 \ Open \ Group 打开表格查看形式的一个窗口，该窗口了显示多个序列。点击 View \ Graph \ Line 将多个序列转换成相应的时序图形式（图 13.26），不同序列以不同的彩色表示。

也可以将多个序列单独画图同时出现在一个窗口，点击 View \ Multiple

Graphs \ Line，这样画出每一个序列各自的时序图（图 13.27）。

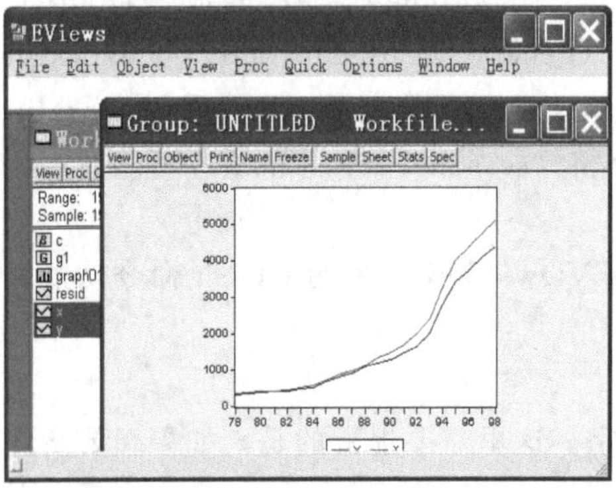

图 13.26

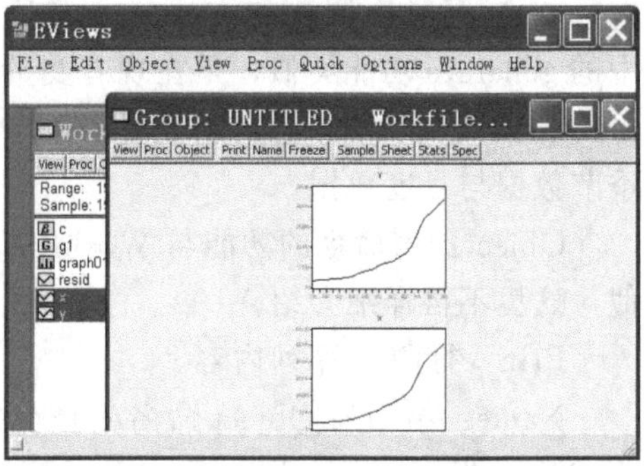

图 13.27

2）冻结图形（Freeze）：注意，将序列转换成图形后，该图型仍然是 Series 或 Group 类型的 Object，图形随原序列的改变而改变。点击 Freeze 命令，可形成一个独立的 Graph 类型的 Object，点击其顶部的 Name 命令，保存在 Workfile 中（详见前面有关叙述）。建议读者使用 Freeze 命令，形成独立的 Graph 类型的 Object 后再对图形进行编辑。

3）图形修饰：EViews 允许多种方式修饰图形。双击图形中任何部位就弹出图形参数对话框（图 13.28），利用这些参数可将图形修改成符合需要的图形。

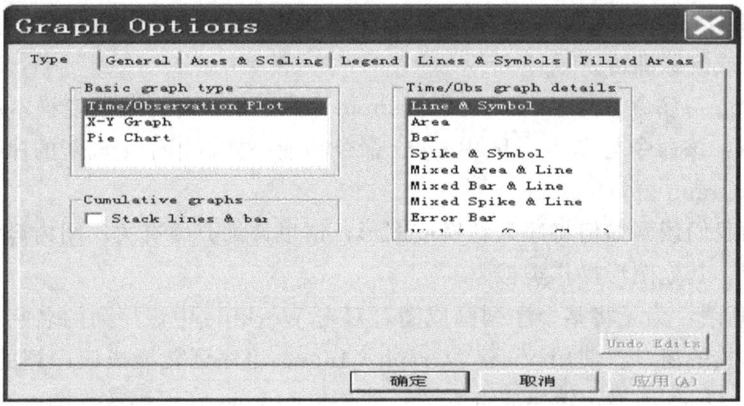

图 13.28

4）组合图形：EViews 可以将多个图组合到一起。首先需将这些图都放入同一个 Workfile 中，然后按下 Ctrl 键选中这些图形，双击选中的这些图形，就打开含有多个图形的窗口，他们可一起被保存、粘贴到 Word 文档中或打印出来。

例如，先生成序列 y 和 x 的时序图 liney、linex，选中 linex、liney 并双击，就在同一个窗口中打开两个图形（图 13.29）。

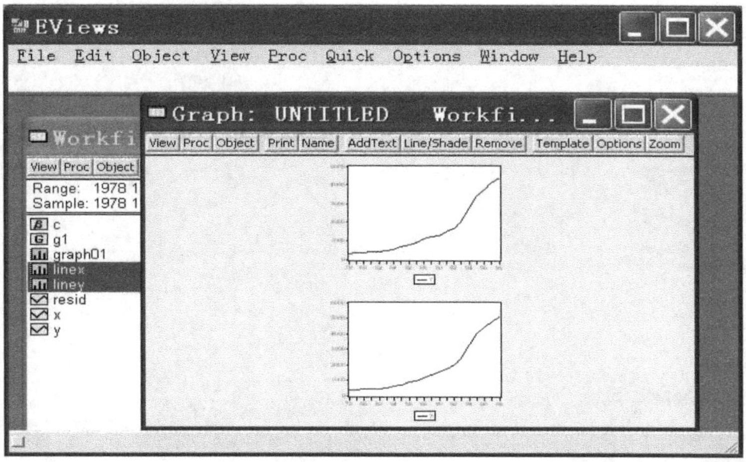

图 13.29

5）将图形插入文献中：EViews 可以将图形插入到 Word 文档中。首先将图形打开，然后点击 EViews 主窗口顶部菜单命令 Edit \ Copy 弹出对话框，点击 OK，然后在 Word 文档中指定位置粘贴即可。

2. 打开已经存在的 Object

打开一个 Workfile，点击 Workfile 顶部的 Fetch 命令，弹出对话框，按要求给出要打开的 Object 路径及名字，然后点击 OK，Object 就出现在 Workfile 中。

第十四章

计量经济学上机实验

实验一　简单线性回归

一、实验目的

掌握一元线性回归模型的估计与应用，熟悉 EViews 的基本操作。

二、实验要求

应用教材第二章第 54 页案例的数据作一元回归并进行预测。

三、实验原理

普通最小二乘法。

四、预备知识

最小二乘法估计的原理、t 检验、拟合优度检验、点预测和区间预测。

五、实验步骤

1. 建立工作文件并录入数据

1）双击桌面 EViews 快速启动图标，启动 EViews5.1 程序。

2）点击主界面菜单 File \ New \ Worekfile，弹出 Workfile Create 对话框。在 Workfile Create 对话框左侧 Workfile structure type 栏中选择 Dated-regular frequency 选项，在右侧 Date specification 中起始年份（Start）填入 1978，最终

年份（End）填入 2007。在右下可输入 Workfile 的名称，如图 14.1 所示。

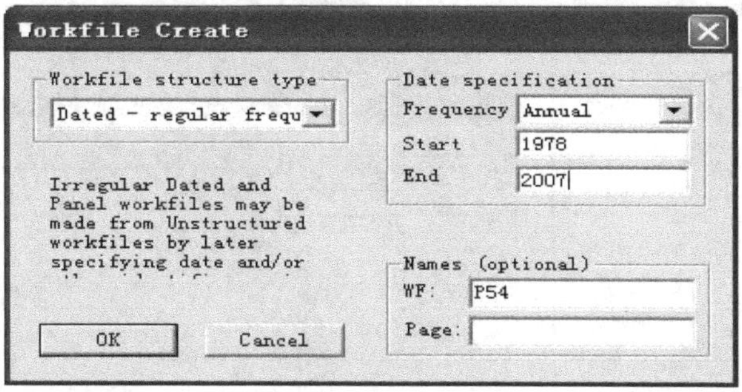

图 14.1

点击左下的“OK”就建立了一个名称为 P54 的 Workfile，如图 14.2 所示。

图 14.2

建立 Workfile 后，应当进行数据录入工作。数据录入方法有多种。这里仅介绍常用的两种录入方法。

方法 1：点击主界面（或 Workfile 界面）的菜单栏 Object，再点击 New Object... 选项，弹出一对话框，选择 Group 选项，在右侧框中命名，如 YX，见图 14.3。点击“OK”之后，出现数据录入界面（以表格形式出现），如图 14.4 所示。在图 14.4 中，先将右侧滑块拉上顶端，点上行键，再单击 obs 灰色小框（空白数据列上端灰框），键入 Y（对样本数据列进行命名），回车（这时 Workfile 中会出现序列 Y 这个对象），选择 Numeric Series 选项，点击“OK”后，再从“1978”开始逐个录入相应的数据。这样就建立了一个序列 Y 并录入了数据，然后用同样办法建立序列 X 并录入数据。

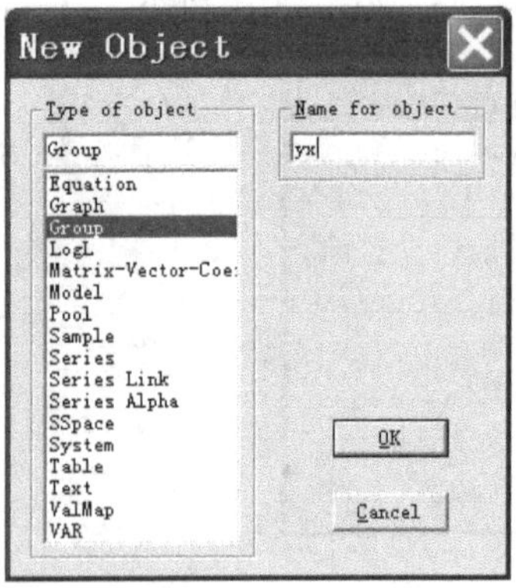

图 14.3

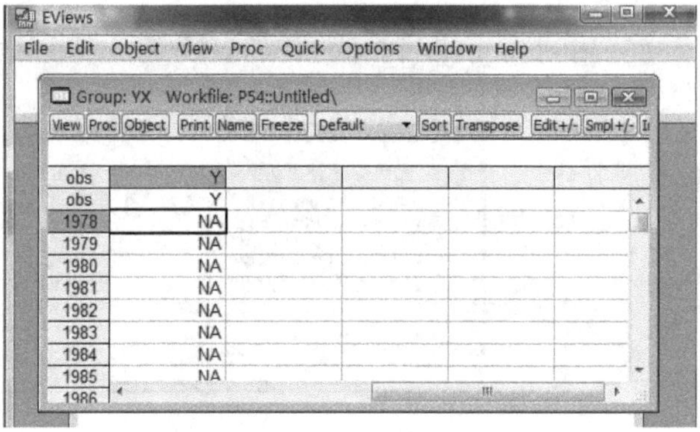

图 14.4

方法 2：直接在主界面命令栏键入 data Y X，回车，则出现图 14.5 的画面。在 Group 表格相应的位置逐个录入 Y 和 X 的数据（不过此时 Group 没有命名，为 Untitled，可点击 Group 表格上菜单命令 Name，在弹出的对话框中命名为 YX）。

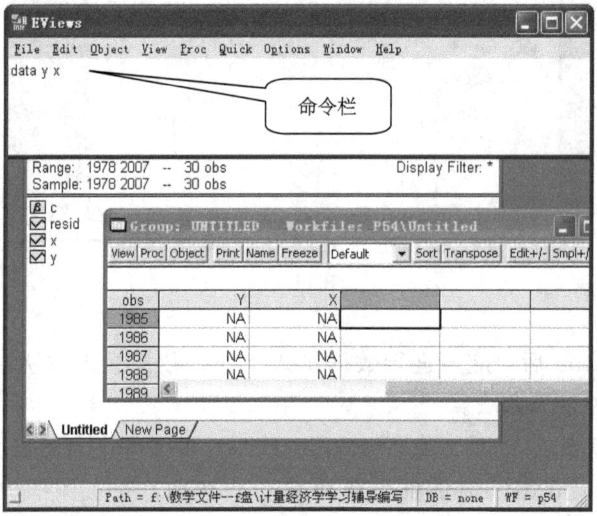

图 14.5

两种录入方法完成后，最终得到如图 14.6 所示结果。

为了保存数据，可点击主界面的 File，选择 Save as 选项，将文件永久存盘保留。

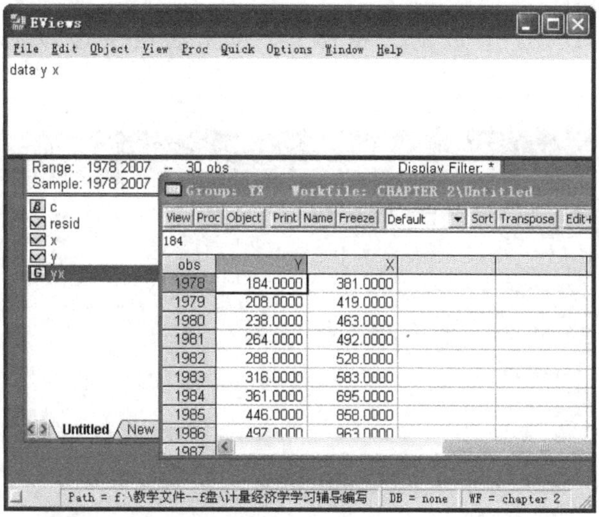

图 14.6

2. 数据的描述统计和图形统计

以上建立的序列 Y 和 X 之后，可对其作描述统计和图形统计以把握该数据的一些统计属性。

(1) 描述统计

双击打开组对象 YX 的表格形式，点 View/Descriptive Statistics/Common Sample，得描述统计结果，如图 14.7 所示，其中，Mean 为均值，Std. Dev. 为标准差。

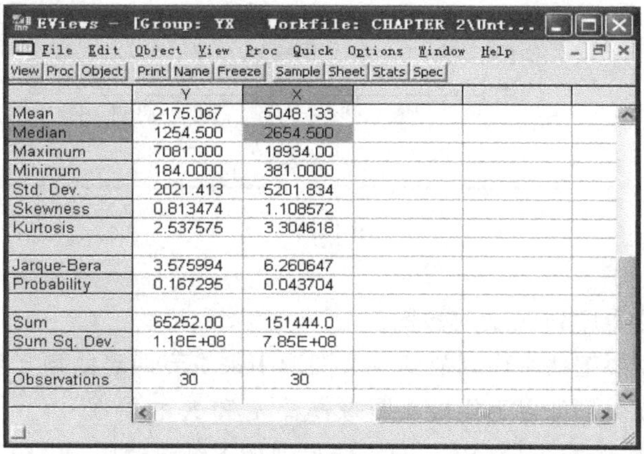

	Y	X
Mean	2175.067	5048.133
Median	1254.500	2654.500
Maximum	7081.000	18934.00
Minimum	184.0000	381.0000
Std. Dev.	2021.413	5201.834
Skewness	0.813474	1.108572
Kurtosis	2.537575	3.304618
Jarque-Bera	3.575994	6.260647
Probability	0.167295	0.043704
Sum	65252.00	151444.0
Sum Sq. Dev.	1.18E+08	7.85E+08
Observations	30	30

图 14.7

(2) 图形统计

双击序列 Y，打开 Y 的表格形式，点击表格左边 View/Graph，可得图 14.8。

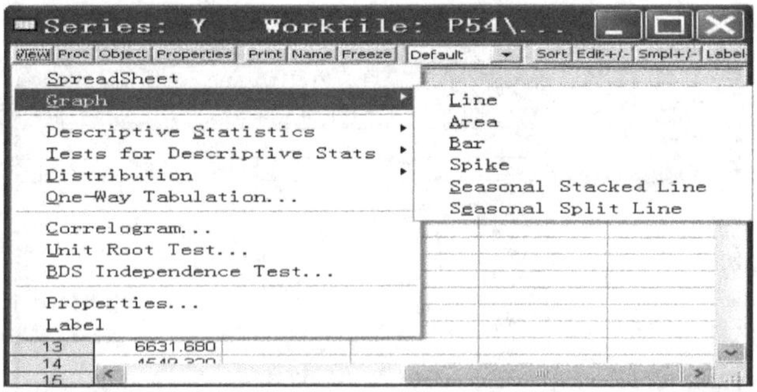

图 14.8

可以看到，Graph 的下级菜单上列有多种图形形式，如线图、面积图（区域图)、条形图、季节化堆叠式线图等。这里较常用的是线图，点菜单栏 View/Graph/Line，可得到图 14.9。

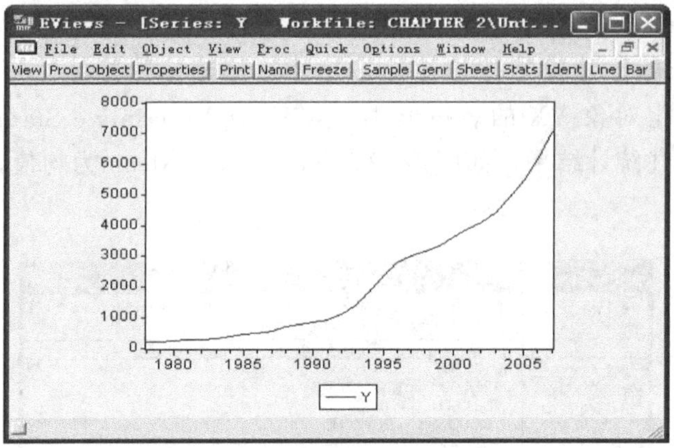

图 14.9

同样可以查看序列 X 的时序图。

很多时候需要把两个序列放到一个图形中来查看两者的相互关系，用线图或者散点图都可以。例如以下用散点图来查看 Y 和 X 的关系。

在命令栏键入“scat X Y”，回车便得到如下结果（图 14.10)。

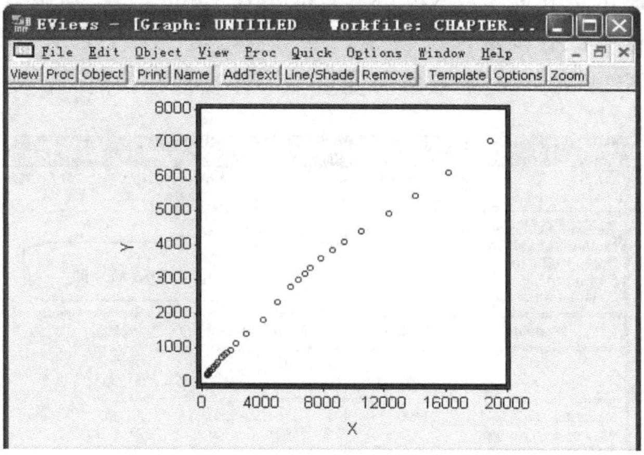

图 14.10

3. 设定模型，用普通最小二乘法估计参数

设定模型为　$Y_i=\beta_1+\beta_2X_i+u_i$。以下介绍三种 EViews 软件估计的操作方法。

方法一：在主界面命令框栏中输入“LS Y C X”，然后回车，既可以得到最小二乘法估计的结果，如图 14.12 所示。其中，“LS”是作最小二乘法估计的命令，Y 为被解释变量，C 为截距项，X 为解释变量。需要注意的是，LS、Y、C、X 之间要有空格，被解释变量紧接在命令 LS 之后。

方法二：按住 Ctrl 键，同时选中序列 Y 和序列 X，点右键，在所出现的右键菜单中，选择 Open \ as Equation... 后弹出一对话框（图 14.11），点击其上的“确定”，即可得到回归结果（图 14.12）。

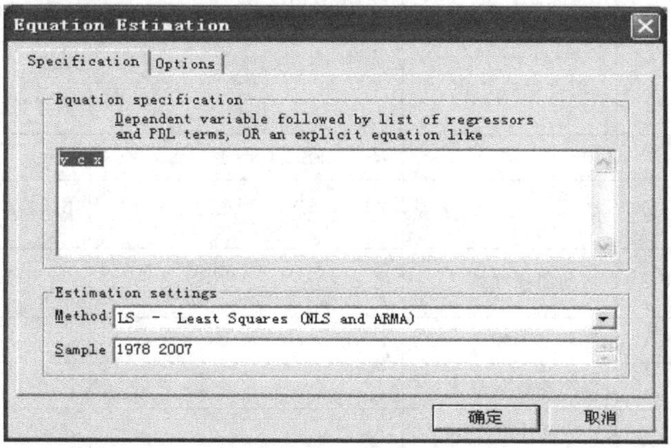

图 14.11

方法三：点击主界面菜单 Quick \ Estimate Equation，弹出方法二中出现的对话框。不过框中没有设定回归模型，可以自己输入“Y C X”，点确定即可得到回归结果（图 14.12）（注意被解释变量 Y 一定要放在最前面，变量间留空格）。

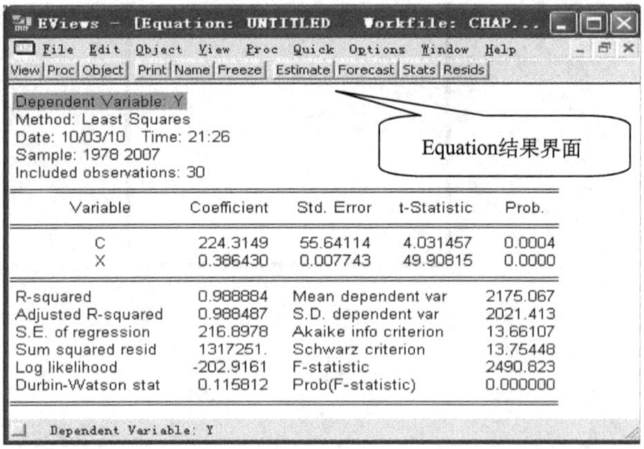

图 14.12

回归结果界面解释见表 14.1。

表 14.1

英文名称	中文名称	常用计算公式	常用相互关系和判断准则
Variable	变量		
Coefficient	系数		
Sta. Error	标准差		一般是绝对值越小越好
t-statistic	t 检验统计量	$t=\hat{\beta}/\mathrm{se}(\hat{\beta})$	绝对值大于 2 时可粗略判断系数通过 t 检验
Prob	t 统计量的 P 值		P 值小于给定显著水平时系数通过 t 检验
R-squared	R^2	$R^2=\mathrm{ESS}/\mathrm{TSS}=1-\mathrm{RSS}/\mathrm{TSS}$	
Ajusted R－squared	$\bar{R}^2$	$\bar{R}^2=1-\frac{\mathrm{RSS}/(n-k)}{\mathrm{TSS}/(n-1)}$	$\bar{R}^2=1-(1-R^2)\frac{n-1}{n-k}$
S. E. of regression	扰动项标准差	$\hat{\sigma}=\sqrt{\frac{\sum e_i^2}{n-k}}=\sqrt{\frac{\mathrm{RSS}}{n-k}}$	
Sum squared resid	残差平方和	$\mathrm{RSS}=\sum e_i^2$	
Log likelihood	似然函数对数值		
Durbin-Watson stat	DW 统计量		$d\approx 2(1-\rho)$

续表

英文名称	中文名称	常用计算公式	常用相互关系和判断准则
Mean dependent var	应变量样本均值	$\bar{Y}=\frac{\sum Y_i}{n}$	
S. D. dependent var	应变量样本标准差	$\sqrt{\frac{1}{n-1}\sum(Y_i-\bar{Y})^2}=\sqrt{\frac{TSS}{n-1}}$	
Akaike info criterion	AIC 准则		一般是越小越好
Schwarz criterion	SC 准则		一般是越小越好
F-statistic	F 统计量	$F=\frac{ESS/(k-1)}{RSS/(n-k)}$	$F=\frac{\bar{R}^2/(k-1)}{(1-\bar{R}^2)/(n-k)}$
Prob（F-statistic）	F 统计量的 P 值		P 值小于给定显著水平时模型通过 F 检验

4. 模型检验

1）经济意义检验。$\hat{\beta}_2=0.386430$ 为居民边际消费，落在 0～1 之间，符合经济意义。

2）t 检验和拟合优度检验。易判断，β_2 的 t 检验通过。整个模型拟合优度达到 0.9888，拟合良好。在回归结果界面（图 14.12 所示）点击菜单命令 View \ Actual Fitted Residual \ Actual Fitted Residual Graph 可得到图 14.13，可以直观看到实际观测值和拟合值非常接近。

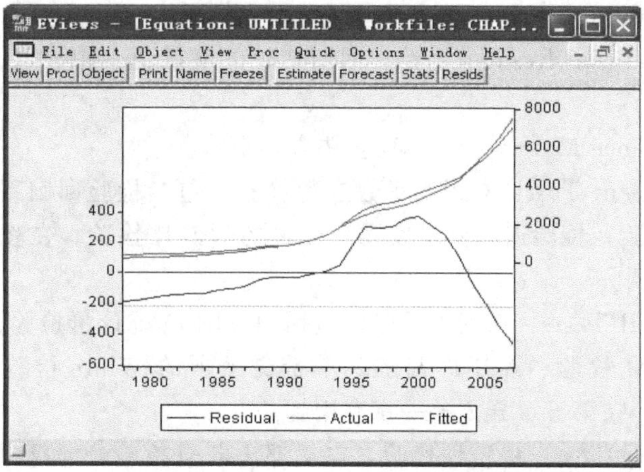

图 14.13

5. Equation 窗口功能介绍

Equation 窗口菜单的功能与第十三章中讲过的 Series 类型 Object 窗口、Graph 类型 Object 窗口顶部按钮的功能与操作类似，这里只介绍 Equation 窗口中独有的按钮功能。

(1) Views

该按钮作用很重要，可对回归估计进行检验、观察实际值、拟合值、残差等。点击 Views 出现一个下拉菜单（图 14.14），菜单中包含很多不同次级的操作，自上而下功能如下。

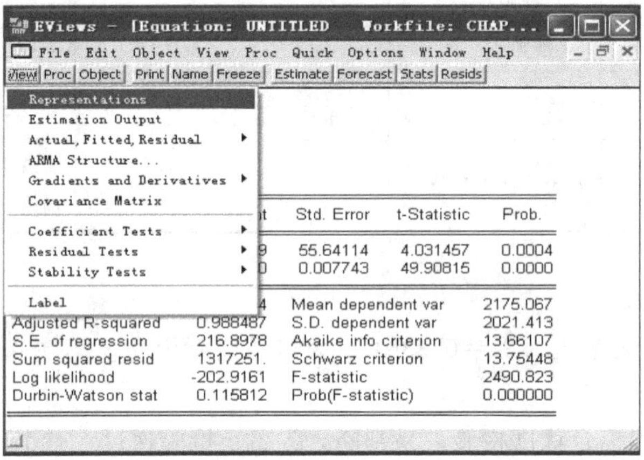

图 14.14

1) Representation：给出回归估计的方程表达式。

2) Estimation Output：给出回归估计输出结果。

3) Actual fitted Residual：给出回归估计的实际值、拟合值、残差的图形、表格等形式。

4) Covariance Matrix ：计算变量协方差矩阵。

5) Coefficient Test：对回归系数进行检验。包括检验回归系数约束的沃尔德（Wald）检验，检验遗漏变量或冗余变量的似然比检验。在教材第九章设定偏误一章有用到。

6) Residual Tests：对残差检验，包括相关图 Q 统计量检验、正态性检验、序列相关的 LM 检验、ARCH 检验、不带交叉项的 White 检验、带交叉项的 White 检验等。在第五章异方差一章有用到。

7) Stability Test：稳定性检验，包括邹氏断点检验，邹氏预测检验，拉姆齐 REST 检验等。REST 检验在第九章中已用到。

注意：如果想将某个视图单独保存起来，点击 Equation 窗口顶部 Freeze 按钮，形成一个独立的 object，然后对其编辑操作。

(2) Procs

该按钮中包含很多次级功能，有些已经显示在 Equation 口顶部。

（3）Forecast 预测

可以直接在 EViews 上作内插点预测和外推点预测，详见下第 5 点。

6. 应用：回归预测

（1）被解释变量 Y 的个别值和平均值的点预测

由课本第二章第四节知道，个别值和平均值点预测的预测公式均为 $Y_F=\hat{\beta}_1+\hat{\beta}_2X_F$。

内插预测 在 Equation 框（图 14.7）中，点击“Forecast”，进入图 14.15 所示的画面，在 Forecast 后面的框中可以为所预测的预测值序列命名，计算机默认为 YF，点击“OK”，则得样本期内被解释变量的预测值序列 YF（也称拟合值序列）的图形形式（图 14.16）。同时在 Workfile 中出现一新序列对象 YF。

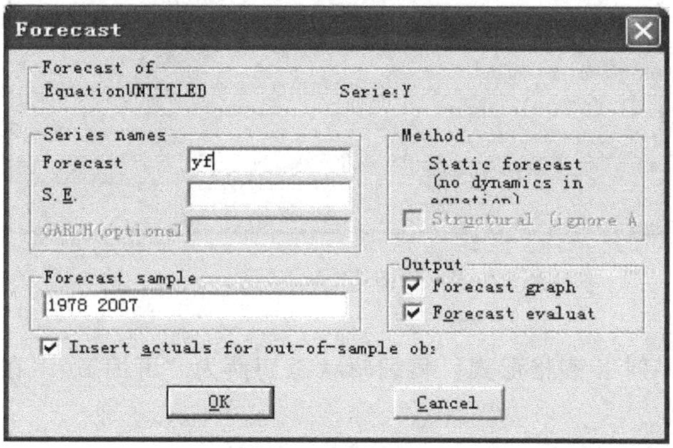

图 14.15

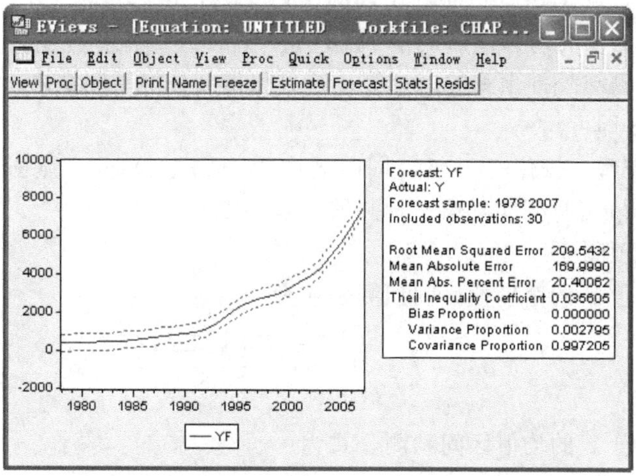

图 14.16

外推预测 例如，原样本数据为1978～2007，外推预测2008年的居民人均消费Y。

1）录入2008、2009年的人均GDP的指标X的数据。

双击Workfile菜单下的Range所在行，出现Workfile structure对话框图14.17，将右侧“End”旁的文本框中的数值改为2008，然后一直点“OK”即可将Workfile的Range以及Sample的Range改为1978～2008。

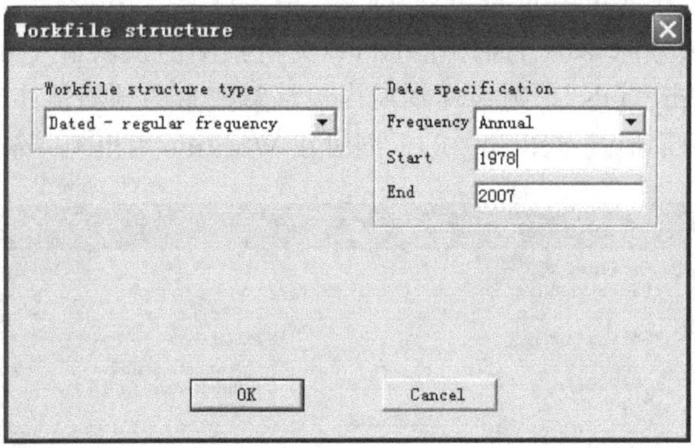

图14.17

双击打开序列X表格形式，将编辑状态切换为“可编辑”，在X序列中补充输入$X_{2008}=22001$。

2）进行预测。在Equation结果界面（图14.17）的菜单上点击Forecast，弹出一对话框，在其中为预测的序列命名，如YF2。点“OK”即可得到预测结果的图形形式，点Workfile中新出现的序列YF2，可以看到1978～2008的预测值（注意，因为没有对预测区间中1978～2007的X的值作改变，这时候得到的是所有内插预测与外推预测的值相等；若只想得到外推预测结果，将样本区间改为2008～2008即可）。

3）结果查看。按住Ctrl键，同时选中Y、YF、Resid，点击右键，在右键菜单中选Group可打开实际值、预测值、残差序列。

（2）区间预测

被解释变量Y的个别值区间预测公式为

$$\hat{Y}_f m \hat{\sigma} \cdot t_{\alpha/2}\sqrt{1+\frac{1}{n}+\frac{(X_f-X)^2}{\sum x_i^2}}$$

被解释变量Y的均值区间预测公式为

$$\hat{Y}_f m \hat{\sigma} \cdot t_{\alpha/2}\sqrt{\frac{1}{n}+\frac{(X_f-X)^2}{\sum x_i^2}}$$

计算思路：区间预测不能直接由 EViews 得到。可以从 EViews 中得到公式中部分项的值，再用手工或者别的方式将其计算出来。

具体地，$\hat{Y}_f$ 可以在前面点预测序列 yf2 中找到；$t_{\alpha/2}$ 可以查 t 分布表得到；样本数 n 为已知；$X_f-\overline{X}$ 中的 X_f 为已知，$\overline{X}$ 可以在序列 x 的描述统计中找到（图 14.7）；由总体方差的无偏估计式 $\sigma_x^2=\dfrac{\sum x_i^2}{n-1}$ 可以计算出 $\sum x_i^2=(n-1)\sigma_x^2$（$\sigma_x$ 可在序列 x 的描述统计中找到，见图 14.7）。找到该预测公式中各项后，即可用计算器或者 Excel 计算得到预测区间端点。

找到上面公式中各项后，若在 Excel 中计算预测区间，可以采用以下表达式计算（以预测 2008 年 Y 个别值预测区间为例，计算区间的右端点，教材第 61 页第二行）：

在 EViews 的命令栏中输入

Scalar yfright = 8726.168 + 2.048 * 216.8978 * @ SQRT (1 + 1/30 + 287393020.1/784713231.9)

回车即可得到预测区间的左端点的值 yfright 等于 9251.68。

实验二　多元线性回归模型和多重共线性

一、实验目的

掌握多元线性回归模型的估计方法、掌握多重共线性模型的识别和修正。

二、实验要求

应用教材第四章第 119 页案例作多元线性回归模型，并识别和修正多重共线性。

三、实验原理

普通最小二乘法、简单相关系数检验法、综合判断法、逐步回归法。

四、预备知识

最小二乘法估计的原理、t 检验、F 检验、R^2 值。

五、实验步骤

1. 设定并估计多元线性回归模型

$$Y_t = \beta_1 + \beta_2 X_{2t} + \beta_3 X_{3t} + \beta_4 X_{4t} + \beta_5 X_{5t} + \beta_6 X_{6t} + u_t \qquad (14.1)$$

1）建立工作文件并录入数据（参照实验一），得到图 14.18。

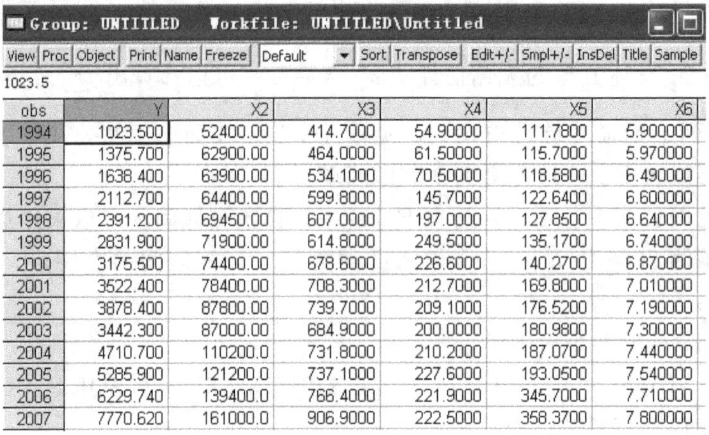

obs	Y	X2	X3	X4	X5	X6
1994	1023.500	52400.00	414.7000	54.90000	111.7800	5.900000
1995	1375.700	62900.00	464.0000	61.50000	115.7000	5.970000
1996	1638.400	63900.00	534.1000	70.50000	118.5800	6.490000
1997	2112.700	64400.00	599.8000	145.7000	122.6400	6.600000
1998	2391.200	69450.00	607.0000	197.0000	127.8500	6.640000
1999	2831.900	71900.00	614.8000	249.5000	135.1700	6.740000
2000	3175.500	74400.00	678.6000	226.6000	140.2700	6.870000
2001	3522.400	78400.00	708.3000	212.7000	169.8000	7.010000
2002	3878.400	87800.00	739.7000	209.1000	176.5200	7.190000
2003	3442.300	87000.00	684.9000	200.0000	180.9800	7.300000
2004	4710.700	110200.0	731.8000	210.2000	187.0700	7.440000
2005	5285.900	121200.0	737.1000	227.6000	193.0500	7.540000
2006	6229.740	139400.0	766.4000	221.9000	345.7000	7.710000
2007	7770.620	161000.0	906.9000	222.5000	358.3700	7.800000

图 14.18

2）对（14.1）采用 OLS 估计参数。

方法一：在主界面命令框栏中输入 LS Y C X2 X3 X4 X5 X6，然后回车，即可得到参数的估计结果，如图 14.19 所示。

方法二：按住 Ctrl 键，同时选中序列 Y 和 X2 X3 X4 X5 X6，点右键，在所出现的右键菜单中，选择 open \ as Equation... 后弹出一对话框，点击“确定”，即可得回归结果。

方法三：点击主界面菜单 Quick \ Estimate Equation，弹出方法二中出现的对话框。不过框中没有设定回归模型，可以自己输入“Y C X2 X3 X4 X5 X6”，点确定即可得到回归结果。（注意被解释变量 Y 一定要放在最前面，变量间留空格）。

根据图 14.19 中的数据，得到模型（14.1）的估计结果为

$$\hat{Y}_i = -1471.956 + 0.042X_2 + 4.432X_3 + 2.292X_4 + 1.4264X_5 - 354.982X_6$$

$$t = (1.294) \quad (9.216) \quad (4.168) \quad (2.672) \quad (1.006) \quad (-1.449)$$

$$R^2 = 0.997, \quad \bar{R}^2 = 0.995, \quad F = 593.416, \quad df = 8$$

从以上回归结果可以看出，拟合优度很高，整体效果的 F 检验通过。但有重要变量 X_5、X_6 的 t 检验不显著，可能存在严重的多重共线性。

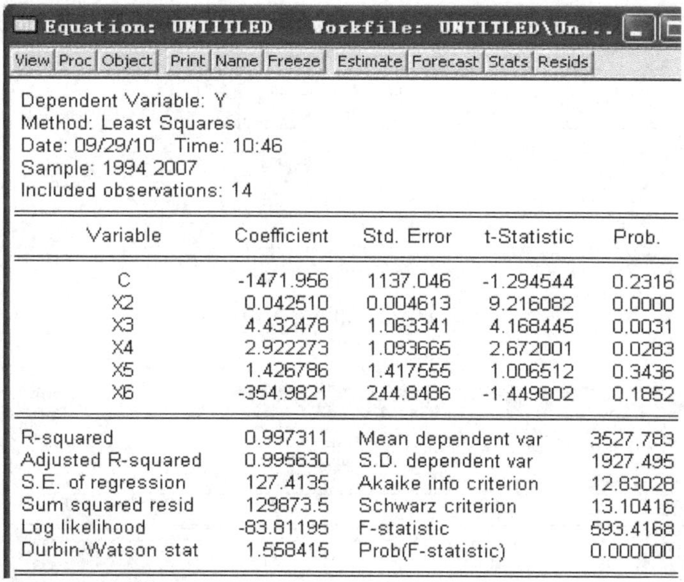

Dependent Variable: Y
Method: Least Squares
Date: 09/29/10 Time: 10:46
Sample: 1994 2007
Included observations: 14

Variable	Coefficient	Std. Error	t-Statistic	Prob.
C	-1471.956	1137.046	-1.294544	0.2316
X2	0.042510	0.004613	9.216082	0.0000
X3	4.432478	1.063341	4.168445	0.0031
X4	2.922273	1.093665	2.672001	0.0283
X5	1.426786	1.417555	1.006512	0.3436
X6	-354.9821	244.8486	-1.449802	0.1852

R-squared	0.997311	Mean dependent var	3527.783
Adjusted R-squared	0.995630	S.D. dependent var	1927.495
S.E. of regression	127.4135	Akaike info criterion	12.83028
Sum squared resid	129873.5	Schwarz criterion	13.10416
Log likelihood	-83.81195	F-statistic	593.4168
Durbin-Watson stat	1.558415	Prob(F-statistic)	0.000000

图 14.19

2. 多重共线性模型的识别

（1）综合判断法

由模型（14.1）的估计结果可以看出，$R^2=0.9954$，$\bar{R}^2=0.9897$ 可决系数很高，说明模型对样本的拟合很好；$F=173.3525$ 检验值很大，相应的 $p=0.000092$，说明回归方程显著，即各自变量联合起来确实对因变量“全国旅游收入”有显著影响；给定显著性水平 $\alpha=0.05$，但变量 X5、X6 系数的 t 统计量分别为 1.006、−1.449，相应的 p 值分别为 0.3436、0.1852，说明 X5、X6 对因变量影响不显著，而且 X6 系数符号与经济意义不符。综合上述分析，表明模型（14.1）很可能存在严重的多重共线性。

（2）简单相关系数检验法

计算解释变量 X2、X3、X4、X5、X6 的简单相关系数矩阵。

方法 1：将解释变量 X2、X3、X4、X5、X6 选中，双击选择 Open Group（或点击右键，选择 Open/as Group），然后再点击 View/Correlations/Common Sample，即可得出相关系数矩阵（图 14.20）。再点击顶部的 Freeze 按钮，可得到一个 Table 类型独立的 object（图 14.21）。

方法 2：点击 EViews 主画面的顶部的 Quick/Group Statistics/Correlatios 弹出对话框（图 14.22）。在对话框中输入解释变量 X2、X3、X4、X5、X6，点击 OK，即可得出相关系数矩阵（同图 14.20）。

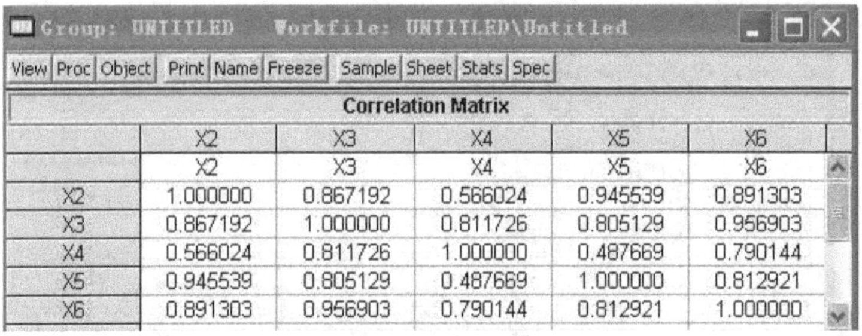

Correlation Matrix

	X2	X3	X4	X5	X6
X2	1.000000	0.867192	0.566024	0.945539	0.891303
X3	0.867192	1.000000	0.811726	0.805129	0.956903
X4	0.566024	0.811726	1.000000	0.487669	0.790144
X5	0.945539	0.805129	0.487669	1.000000	0.812921
X6	0.891303	0.956903	0.790144	0.812921	1.000000

图 14.20 相关系数矩阵

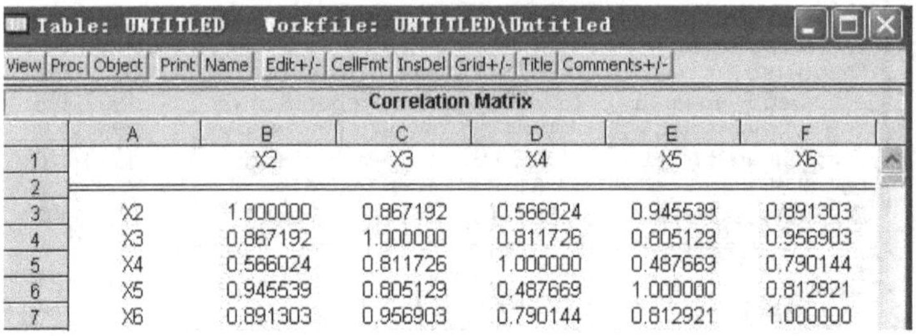

Correlation Matrix

	A	B	C	D	E	F
1		X2	X3	X4	X5	X6
2						
3	X2	1.000000	0.867192	0.566024	0.945539	0.891303
4	X3	0.867192	1.000000	0.811726	0.805129	0.956903
5	X4	0.566024	0.811726	1.000000	0.487669	0.790144
6	X5	0.945539	0.805129	0.487669	1.000000	0.812921
7	X6	0.891303	0.956903	0.790144	0.812921	1.000000

图 14.21

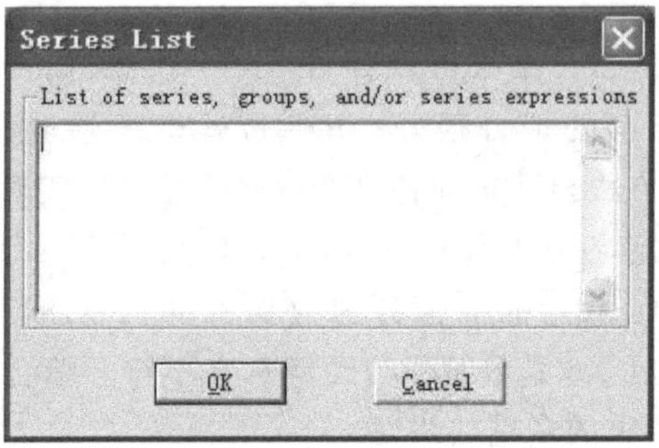

图 14.22

由图 14.20 相关系数矩阵可以看出，各解释变量相互之间的相关系数较高，特别是 X3 和 X6 之间高度相关，证实解释变量之间存在多重共线性。

根据综合判别法与简单相关系数检验法分析的结果可以知道，本案例的回归变量间确实存在严重的多重共线性。注意，多重共线性是一个程度问题而不是存在与否的问题。下面我们将采用逐步回归法来缓减共线性的严重程度而不是彻底地消除它。

3. 多重共线性模型的修正

关于多重共线性的修正方法一般有变量变换法、先验信息法、逐步回归法等，这里我们仅介绍向前逐步回归的具体做法，来减少共线性的严重程度。而其他的修正方法在这里没逐一介绍，感兴趣的读者可参阅相关计量经济书籍。

第一步：运用 OLS 方法分别求 Y 对各解释变量 X2、X3、X4、X5、X6 进行一元回归。五个方程的回归结果详见图 14.23～图 14.27，再结合经济意义和统计检验选出拟合效果最好的一元线性回归方程。

Equation: UNTITLED　Workfile: UNTITLED\Un...

View | Proc | Object | Print | Name | Freeze | Estimate | Forecast | Stats | Resids

Dependent Variable: Y
Method: Least Squares
Date: 09/29/10 Time: 11:01
Sample: 1994 2007
Included observations: 14

Variable	Coefficient	Std. Error	t-Statistic	Prob.
C	-1700.756	303.4618	-5.604513	0.0001
X2	0.058826	0.003224	18.24883	0.0000

R-squared	0.965219	Mean dependent var	3527.783
Adjusted R-squared	0.962321	S.D. dependent var	1927.495
S.E. of regression	374.1475	Akaike info criterion	14.81874
Sum squared resid	1679836.	Schwarz criterion	14.91003
Log likelihood	-101.7312	F-statistic	333.0199
Durbin-Watson stat	0.442335	Prob(F-statistic)	0.000000

图 14.23

Equation: UNTITLED　Workfile: UNTITLED\Un...

View | Proc | Object | Print | Name | Freeze | Estimate | Forecast | Stats | Resids

Dependent Variable: Y
Method: Least Squares
Date: 09/29/10 Time: 11:02
Sample: 1994 2007
Included observations: 14

Variable	Coefficient	Std. Error	t-Statistic	Prob.
C	-5675.048	1006.125	-5.640498	0.0001
X3	14.02245	1.506332	9.309001	0.0000

R-squared	0.878367	Mean dependent var	3527.783
Adjusted R-squared	0.868231	S.D. dependent var	1927.495
S.E. of regression	699.6807	Akaike info criterion	16.07069
Sum squared resid	5874636.	Schwarz criterion	16.16198
Log likelihood	-110.4948	F-statistic	86.65749
Durbin-Watson stat	0.424390	Prob(F-statistic)	0.000001

图 14.24

Equation: UNTITLED Workfile: UNTITLED\Un...

View | Proc | Object | Print | Name | Freeze | Estimate | Forecast | Stats | Resids

Dependent Variable: Y
Method: Least Squares
Date: 09/29/10 Time: 11:03
Sample: 1994 2007
Included observations: 14

Variable	Coefficient	Std. Error	t-Statistic	Prob.
C	12.35591	1143.248	0.010808	0.9916
X4	19.61030	5.995203	3.270999	0.0067

R-squared	0.471352	Mean dependent var	3527.783
Adjusted R-squared	0.427298	S.D. dependent var	1927.495
S.E. of regression	1458.671	Akaike info criterion	17.54000
Sum squared resid	25532658	Schwarz criterion	17.63130
Log likelihood	-120.7800	F-statistic	10.69943
Durbin-Watson stat	0.307175	Prob(F-statistic)	0.006691

图 14.25

Equation: UNTITLED Workfile: UNTITLED\Un...

View | Proc | Object | Print | Name | Freeze | Estimate | Forecast | Stats | Resids

Dependent Variable: Y
Method: Least Squares
Date: 09/29/10 Time: 11:04
Sample: 1994 2007
Included observations: 14

Variable	Coefficient	Std. Error	t-Statistic	Prob.
C	-480.5047	501.1310	-0.958841	0.3566
X5	22.59572	2.594705	8.708399	0.0000

R-squared	0.863382	Mean dependent var	3527.783
Adjusted R-squared	0.851997	S.D. dependent var	1927.495
S.E. of regression	741.5289	Akaike info criterion	16.18687
Sum squared resid	6598382.	Schwarz criterion	16.27816
Log likelihood	-111.3081	F-statistic	75.83622
Durbin-Watson stat	1.540470	Prob(F-statistic)	0.000002

图 14.26

Equation: UNTITLED Workfile: UNTITLED\Un...

View | Proc | Object | Print | Name | Freeze | Estimate | Forecast | Stats | Resids

Dependent Variable: Y
Method: Least Squares
Date: 09/29/10 Time: 11:05
Sample: 1994 2007
Included observations: 14

Variable	Coefficient	Std. Error	t-Statistic	Prob.
C	-17474.79	2305.914	-7.578250	0.0000
X6	3025.062	330.9977	9.139224	0.0000

R-squared	0.874379	Mean dependent var	3527.783
Adjusted R-squared	0.863911	S.D. dependent var	1927.495
S.E. of regression	711.0586	Akaike info criterion	16.10295
Sum squared resid	6067253.	Schwarz criterion	16.19424
Log likelihood	-110.7207	F-statistic	83.52542
Durbin-Watson stat	0.827029	Prob(F-statistic)	0.000001

图 14.27

通过一元回归结果图 14.23～图 14.27 进行对比分析，依据调整后可决系数 $\bar{R}^2$ 最大原则，选取 X2 作为进入回归模型的第一个解释变量，形成一元回归模型。

第二步：逐步回归。将剩余解释变量分别加入模型，得到分别如图 14.28～图 14.31 所示的二元回归结果。

Equation: UNTITLED Workfile: UNTITLED\Un...

View | Proc | Object | Print | Name | Freeze | Estimate | Forecast | Stats | Resids

Dependent Variable: Y
Method: Least Squares
Date: 09/29/10 Time: 11:06
Sample: 1994 2007
Included observations: 14

Variable	Coefficient	Std. Error	t-Statistic	Prob.
C	-3489.548	265.1268	-13.16181	0.0000
X2	0.040978	0.002685	15.26345	0.0000
X3	5.142659	0.670864	7.665726	0.0000

R-squared	0.994516	Mean dependent var	3527.783
Adjusted R-squared	0.993519	S.D. dependent var	1927.495
S.E. of regression	155.1743	Akaike info criterion	13.11438
Sum squared resid	264869.7	Schwarz criterion	13.25133
Log likelihood	-88.80069	F-statistic	997.4059
Durbin-Watson stat	1.191405	Prob(F-statistic)	0.000000

图 14.28

Equation: UNTITLED Workfile: UNTITLED\...

View | Proc | Object | Print | Name | Freeze | Estimate | Forecast | Stats | Resids

Dependent Variable: Y
Method: Least Squares
Date: 09/29/10 Time: 11:07
Sample: 1994 2007
Included observations: 14

Variable	Coefficient	Std. Error	t-Statistic	Prob.
C	-2105.420	184.1656	-11.43221	0.0000
X2	0.052320	0.002161	24.21041	0.0000
X4	5.482986	1.030915	5.318563	0.0002

R-squared	0.990262	Mean dependent var	3527.783
Adjusted R-squared	0.988491	S.D. dependent var	1927.495
S.E. of regression	206.7799	Akaike info criterion	13.68860
Sum squared resid	470337.4	Schwarz criterion	13.82554
Log likelihood	-92.82018	F-statistic	559.2848
Durbin-Watson stat	1.321494	Prob(F-statistic)	0.000000

图 14.29

通过观察比较图 14.28～图 14.31 所示结果，并根据逐步回归的思想，可以看到，新加入变量 X3 的二元回归方程 $\bar{R}^2=0.9935$ 最大，并且各参数的 t 检验显著，参数的符号也符合经济意义，因此，保留变量 X3。

第三步：在保留变量 X2、X3 基础上，继续进行逐步回归，分别得到如图 14.32～图 14.34 所示的回归结果。

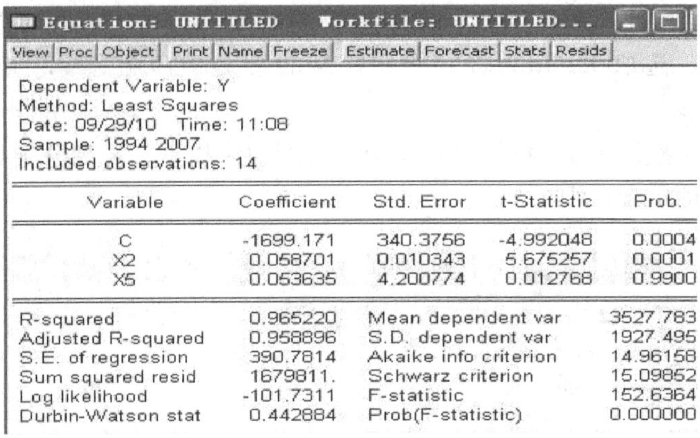

Equation: UNTITLED Workfile: UNTITLED...

View | Proc | Object | Print | Name | Freeze | Estimate | Forecast | Stats | Resids

Dependent Variable: Y
Method: Least Squares
Date: 09/29/10 Time: 11:08
Sample: 1994 2007
Included observations: 14

Variable	Coefficient	Std. Error	t-Statistic	Prob.
C	-1699.171	340.3756	-4.992048	0.0004
X2	0.058701	0.010343	5.675257	0.0001
X5	0.053635	4.200774	0.012768	0.9900

R-squared	0.965220	Mean dependent var	3527.783
Adjusted R-squared	0.958896	S.D. dependent var	1927.495
S.E. of regression	390.7814	Akaike info criterion	14.96158
Sum squared resid	1679811.	Schwarz criterion	15.09852
Log likelihood	-101.7311	F-statistic	152.6364
Durbin-Watson stat	0.442884	Prob(F-statistic)	0.000000

图 14.30

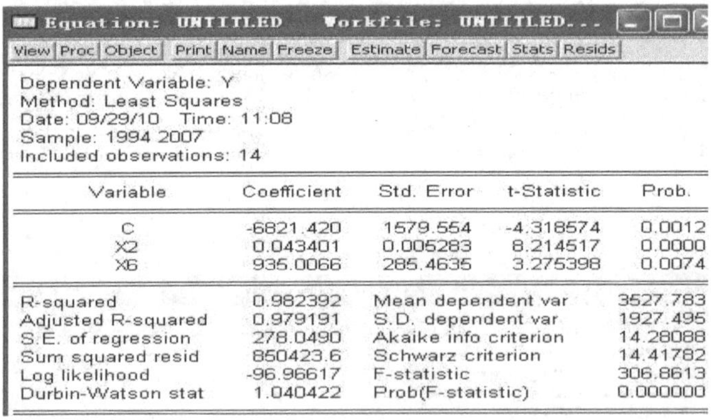

Equation: UNTITLED Workfile: UNTITLED...

View | Proc | Object | Print | Name | Freeze | Estimate | Forecast | Stats | Resids

Dependent Variable: Y
Method: Least Squares
Date: 09/29/10 Time: 11:08
Sample: 1994 2007
Included observations: 14

Variable	Coefficient	Std. Error	t-Statistic	Prob.
C	-6821.420	1579.554	-4.318574	0.0012
X2	0.043401	0.005283	8.214517	0.0000
X6	935.0066	285.4635	3.275398	0.0074

R-squared	0.982392	Mean dependent var	3527.783
Adjusted R-squared	0.979191	S.D. dependent var	1927.495
S.E. of regression	278.0490	Akaike info criterion	14.28088
Sum squared resid	850423.6	Schwarz criterion	14.41782
Log likelihood	-96.96617	F-statistic	306.8613
Durbin-Watson stat	1.040422	Prob(F-statistic)	0.000000

图 14.31

结果分析：

由图 14.32～图 14.34 可知，我们可以看到，在 X2、X3 基础上加入 X4 后的方程 $\bar{R}^2=0.9948>0.9935$ 略有提高，F 统计量也很大，说明模型对样本的拟合很好且回归方程显著；同时各解释变量的系数所对应的 t 值较大，说明各解释变量对因变量的影响显著，并且参数的符号也符合经济意义。但在 X2、X3 基础上加入 X5 后 $\bar{R}^2=0.9932$ 略有下降，且 X5 变量系数的 t 值很小，说明 X5 对因变量的影响不显著；同样，加入 X6 后 $\bar{R}^2=0.9931$ 降低，而且 X6 参数的 t 值很小，相应的 p 值 0.5413 远大于显著性水平 0.05，说明 X6 对因变量的影响不显著，甚至 X6 系数的符号为负，显然不符合经济意义。因此，根据逐步回归的思想，说明 X5、X6 的出现引起严重多重共线性，此步保留变量 X4。

第四步：在保留变量 X2、X3、X4 基础上，继续进行逐步回归，分别得到如图 14.35、图 14.36 所示的回归结果。

Equation: UNTITLED　Workfile: UNTITLED\...

View | Proc | Object | Print | Name | Freeze | Estimate | Forecast | Stats | Resids

Dependent Variable: Y
Method: Least Squares
Date: 09/29/10　Time: 11:10
Sample: 1994 2007
Included observations: 14

Variable	Coefficient	Std. Error	t-Statistic	Prob.
C	-3136.713	295.9214	-10.59982	0.0000
X2	0.043518	0.002713	16.04178	0.0000
X3	3.666029	0.956840	3.831390	0.0033
X4	2.178583	1.103416	1.974398	0.0766

R-squared	0.996054	Mean dependent var	3527.783
Adjusted R-squared	0.994870	S.D. dependent var	1927.495
S.E. of regression	138.0499	Akaike info criterion	12.92806
Sum squared resid	190577.8	Schwarz criterion	13.11065
Log likelihood	-86.49645	F-statistic	841.4324
Durbin-Watson stat	1.176319	Prob(F-statistic)	0.000000

图 14.32

Equation: UNTITLED　Workfile: UNTITLED\...

View | Proc | Object | Print | Name | Freeze | Estimate | Forecast | Stats | Resids

Dependent Variable: Y
Method: Least Squares
Date: 09/29/10　Time: 11:11
Sample: 1994 2007
Included observations: 14

Variable	Coefficient	Std. Error	t-Statistic	Prob.
C	-3468.894	272.6299	-12.72382	0.0000
X2	0.037947	0.005023	7.554094	0.0000
X3	5.188088	0.688917	7.530792	0.0000
X5	1.234237	1.712961	0.720529	0.4877

R-squared	0.994787	Mean dependent var	3527.783
Adjusted R-squared	0.993223	S.D. dependent var	1927.495
S.E. of regression	158.6812	Akaike info criterion	13.20663
Sum squared resid	251797.4	Schwarz criterion	13.38922
Log likelihood	-88.44640	F-statistic	636.0442
Durbin-Watson stat	1.242452	Prob(F-statistic)	0.000000

图 14.33

类似第三步的结果分析，在 X2、X3、X4 基础上加入 X5 后$\bar{R}^2$ 略有提高，但 X5 参数 t 检验不显著；加入 X6 后虽然$\bar{R}^2$ 略有改进，但 X6 参数的 t 检验变得不显著，并且参数为负不符合经济意义。这说明 X5、X6 引起多重共线性，应予以剔除。因此，本案例最后应保留的变量是 X2、X3、X4，相应的回归结果为

$$\hat{Y}_i = -3136.713 + 0.0435X_2 + 3.666X_3 + 2.178X_4$$

$$t = (-10.59)\quad(16.04)\quad(3.831)\quad(1.974)$$

$$R^2 = 0.996,\quad \bar{R}^2 = 0.994,\quad F = 841.43,\quad \mathrm{DW} = 1.17$$

由综合判断法知，上述回归结果基本上消除了多重共线性。上述模型表明，

Equation: UNTITLED Workfile: UNTITLED\...

View | Proc | Object | Print | Name | Freeze | Estimate | Forecast | Stats | Resids

Dependent Variable: Y
Method: Least Squares
Date: 09/29/10 Time: 11:11
Sample: 1994 2007
Included observations: 14

Variable	Coefficient	Std. Error	t-Statistic	Prob.
C	-2723.951	1240.830	-2.195265	0.0529
X2	0.041799	0.003051	13.70211	0.0000
X3	5.755970	1.190115	4.836482	0.0007
X6	-178.7471	282.6205	-0.632463	0.5413

R-squared	0.994727	Mean dependent var	3527.783
Adjusted R-squared	0.993145	S.D. dependent var	1927.495
S.E. of regression	159.5877	Akaike info criterion	13.21802
Sum squared resid	254682.2	Schwarz criterion	13.40061
Log likelihood	-88.52614	F-statistic	628.8019
Durbin-Watson stat	1.309955	Prob(F-statistic)	0.000000

图 14.34

Equation: UNTITLED Workfile: UNTITLED\Un...

View | Proc | Object | Print | Name | Freeze | Estimate | Forecast | Stats | Resids

Dependent Variable: Y
Method: Least Squares
Date: 09/29/10 Time: 11:22
Sample: 1994 2007
Included observations: 14

Variable	Coefficient	Std. Error	t-Statistic	Prob.
C	-3070.421	294.5183	-10.42523	0.0000
X2	0.039394	0.004324	9.110794	0.0000
X3	3.579414	0.938365	3.814524	0.0041
X4	2.403360	1.094878	2.195094	0.0558
X5	1.785975	1.478715	1.207789	0.2579

R-squared	0.996604	Mean dependent var	3527.783
Adjusted R-squared	0.995095	S.D. dependent var	1927.495
S.E. of regression	134.9883	Akaike info criterion	12.92071
Sum squared resid	163996.6	Schwarz criterion	13.14894
Log likelihood	-85.44494	F-statistic	660.3898
Durbin-Watson stat	1.496141	Prob(F-statistic)	0.000000

图 14.35

在其他因素不变的情况下，当国内旅游人数 X2 每增加 1 万人，当城镇居民人均旅游花费 X3 和农村居民人均旅游花费 X4 分别增长 1 元，平均说来，国内旅游收入 Y 将分别增长 0.0435 亿元、3.666 亿元和 2.178 亿元。

此案例存在的问题是样本容量过小，其可靠性受到影响，如果增大样本容量，效果将会好一些。同时我们也应该看到，该案例中，删除了反映基础设施影响的因素 X5、X6，虽缓减了多重共线性，但可能会带来新的问题，即模型设定误差，这是在使用逐步回归时需要注意的问题。

Equation: UNTITLED　Workfile: UNTITLED\Un...

View | Proc | Object | Print | Name | Freeze | Estimate | Forecast | Stats | Resids

Dependent Variable: Y
Method: Least Squares
Date: 09/29/10　Time: 11:22
Sample: 1994 2007
Included observations: 14

Variable	Coefficient	Std. Error	t-Statistic	Prob.
C	-1329.349	1129.003	-1.177454	0.2692
X2	0.046082	0.002948	15.62954	0.0000
X3	4.603066	1.050509	4.381749	0.0018
X4	2.811150	1.088868	2.581719	0.0296
X6	-398.0537	241.2550	-1.649929	0.1334

R-squared	0.996970	Mean dependent var	3527.783
Adjusted R-squared	0.995624	S.D. dependent var	1927.495
S.E. of regression	127.5059	Akaike info criterion	12.80666
Sum squared resid	146319.8	Schwarz criterion	13.03489
Log likelihood	-84.64659	F-statistic	740.4428
Durbin-Watson stat	1.550216	Prob(F-statistic)	0.000000

图 14.36

实验三　异方差性和自相关

一、实验目的

掌握异方差和自相关模型的检验方法与处理方法。

二、实验要求

1）应用教材第五章第 142 页案例作异方差模型的图形法检验、Goldfeld-Quanadt 检验与 White 检验，使用 WLS 法对异方差进行修正。

2）应用教材第 167 页案例作自相关模型的图形法检验和 DW 检验，使用科克伦-奥克特迭代法对自相关进行修正。

三、实验原理

异方差性检验：图形法检验、Goldfeld-Quanadt 检验、White 检验与加权最小二乘法。

自相关性检验：图形法检验、DW 检验和科克伦-奥克特迭代法。

四、预备知识

Goldfeld-Quanadt 检验、White 检验、加权最小二乘法、DW 检验和科克伦-奥克特迭代法。

五、实验步骤

【案例 1】 异方差性。

在现实经济活动中，最小二乘法的基本假定并非都能满足，本案例将讨论随机误差违背基本假定的一个方面——异方差性。本案例将介绍：异方差模型的图形法检验、Goldfeld-Quanadt 检验与 White 检验；异方差模型的 WLS 法修正。

1. 建立 Workfile 和对象，录入变量人口数 X 和医疗机构数 Y

按教材第五章第 142 页案例数据录入，如图 14.37 所示。

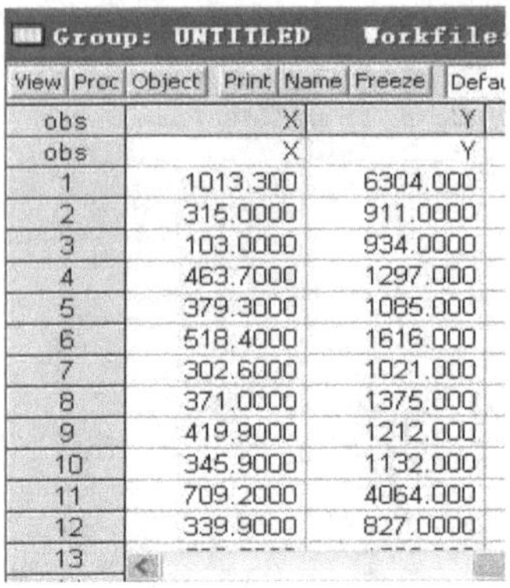

obs	X	Y
obs	X	Y
1	1013.300	6304.000
2	315.0000	911.0000
3	103.0000	934.0000
4	463.7000	1297.000
5	379.3000	1085.000
6	518.4000	1616.000
7	302.6000	1021.000
8	371.0000	1375.000
9	419.9000	1212.000
10	345.9000	1132.000
11	709.2000	4064.000
12	339.9000	827.0000
13	[illegible]	[illegible]

图 14.37

2. 参数估计

按住 Ctrl 键，同时选中序列 X 和序列 Y，点右键，在所出现的右键菜单中，选择 open \ as Group 弹出一对话框，点击其上的“确定”，可生成并打开一个组对象（图 14.37）。在组对象窗口工具栏中点击 View \ Graph \ Scatter \ Simple Scatter，可得 X 与 Y 的简单散点图（图 14.38），可以看出 X 与 Y 是带有截距的近似线性关系。

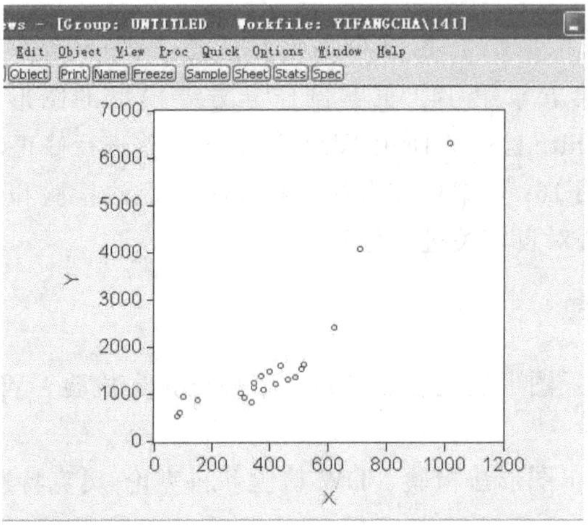

图 14.38

点击主界面菜单 Quick \ Estimate Equation，在弹出的对话框中输入“Y C X”，点确定即可得到回归结果（图 14.39）。

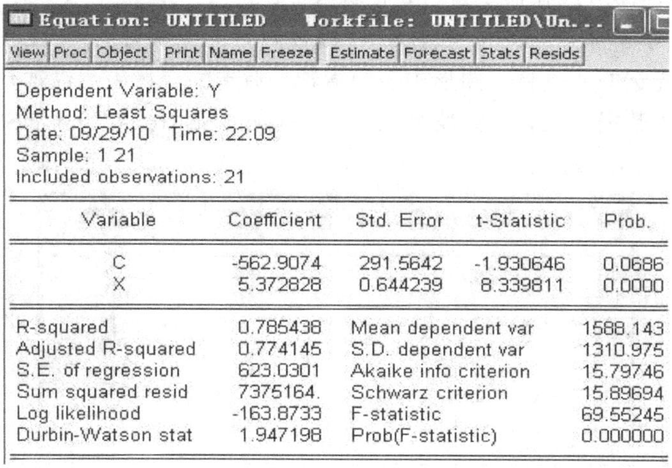

Dependent Variable: Y
Method: Least Squares
Date: 09/29/10　Time: 22:09
Sample: 1 21
Included observations: 21

Variable	Coefficient	Std. Error	t-Statistic	Prob.
C	-562.9074	291.5642	-1.930646	0.0686
X	5.372828	0.644239	8.339811	0.0000

R-squared	0.785438	Mean dependent var	1588.143
Adjusted R-squared	0.774145	S.D. dependent var	1310.975
S.E. of regression	623.0301	Akaike info criterion	15.79746
Sum squared resid	7375164.	Schwarz criterion	15.89694
Log likelihood	-163.8733	F-statistic	69.55245
Durbin-Watson stat	1.947198	Prob(F-statistic)	0.000000

图 14.39

估计结果为

$$\hat{Y}_i = -562.9074 + 5.372828X_i$$
$$(291.5462) \quad (0.644239)$$
$$t = (-1.930646) \quad (8.339811)$$
$$R^2 = 0.785438, \quad \bar{R}^2 = 0.774145, \quad F = 69.55245, \quad df = 19$$

3. 检验模型的异方差

本例用的是四川省 2000 年各地市州的医疗机构数和人口数，由于地区之间存在的不同人口数，因此，对各种医疗机构的设置数量会存在不同的需求，这种差异使得模型很容易产生异方差，从而影响模型的估计和运用。为此，必须对该模型是否存在异方差进行检验。

(1) 图形法

由路径：Quick/Estimate Equation，进入 Equation Specification 窗口，键入“Y　C　X”，确认并点“OK”，得样本回归估计结果，见图 14.39。

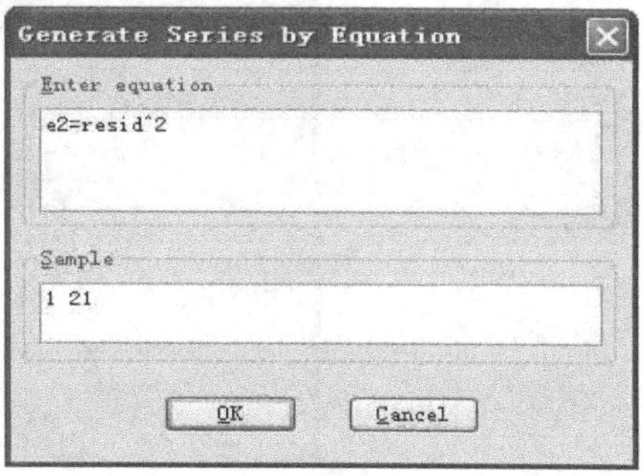

图 14.40

生成残差平方序列。在得到图 14.39 估计结果后，直接在工作文件窗口中按 Genr，在弹出的窗口中，在主窗口键入命令“e2＝resid^2”（用 e2 来表示残差平方序列 e_i^2），得到残差平方序列 e2（图 14.40）（或在命令窗口直接输入 “genr e2＝resid^2”）

绘制 e_t^2 对 X_t 的散点图。按住 Ctrl 键，同时选择变量 X 与 e2（注意选择变量的顺序，先选的变量将在图形中表示横轴，后选的变量表示纵轴）以组对象方式打开，进入数据列表，再按路径 view \ Graph \ Scatter \ Simple Scatter，可得散点图，见图 14.41。

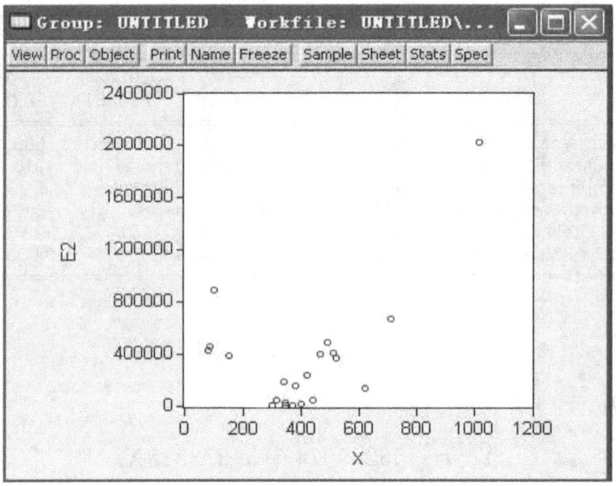

图 14.41

判断。由图 14.41 可以看出，残差平方 e_i^2 对解释变量 X_i 的散点图主要分布在图形中的下三角部分，大致看出残差平方 e_i^2 随 X_i 的变动呈增大的趋势，因此，模型很可能存在异方差。但是否确实存在异方差还应通过更进一步的检验。

（2）Goldfeld-Quanadt 检验

对变量取值排序（按递增或递减）。直接在工作文件窗口中按 Proc \ Sort Current Page...，在弹出的对话框中输入 X 即可（默认项是 Ascending（升序））。本例选升序排序，这时变量 Y 与 X 将以 X 按升序排序（图 14.42）。

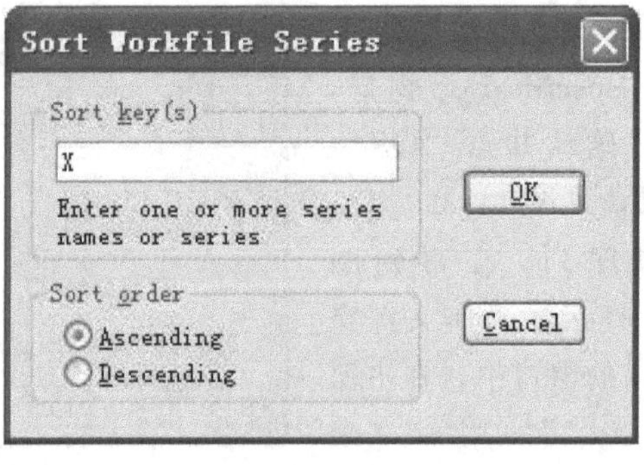

图 14.42

构造子样本区间，建立回归模型。在本例中，样本容量 $n=21$，删除中间 1/4 的观测值，即大约 5 个观测值，余下部分平分得两个样本区间（1～8 和 14～21），它们的样本个数均是 8 个，即 $n_1=n_2=8$。

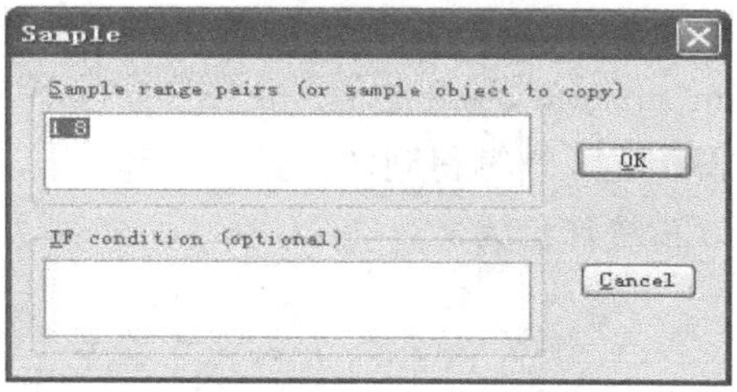

图 14.43

在工作文件窗口中按在 Sample 菜单，在弹出的对话框中输入“1 8”，将样本期改为 1～8（图 14.43）。

然后用 OLS 方法求得如下结果（图 14.44）。

Dependent Variable: Y
Method: Least Squares
Date: 09/29/10　Time: 22:16
Sample: 1 8
Included observations: 8

Variable	Coefficient	Std. Error	t-Statistic	Prob.
C	598.2525	119.2922	5.015018	0.0024
X	1.177650	0.490187	2.402452	0.0531

R-squared	0.490306	Mean dependent var	852.6250
Adjusted R-squared	0.405357	S.D. dependent var	201.5667
S.E. of regression	155.4343	Akaike info criterion	13.14264
Sum squared resid	144958.9	Schwarz criterion	13.16250
Log likelihood	-50.57056	F-statistic	5.771775
Durbin-Watson stat	1.656269	Prob(F-statistic)	0.053117

图 14.44

在 Sample 菜单里，将区间定义为 14～21，再用 OLS 方法求得如下结果（图 14.45）。

Dependent Variable: Y
Method: Least Squares
Date: 09/29/10　Time: 22:17
Sample: 14 21
Included observations: 8

Variable	Coefficient	Std. Error	t-Statistic	Prob.
C	-2940.426	430.7787	-6.825839	0.0005
X	9.177641	0.693419	13.23534	0.0000

R-squared	0.966883	Mean dependent var	2520.500
Adjusted R-squared	0.961363	S.D. dependent var	1781.627
S.E. of regression	350.2011	Akaike info criterion	14.76721
Sum squared resid	735844.7	Schwarz criterion	14.78707
Log likelihood	-57.06884	F-statistic	175.1744
Durbin-Watson stat	1.815102	Prob(F-statistic)	0.000011

图 14.45

下面求 F 统计量值。基于图 14.44 和图 14.45 中残差平方和的数据，即 Sum squared resid 的值。由图 14.44 计算得到的残差平方和为 $\sum e_{1i}^2=144958.9$，由图 14.45 计算得到的残差平方和为 $\sum e_{2i}^2=735844.7$，根据 Goldfeld-Quanadt 检验，F 统计量为

$$F=\frac{\sum e_{2i}^2}{\sum e_{1i}^2}=\frac{735844.7}{144958.9}=5.0762$$

判断。在 $\alpha=0.05$ 下，在上式中分子、分母的自由度均为 6，查 F 分布表得临界值为 $F_{0.05}(6,6)=4.28$，因为 $F=5.0762>F_{0.05}(6,6)=4.28$，所以拒绝原假设，表明模型确实存在异方差。

（3）White 检验

由图 14.39 估计结果，按路径 View/Residual tests/white heteroskedasticity (no cross terms or cross terms)，进入 White 检验。根据 White 检验中辅助函数的构造，最后一项为变量的交叉乘积项，因为本例为一元函数，故无交叉乘积项，因此应选 no cross terms，则辅助函数为

$$\sigma_t^2=\alpha_0+\alpha_1 x_t+\alpha_2 x_t^2+v_t$$

经估计出现 White 检验结果，见图 14.46。

White Heteroskedasticity Test:

F-statistic	55.61118	Probability	0.000000
Obs*R-squared	18.07481	Probability	0.000119

Test Equation:
Dependent Variable: RESID^2
Method: Least Squares
Date: 09/29/10　Time: 22:19
Sample: 1 21
Included observations: 21

Variable	Coefficient	Std. Error	t-Statistic	Prob.
C	823375.5	130273.4	6.320365	0.0000
X	-3605.578	553.5894	-6.513091	0.0000
X^2	4.742387	0.532352	8.908366	0.0000

R-squared	0.860705	Mean dependent var	351198.3
Adjusted R-squared	0.845228	S.D. dependent var	454261.0
S.E. of regression	178711.1	Akaike info criterion	27.15649
Sum squared resid	5.75E+11	Schwarz criterion	27.30571
Log likelihood	-282.1432	F-statistic	55.61118
Durbin-Watson stat	1.687985	Prob(F-statistic)	0.000000

图 14.46

从图 14.46 可以看出，$nR^2=18.0748$，由 White 检验知，在 $\alpha=0.05$ 下，查 χ^2 分布表，得临界值 $\chi_{0.05}^2$（2）＝5.9915（在上式辅助函数中只有两项含有解释

变量，故自由度为 2)，比较计算的 χ^2 统计量与临界值，因为 $nR^2=18.0748>\chi^2_{0.05}(2)=5.9915$，所以拒绝原假设，不拒绝备择假设，表明模型存在异方差(或直接看检验统计量 $nR^2=18.0748$ 所对应的 p 值，可得到同样的结论)。

4. 异方差性的修正

在运用 WLS 法估计过程中，我们分别选用了权数 $w_{1t}=1/X_t$，$w_{2i}=1/X_t^2$，$w_{3i}=1/\sqrt{X_t}$。权数的生成过程如下，由图 14.40，在对话框中的 Enter equation 处，按如下格式分别键入"w1=1/X，w2=1/X^2，w3=1/sqr (X)"，经估计检验发现用权数 w_{2t} 的效果最好。下面仅给出用权数 w_{2t} 的结果。

在工作文件窗口中点 Quick \ Estimate Equation，在弹出的对话框中输入"Y C X"(图 14.47)。

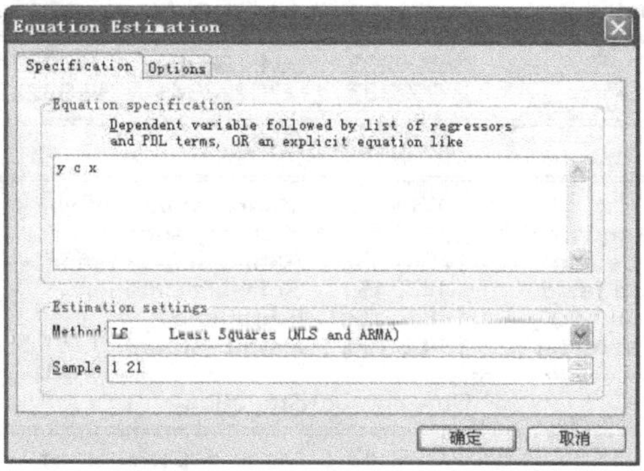

图 14.47

然后在图 14.47 中点 Options 选项，选中 Weighted LS/TLS 复选框，在 Weight 框中输入"w2"，即可得到加权最小二乘法的结果(图 14.48)。

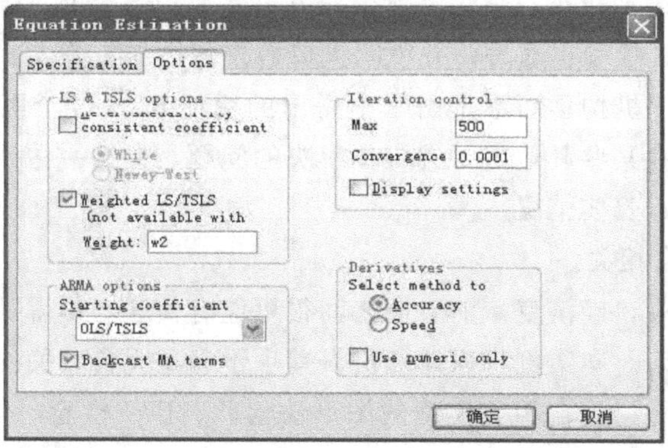

图 14.48

图 14.49 的估计结果如下：

$$\hat{Y}_i = 368.6203 + 2.952837X_i$$

$$(84.1683) \quad (0.8227)$$

$$t = (4.3796) \quad (3.5893)$$

$$R^2 = 0.9387, \quad \bar{R}^2 = 0.9354, \quad F = 12.88288, \quad df = 19$$

括号中数据为 t 统计量值。

Dependent Variable: Y
Method: Least Squares
Date: 09/29/10 Time: 22:22
Sample: 1 21
Included observations: 21
Weighting series: W2

Variable	Coefficient	Std. Error	t-Statistic	Prob.
C	368.6203	84.16826	4.379564	0.0003
X	2.952837	0.822684	3.589272	0.0020

Weighted Statistics

R-squared	0.938666	Mean dependent var	808.6869
Adjusted R-squared	0.935438	S.D. dependent var	1086.417
S.E. of regression	276.0477	Akaike info criterion	14.16942
Sum squared resid	1447845.	Schwarz criterion	14.26890
Log likelihood	-146.7789	F-statistic	12.88288
Durbin-Watson stat	1.706018	Prob(F-statistic)	0.001956

Unweighted Statistics

R-squared	0.625243	Mean dependent var	1588.143
Adjusted R-squared	0.605519	S.D. dependent var	1310.975
S.E. of regression	823.3933	Sum squared resid	12881555
Durbin-Watson stat	0.380812		

图 14.49

可以看出运用加权小二乘法消除了异方差性后，参数的 t 检验均显著，可决系数大幅提高，F 检验也显著，并说明人口数量每增加 1 万人，平均说来将增加 2.953 个卫生医疗机构，而不是引子中得出的增加 5.3735 个医疗机构。虽然这个模型可能还存在某些其他需要进一步解决的问题，但这一估计结果或许比引子中的结论更为接近真实情况。

【案例 2】 自相关。

在经济系统中，经济变量前后期之间很可能有关联，使得随机误差项不能满足无自相关的假定。本案例将探讨随机误差项不满足无自相关的古典假定时的参数估计问题。着重讨论自相关模型的图形法检验、DW 检验，与科克伦-奥克特迭代法对自相关修正。

1）建立 Workfile，录入变量 1985 年可比价格计的人均纯收入 X 和人均消费支出人口数 Y（教材 P167 案例）如图 14.50 所示。

Group: UNTITLED　Workfile: UNTI...

View | Proc | Object | Print | Name | Freeze | Default | Sort | Transpose

obs	X	Y
1985	397.6000	317.4000
1986	399.4300	336.4800
1987	410.4700	353.4200
1988	411.5600	360.0500
1989	380.9400	339.0800
1990	415.6900	354.1100
1991	419.5400	366.9600
1992	443.4400	373.1900
1993	458.5100	382.9400
1994	492.3400	410.0000
1995	541.4200	449.6900
1996	611.6700	500.0300
1997	648.5000	501.7700
1998	677.5300	498.2800
1999	704.5200	501.7500
2000	717.6400	531.8500
2001	[illegible]	[illegible]

图 14.50

2）参数估计、检验模型的自相关。使用普通最小二乘法估计消费模型得如图 14.51 所示。

Dependent Variable: Y
Method: Least Squares
Date: 09/29/10　Time: 22:28
Sample: 1985 2007
Included observations: 23

Variable	Coefficient	Std. Error	t-Statistic	Prob.
C	56.21642	14.56220	3.860435	0.0009
X	0.698914	0.021862	31.96898	0.0000

R-squared	0.979866	Mean dependent var	495.7878
Adjusted R-squared	0.978907	S.D. dependent var	158.3550
S.E. of regression	22.99841	Akaike info criterion	9.191668
Sum squared resid	11107.46	Schwarz criterion	9.290407
Log likelihood	-103.7042	F-statistic	1022.016
Durbin-Watson stat	0.410240	Prob(F-statistic)	0.000000

图 14.51

根据图 14.51，估计结果如下：

$$\hat{Y}_t = 56.216 + 0.6989X_t \tag{14.2}$$

$$\text{Se} = (14.56)\quad(0.021)$$

$$R^2 = 0.9798, \quad F = 1022.016, \quad DW = 0.4102$$

该回归方程可决系数较高，回归系数均显著。对样本量为 23、一个解释变量的模型、5%显著水平，查 DW 统计表可知，$d_L = 1.018$，$d_U = 1.187$，模型中 $DW < d_L$，显然消费模型中有正自相关。这一点也可从残差图中看出，点击 EViews 方程输出窗口的按钮 Resids 可得到残差图如图 14.52 所示。

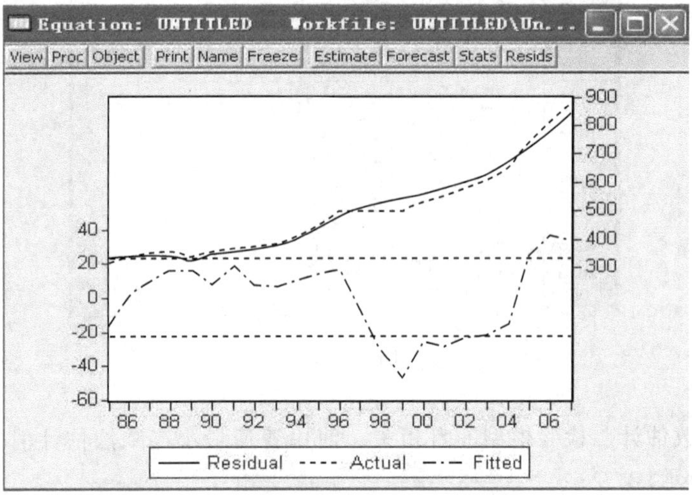

图 14.52 残差图

图 14.52 中，残差的变动有系统模式，连续为正和连续为负，表明残差项存在一阶正自相关，模型中 t 统计量和 F 统计量的结论不可信，需采取补救措施。

3）自相关问题的修正。为解决自相关问题，选用广义差分法。由式（14.2）可得残差序列 e_t，在 EViews 中，每次回归的残差存放在 resid 序列中，为了对残差进行回归分析，需生成命名为 e 的残差序列。点击工作文件窗口工具栏中的 Genr，在弹出的对话框中输入“e=resid”，点击“OK”得到残差序列 e_t（图 14.53）。

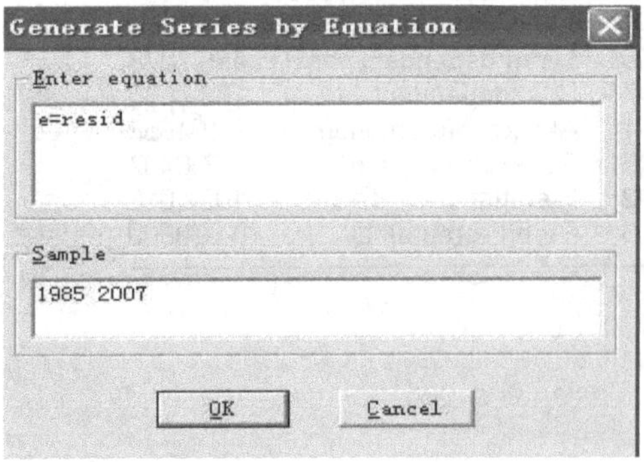

图 14.53

使用 e_t 进行滞后一期的自回归，在 EViews 命令栏中输入“LS e e

（－1）”可得回归方程

$$\hat{e}_t = 0.8148e_{t-1}$$

由上式可知 $\hat{p}=0.8148$，对原模型进行广义差分，得到广义差分方程

$$Y_t - 0.8148Y_{t-1} = \beta_1(1-0.8148) + \beta_2(X_t - 0.8148X_{t-1}) + u_t$$

对上式的广义差分方程进行回归，在 EViews 命令栏中输入（注意中间空格）

LS Y－0.8148＊Y(－1)　C　X－0.8148＊X(－1)，

回车后可得方程输出结果图 14.54。

Dependent Variable: Y-0.8148*Y(-1)
Method: Least Squares
Date: 09/29/10　Time: 22:39
Sample (adjusted): 1986 2007
Included observations: 22 after adjustments

Variable	Coefficient	Std. Error	t-Statistic	Prob.
C	7.764928	7.825463	0.992264	0.3329
X-0.8148*X(-1)	0.730942	0.049589	14.74006	0.0000

R-squared	0.915708	Mean dependent var	114.1105
Adjusted R-squared	0.911493	S.D. dependent var	47.78323
S.E. of regression	14.21557	Akaike info criterion	8.233060
Sum squared resid	4041.647	Schwarz criterion	8.332246
Log likelihood	-88.66366	F-statistic	217.2695
Durbin-Watson stat	1.324314	Prob(F-statistic)	0.000000

图 14.54

由图 14.54 可得回归方程为

$$\hat{Y}_t^* = 7.7649 + 0.7309X_t^* \qquad (14.3)$$

$$\text{Se} = (7.825)\quad(0.049)$$

$$R^2 = 0.9157,\quad F = 217.269,\quad \text{DW} = 1.324$$

式中，$\hat{Y}_t^* = Y_t - 0.8148Y_{t-1}$，$\hat{Y}_t^* = X_t - 0.8148X_{t-1}$。

由于使用了广义差分数据，样本容量减少了 1 个，为 22 个。查 5%显著水平的 DW 统计表可知 $d_L = 0.997$，$d_U = 1.174$，模型中 DW $= 1.324 > d_U$，说明广义差分模型中已无自相关，不必再进行迭代。同时可见，可决系数 R^2，t，F 统计量也均达到理想水平。

对比式（14.2）和式（14.3），很明显普通最小二乘法低估了回归系数 $\hat{\beta}_2$ 的标准误差（原模型中 $\text{Se}(\hat{\beta}_2) = 0.021$，广义差分模型中为 $\text{Se}(\hat{\beta}_2) = 0.049$）。

由式（14.3）有

$$\hat{\beta}_1 = \frac{7.7649}{1-0.8148} = 41.9271$$

由此，我们得到最终的中国农村居民消费模型为

$$\hat{Y}_t = 41.9271 + 0.7309X_t \tag{14.4}$$

由式（14.4）的中国农村居民消费模型可知，中国农村居民的边际消费倾向为0.7309，即中国农民每增加收入1元，平均来说将增加消费支出0.7309元。

下面采用科克伦-奥克特迭代法消除序列相关性。如果假设随机扰动项一阶自相关，那么在命令窗口输入“LS Y C X AR（1）”，得到结果图14.55，该结果与（14.4）非常接近。

Dependent Variable: Y
Method: Least Squares
Date: 09/29/10 Time: 23:03
Sample (adjusted): 1986 2007
Included observations: 22 after adjustments
Convergence achieved after 5 iterations

Variable	Coefficient	Std. Error	t-Statistic	Prob.
C	41.25316	46.13200	0.894242	0.3824
X	0.732345	0.054730	13.38115	0.0000
AR(1)	0.826395	0.137981	5.989212	0.0000

R-squared	0.992207	Mean dependent var	503.8964
Adjusted R-squared	0.991386	S.D. dependent var	157.1184
S.E. of regression	14.58224	Akaike info criterion	8.323609
Sum squared resid	4040.190	Schwarz criterion	8.472387
Log likelihood	-88.55970	F-statistic	1209.477
Durbin-Watson stat	1.340558	Prob(F-statistic)	0.000000

Inverted AR Roots	.83

图14.55

实验四　分布滞后模型与自回归模型

一、实验目的

掌握分布滞后模型与自回归模型的估计与应用，熟悉EViews的基本操作。

二、实验要求

应用教材第七章第194页案例（数据见第183页）利用阿尔蒙法作有限分布滞后模型的估计；应用教材第七章第197页案例作分布滞后模型与自回归模型的估计。

三、实验原理

普通最小二乘法、阿尔蒙法、德宾 h 检验。

四、预备知识

最小二乘法估计的原理、t 检验、拟合优度检验、阿尔蒙法、多项式近似、德宾 h 检验。

五、实验步骤

【案例 1】 分布滞后模型与阿尔蒙法。

为了研究 1955～1974 年期间美国制造业库存量 Y 和销售额 X 的关系，我们在教材例 7.3 中采用了经验加权法估计分布滞后模型。尽管经验加权法具有一些优点，但是设置权数的主观随意性较大，要求分析者对实际问题的特征有比较透彻的了解。下面用阿尔蒙法估计如下有限分布滞后模型：

$$Y_t = \alpha + \beta_0 X_t + \beta_1 X_{t-1} + \beta_2 X_{t-2} + \beta_3 X_{t-3} + u_t$$

在实际应用中，EViews 提供了多项式分布滞后指令“PDL”用于估计分布滞后模型。下面结合本例给出操作过程：

1. 建立工作文件并录入数据

如图 14.56 所示。

2. 模型估计与检验

进入 Equation Specification 对话栏，键入方程形式

Y　C　PDL(X, 3, 2)

其中，“PDL 指令”表示进行多项式分布滞后（Polynomial Distributed Lags）模型的估计，括号中的 3 表示 X 的分布滞后长度，2 表示多项式的阶数。在 Estimation Settings 栏中选择 Least Squares（最小二乘法），点击“OK”，屏幕将显示回归分析结果如图 14.57 所示。

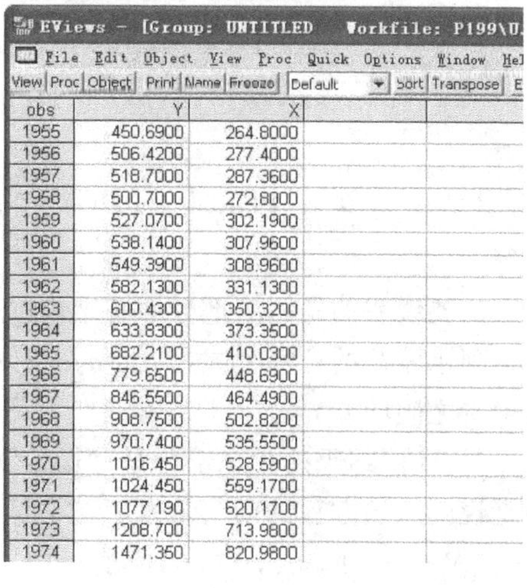

obs	Y	X
1955	450.6900	264.8000
1956	506.4200	277.4000
1957	518.7000	287.3600
1958	500.7000	272.8000
1959	527.0700	302.1900
1960	538.1400	307.9600
1961	549.3900	308.9600
1962	582.1300	331.1300
1963	600.4300	350.3200
1964	633.8300	373.3500
1965	682.2100	410.0300
1966	779.6500	448.6900
1967	846.5500	464.4900
1968	908.7500	502.8200
1969	970.7400	535.5500
1970	1016.450	528.5900
1971	1024.450	559.1700
1972	1077.190	620.1700
1973	1208.700	713.9800
1974	1471.350	820.9800

图 14.56

对图 14.57 的结果，有如下的具体说明：

1）回归系数 PDL01、PDL02 等是多项式分布滞后系数，其计算公式为

$$\beta_{j+1} = \mathrm{PDL01} + \mathrm{PDL02}j + \mathrm{PDL03}j^2 + \mathrm{PDL04}j^3 + \mathrm{PDL05}j^4 + \cdots, \quad j \leqslant 10$$

例如，

$$\begin{aligned}\beta_0 &= \mathrm{PDL01} + \mathrm{PDL02}(-1) + \mathrm{PDL03}(-1)^2 \\ &= 1.130509 - 0.037469 + (-0.431647) = 0.661393\end{aligned}$$

Dependent Variable: Y
Method: Least Squares
Date: 10/04/10 Time: 11:11
Sample (adjusted): 1958 1974
Included observations: 17 after adjustments

Variable	Coefficient	Std. Error	t-Statistic	Prob.
C	-71.38141	19.91206	-3.584833	0.0033
PDL01	1.130509	0.179875	6.284984	0.0000
PDL02	0.037469	0.162261	0.230919	0.8210
PDL03	-0.431647	0.166337	-2.595007	0.0222

R-squared	0.996803	Mean dependent var	818.6900
Adjusted R-squared	0.996065	S.D. dependent var	279.9174
S.E. of regression	17.55873	Akaike info criterion	8.771303
Sum squared resid	4008.015	Schwarz criterion	8.967354
Log likelihood	-70.55608	F-statistic	1351.083
Durbin-Watson stat	1.847312	Prob(F-statistic)	0.000000

Lag Distribution of X	i	Coefficient	Std. Error	t-Statistic
	0	0.66139	0.16525	4.00249
	1	1.13051	0.17987	6.28498
	2	0.73633	0.16412	4.48665
	3	-0.52114	0.23465	-2.22093
Sum of Lags		2.00709	0.06324	31.7393

图 14.57

$$\beta_1 = \text{PDL01} + \text{PDL02}(0) + \text{PDL03}(0)^2 = 1.130509$$

等等。

需要说明的是，这部分回归结果的计算公式与阿尔蒙法的计算公式是有区别的。阿尔蒙法的计算公式为 $\beta_i = a_0 + a_1 i + a_2 i^2 + a_3 i^3 + \cdots$。请同学们自行比较分析两者之间的差异。

2）回归结果的第二部分是“Lag Distribution of X”以下的部分。这部分主要是说明原始方程的回归结果。在本例中，我们有

$$Y_t = -71.3814 + 0.6614X_t + 1.1305X_{t-1} + 0.7363X_{t-2} - 0.5211X_{t-3}$$

$$\text{se} = (19.9121)\ (0.1653)\quad (0.1799)\qquad (0.1641)\qquad (0.2347)$$

$$t = (-3.5848)\ (4.0025)\quad (6.2850)\qquad (4.4867)\qquad (-2.2209)$$

上述回归系数左侧的图形就是变量 X 回归系数的坐标图，横轴是以滞后阶次“i”为坐标（垂直向下），纵轴是以 β_i 为坐标（从左向右）。

3）为了比较分析阿尔蒙法的基本原理，我们可采用多项式近似的方法分步再次完成教材例 7.4。首先将系数 β_i（$i=0$，1，2，3）用二次多项式近似，即

$$\beta_0 = \alpha_0$$

$$\beta_1 = \alpha_0 + \alpha_1 + \alpha_2$$

$$\beta_2 = \alpha_0 + 2\alpha_1 + 4\alpha_2$$

$$\beta_3 = \alpha_0 + 3\alpha_1 + 9\alpha_2$$

则原模型可变为

$$Y_t = \alpha + \alpha_0 Z_{0t} + \alpha_1 Z_{1t} + \alpha_2 Z_{2t} + u_t$$

其中

$$Z_{0t} = X_t + X_{t-1} + X_{t-2} + X_{t-3}$$

$$Z_{1t} = X_{t-1} + 2X_{t-2} + 3X_{t-3}$$

$$Z_{2t} = X_{t-1} + 4X_{t-2} + 9X_{t-3}$$

在 EViews 工作文件中输入 X 和 Y 的数据，在命令窗口输入“genr Z0＝X＋X（－1）＋X（－2）＋X（－3）”，或在工作文件窗口中点击“Genr”工具栏，出现对话框，输入生成变量 Z_{0t}的公式，点击“OK”，可生成 Z_{1t}、Z_{2t}变量的数据。进入 Equation Specification 对话栏，键入回归方程形式

Y　C　Z0　Z1　Z2

点击“OK”，显示回归结果如图 14.58 所示。

Dependent Variable: Y
Method: Least Squares
Date: 10/04/10　Time: 11:22
Sample (adjusted): 1958 1974
Included observations: 17 after adjustments

Variable	Coefficient	Std. Error	t-Statistic	Prob.
C	-71.38141	19.91206	-3.584833	0.0033
Z0	0.661393	0.165246	4.002488	0.0015
Z1	0.900763	0.482702	1.866083	0.0847
Z2	-0.431647	0.166337	-2.595007	0.0222

R-squared	0.996803	Mean dependent var	818.6900
Adjusted R-squared	0.996065	S.D. dependent var	279.9174
S.E. of regression	17.55873	Akaike info criterion	8.771303
Sum squared resid	4008.015	Schwarz criterion	8.967354
Log likelihood	-70.55608	F-statistic	1351.083
Durbin-Watson stat	1.847312	Prob(F-statistic)	0.000000

图 14.58

图 14.58 中 Z0，Z1，Z2 对应的系数分别为 α_0，α_1，α_2 的估计值 $\hat{\alpha}_0$，$\hat{\alpha}_1$，$\hat{\alpha}_2$。将它们代入分布滞后系数的阿尔蒙多项式中，可计算出 $\hat{\beta}_0$，$\hat{\beta}_1$，$\hat{\beta}_2$，$\hat{\beta}_3$ 的估计值为

$$\hat{\beta}_0 = \hat{\alpha}_0 = 0.661393$$

$$\hat{\beta}_1 = \hat{\alpha}_0 + \hat{\alpha}_1 + \hat{\alpha}_2 = 0.661393 + 0.900763 + (-0.431647)$$

$$= 1.130509$$

$$\hat{\beta}_2 = \hat{\alpha}_0 + 2\hat{\alpha}_1 + 4\hat{\alpha}_2 = 0.661393 + 2 \times 0.900763 + 4 \times (-0.431647)$$
$$= 0.736331$$
$$\hat{\beta}_3 = \hat{\alpha}_0 + 3\hat{\alpha}_1 + 9\hat{\alpha}_2 = 0.661393 + 3 \times 0.900763 + 9 \times (-0.431647)$$
$$= -0.521141$$

从而，分布滞后模型的最终估计式为

$$Y_t = -71.38141 + 0.631393X_t + 1.130509X_{t-1} + 0.736331X_{t-2} - 0.521141X_{t-3}$$

值得注意的是，用“PDL”估计分布滞后模型时，EViews 所采用的滞后系数多项式变换不是形如教材（7.4）式的阿尔蒙多项式，而是阿尔蒙多项式的派生形式。因此，输出结果中 PDL01、PDL02、PDL03 对应的估计系数不是阿尔蒙多项式系数 α_0，α_1，α_2 的估计。但同用多项式分布滞后指令“PDL”计算的结果相比，最终的分布滞后估计系数 $\hat{\beta}_0$，$\hat{\beta}_1$，$\hat{\beta}_2$，$\hat{\beta}_3$ 是相同的。

【案例 2】 分布滞后模型与自回归模型。

货币主义学派认为，产生通货膨胀的必要条件是货币的超量供应。物价变动与货币供应量的变化有着较为密切的联系，但是二者之间的关系不是瞬时的，货币供应量的变化对物价的影响存在一定时滞。有研究表明，西方国家的通货膨胀时滞约为 2～3 个季度。在中国，大家普遍认同货币供给的变化对物价具有滞后影响，但滞后期究竟有多长，还存在不同的认识。

1. 建立工作文件并录入数据

采集 1996～2008 年全国广义货币供应量和物价指数的月度数据（见教材第七章 197 页表 7.4）对这一问题进行研究。数据见图 14.59。

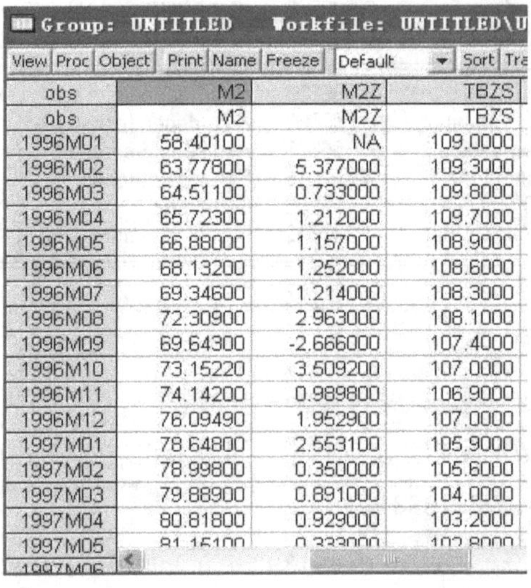

obs	M2	M2Z	TBZS
obs	M2	M2Z	TBZS
1996M01	58.40100	NA	109.0000
1996M02	63.77800	5.377000	109.3000
1996M03	64.51100	0.733000	109.8000
1996M04	65.72300	1.212000	109.7000
1996M05	66.88000	1.157000	108.9000
1996M06	68.13200	1.252000	108.6000
1996M07	69.34600	1.214000	108.3000
1996M08	72.30900	2.963000	108.1000
1996M09	69.64300	-2.666000	107.4000
1996M10	73.15220	3.509200	107.0000
1996M11	74.14200	0.989800	106.9000
1996M12	76.09490	1.952900	107.0000
1997M01	78.64800	2.553100	105.9000
1997M02	78.99800	0.350000	105.6000
1997M03	79.88900	0.891000	104.0000
1997M04	80.81800	0.929000	103.2000
1997M05	81.16100	0.333000	102.8000

图 14.59

2. 模型设定，估计与检验

为了考查货币供应量的变化对物价的影响，用广义货币 M2 的月增长量 M2Z 作为解释变量，以居民消费价格月度同比指数 TBZS 为被解释变量进行研究。首先估计如下回归模型：

$$\mathrm{TBZS}_t = \alpha + \beta_0 \mathrm{M2Z}_t + u_t$$

得如图 14.60 所示的回归结果。

Equation: UNTITLED　Workfile: UNTITLED\Un...

View | Proc | Object | Print | Name | Freeze | Estimate | Forecast | Stats | Resids

Dependent Variable: TBZS
Method: Least Squares
Date: 10/04/10　Time: 11:33
Sample (adjusted): 1996M02 2008M11
Included observations: 154 after adjustments

Variable	Coefficient	Std. Error	t-Statistic	Prob.
C	101.3693	0.347947	291.3352	0.0000
M2Z	0.295873	0.099444	2.975262	0.0034

R-squared	0.055033	Mean dependent var	102.1383
Adjusted R-squared	0.048816	S.D. dependent var	2.964169
S.E. of regression	2.090915	Akaike info criterion	4.973925
Sum squared resid	1270.323	Schwarz criterion	5.013366
Log likelihood	-380.9922	F-statistic	8.852184
Durbin-Watson stat	0.144830	Prob(F-statistic)	0.003406

图 14.60

从图 14.60 的回归结果来看，M2Z 的 t 统计量值显著，表明当期货币供应量的变化对当期物价水平有一定的影响，但没有显现出影响的滞后性。为了分析货币供应量变化影响物价的滞后性，我们作滞后 6 个月的分布滞后模型的估计，在 EViews 工作文档的方程设定窗口中，输入

TBZS　C　M2Z　M2Z（－1）　M2Z（－2）　M2Z（－3）　M2Z（－4）　M2Z（－5）　M2Z（－6）

或输入“TBZS c M2Z M2Z（－1 to －6)”，得到结果如图 14.61 所示。

从图 14.61 的回归结果来看，M2Z 各滞后期的系数逐步增加，表明当期货币供应量的变化对物价水平的影响要经过一段时间才能逐步显现。但各滞后期的系数的 t 统计量值不是很显著，因此还不能据此判断滞后期究竟有多长。为此，作滞后 12 个月的分布滞后模型的估计，结果如图 14.62 所示。

图 14.62 的结果显示，从 M2Z 到 M2Z（－10)，回归系数都不显著异于零，而 M2Z（－11）的回归系数 t 统计量值为 2.159，在 5%显著性水平下拒绝系数

Dependent Variable: TBZS
Method: Least Squares
Date: 10/04/10 Time: 11:36
Sample (adjusted): 1996M08 2008M11
Included observations: 148 after adjustments

Variable	Coefficient	Std. Error	t-Statistic	Prob.
C	99.22661	0.386141	256.9702	0.0000
M2Z	0.047767	0.096426	0.495370	0.6211
M2Z(-1)	0.134020	0.091565	1.463668	0.1455
M2Z(-2)	0.157368	0.090457	1.739696	0.0841
M2Z(-3)	0.152117	0.092776	1.639620	0.1033
M2Z(-4)	0.179926	0.090157	1.995700	0.0479
M2Z(-5)	0.166696	0.092253	1.806939	0.0729
M2Z(-6)	0.179974	0.097170	1.852158	0.0661

R-squared	0.305349	Mean dependent var	101.8561
Adjusted R-squared	0.270617	S.D. dependent var	2.659733
S.E. of regression	2.271517	Akaike info criterion	4.531311
Sum squared resid	722.3706	Schwarz criterion	4.693323
Log likelihood	-327.3170	F-statistic	8.791439
Durbin-Watson stat	0.095997	Prob(F-statistic)	0.000000

图 14.61

为零的原假设。这一结果表明，当期货币供应量变化对物价水平的影响在经过 11 个月后显现出来。为了考查货币供应量变化对物价水平影响的持续期，作滞后 18 个月的分布滞后模型的估计，可在命令窗口输入“LS TBZS C M2Z M2Z (－1 to －18)”，结果如图 14.63 所示。

图 14.63 的结果表明，从滞后 12 个月开始 t 统计量值显著，一直到滞后 15 个月为止，从滞后第 16 个月开始 t 值变得不显著；再从回归系数来看，从滞后 11 个月开始，货币供应量变化对物价水平的影响明显增加，再滞后 13 个月时达到最大，然后逐步下降。

3. 结果分析

通过上述一系列分析，可以作出这样的判断：在我国，货币供应量变化对物价水平的影响具有明显的滞后性，滞后期大约为一年，而且滞后影响具有持续性，持续的长度大约为半年，其影响力度先递增然后递减，滞后结构为 Λ 型。

当然，从上述回归结果也可以看出，回归方程的 R^2 不高，DW 值也偏低，表明除了货币供应量外，还有其他因素影响物价变化；同时，过多的滞后变量也可能引起多重共线性问题。如果我们分析的重点是货币供应量变化对物价影响的滞后性，上述结果已能说明问题。如果要提高模型的预测精度，则可以考虑对模

Dependent Variable: TBZS
Method: Least Squares
Date: 10/04/10　Time: 11:39
Sample (adjusted): 1997M02 2008M11
Included observations: 142 after adjustments

Variable	Coefficient	Std. Error	t-Statistic	Prob.
C	98.19975	0.313325	313.4122	0.0000
M2Z	-0.064922	0.086361	-0.751747	0.4536
M2Z(-1)	0.079507	0.078461	1.013330	0.3128
M2Z(-2)	0.068629	0.081667	0.840353	0.4023
M2Z(-3)	0.099556	0.082280	1.209969	0.2285
M2Z(-4)	0.132429	0.082881	1.597828	0.1125
M2Z(-5)	0.044290	0.082215	0.538714	0.5910
M2Z(-6)	0.067894	0.082124	0.826722	0.4099
M2Z(-7)	0.131624	0.082236	1.600562	0.1119
M2Z(-8)	0.152602	0.082487	1.850002	0.0666
M2Z(-9)	0.085495	0.082246	1.039502	0.3005
M2Z(-10)	0.078295	0.081444	0.961331	0.3382
M2Z(-11)	0.204746	0.094826	2.159170	0.0327
M2Z(-12)	0.288987	0.100707	2.869575	0.0048

R-squared	0.554030	Mean dependent var	101.6366
Adjusted R-squared	0.508737	S.D. dependent var	2.482034
S.E. of regression	1.739662	Akaike info criterion	4.038645
Sum squared resid	387.3823	Schwarz criterion	4.330065
Log likelihood	-272.7438	F-statistic	12.23193
Durbin-Watson stat	0.201551	Prob(F-statistic)	0.000000

图 14.62

型进行改进。根据前面的分析可知，分布滞后模型可以用自回归模型来代替，因此我们估计如下自回归模型：

$$TBZS_t = \beta_1 + \beta_2 TBZS_{t-1} + \beta_3 M2Z_t + u_t$$

在 EViews 工作文档的方程设定窗口中输入“TBZS　C　TBZS（−1）M2Z”，估计结果如图 14.64 所示。

从上述回归结果可以看出，回归方程修正 R^2 很高，F 值很大，回归方程显著；另外，变量统计意义上显著。同时，我们也可计算德宾 h 统计量为

$$\begin{aligned} h &= \hat{\rho}\sqrt{\frac{n}{1-n\mathrm{Var}(\hat{\beta}_2)}} \\ &= 0.148058\sqrt{\frac{154}{1-154\times 0.016494^2}} \\ &= 1.877094 \end{aligned}$$

其中，$\hat{\rho}$ 为随机扰动项一阶自相关系数的估计量，结果如图 14.65 所示。

Dependent Variable: TBZS
Method: Least Squares
Date: 10/04/10 Time: 11:59
Sample (adjusted): 1997M08 2008M11
Included observations: 136 after adjustments

Variable	Coefficient	Std. Error	t-Statistic	Prob.
C	97.59653	0.286256	340.9415	0.0000
M2Z	-0.019520	0.077185	-0.252900	0.8008
M2Z(-1)	0.015064	0.077286	0.194914	0.8458
M2Z(-2)	-0.020539	0.079295	-0.259019	0.7961
M2Z(-3)	0.004309	0.079056	0.054506	0.9566
M2Z(-4)	0.001523	0.081215	0.018752	0.9851
M2Z(-5)	0.004786	0.082489	0.058023	0.9538
M2Z(-6)	-0.011763	0.081670	-0.144027	0.8857
M2Z(-7)	0.066961	0.078720	0.850616	0.3967
M2Z(-8)	0.091757	0.078392	1.170486	0.2442
M2Z(-9)	0.043119	0.078385	0.550086	0.5833
M2Z(-10)	0.036499	0.077371	0.471740	0.6380
M2Z(-11)	0.164543	0.087029	1.890669	0.0612
M2Z(-12)	0.214224	0.094830	2.259027	0.0257
M2Z(-13)	0.231705	0.094485	2.452283	0.0157
M2Z(-14)	0.212450	0.095659	2.220905	0.0283
M2Z(-15)	0.215432	0.097011	2.220687	0.0283
M2Z(-16)	0.172157	0.096130	1.790878	0.0759
M2Z(-17)	0.109469	0.096874	1.130015	0.2608
M2Z(-18)	0.114872	0.092097	1.247298	0.2148

R-squared	0.685178	Mean dependent var	101.5537
Adjusted R-squared	0.633612	S.D. dependent var	2.494614
S.E. of regression	1.509989	Akaike info criterion	3.797135
Sum squared resid	264.4877	Schwarz criterion	4.225466
Log likelihood	-238.2052	F-statistic	13.28748
Durbin-Watson stat	0.197989	Prob(F-statistic)	0.000000

图 14.63

Dependent Variable: TBZS
Method: Least Squares
Date: 10/04/10 Time: 12:06
Sample (adjusted): 1996M02 2008M11
Included observations: 154 after adjustments

Variable	Coefficient	Std. Error	t-Statistic	Prob.
C	4.446897	1.675727	2.653712	0.0088
TBZS(-1)	0.954894	0.016494	57.89323	0.0000
M2Z	0.045873	0.021161	2.167781	0.0317

R-squared	0.959262	Mean dependent var	102.1383
Adjusted R-squared	0.958722	S.D. dependent var	2.964169
S.E. of regression	0.602227	Akaike info criterion	1.842923
Sum squared resid	54.76426	Schwarz criterion	1.902085
Log likelihood	-138.9051	F-statistic	1777.806
Durbin-Watson stat	1.665627	Prob(F-statistic)	0.000000

图 14.64

Dependent Variable: E
Method: Least Squares
Date: 10/04/10 Time: 12:24
Sample (adjusted): 1996M03 2008M11
Included observations: 153 after adjustments

Variable	Coefficient	Std. Error	t-Statistic	Prob.
E(-1)	0.148058	0.082016	1.805244	0.0730

R-squared	0.020958	Mean dependent var	-0.003418
Adjusted R-squared	0.020958	S.D. dependent var	0.598732
S.E. of regression	0.592425	Akaike info criterion	1.797328
Sum squared resid	53.34697	Schwarz criterion	1.817135
Log likelihood	-136.4956	Durbin-Watson stat	1.957649

图 14.65

在 5%显著水平下，$|h|=1.877094<h_{0.05/2}=1.96$，因此接受原假设，说明上述自回归模型不存在一阶自相关。注意，此时不能用 DW 统计量结果来判断一阶自相关。

实验五 虚拟解释变量回归

一、实验目的

掌握虚拟解释变量回归模型的估计与应用，熟悉 EViews 的基本操作。

二、实验要求

应用教材第八章第 227 页案例作解释变量回归与分析。

三、实验原理

普通最小二乘法、虚拟变量设置原则、分段线性回归。

四、预备知识

最小二乘法估计的原理、t 检验、拟合优度检验、虚拟变量设置陷阱。

五、实验步骤

【案例】 虚拟解释变量回归。

改革开放以来，随着中国经济的发展，城乡居民的收入快速增长，同时城乡居民的储蓄存款也迅速增长。经济学界的一种观点认为，20 世纪 90 年代以后由于经济体制、住房、医疗、养老等社会保障体制的变化，居民的储蓄行为发生了明显改变。为了考查改革开放以来中国居民的储蓄存款与收入的关系是否已发生变化，以城乡居民人民币储蓄存款年底余额代表居民储蓄（Y），以国民总收入GNI代表城乡居民收入，分析居民收入对储蓄存款影响的数量关系。

1. 建立工作文件并录入数据（图 14.66）

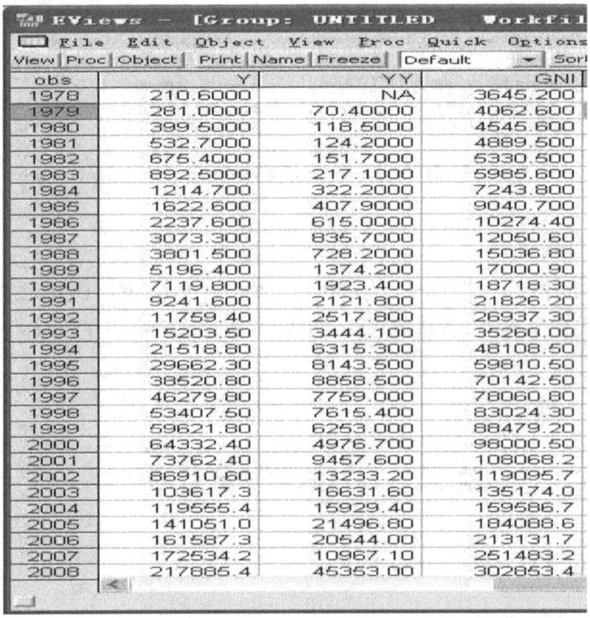

obs	Y	YY	GNI
1978	210.6000	NA	3645.200
1979	281.0000	70.40000	4062.600
1980	399.5000	118.5000	4545.600
1981	532.7000	124.2000	4889.500
1982	675.4000	151.7000	5330.500
1983	892.5000	217.1000	5985.600
1984	1214.700	322.2000	7243.800
1985	1622.600	407.9000	9040.700
1986	2237.600	615.0000	10274.40
1987	3073.300	835.7000	12050.60
1988	3801.500	728.2000	15036.80
1989	5196.400	1374.200	17000.90
1990	7119.800	1923.400	18718.30
1991	9241.600	2121.800	21826.20
1992	11759.40	2517.800	26937.30
1993	15203.50	3444.100	35260.00
1994	21518.80	6315.300	48108.50
1995	29662.30	8143.500	59810.50
1996	38520.80	8858.500	70142.50
1997	46279.80	7759.000	78060.80
1998	53407.50	7615.400	83024.30
1999	59621.80	6253.000	88479.20
2000	64332.40	4976.700	98000.50
2001	73762.40	9457.600	108068.2
2002	86910.60	13233.20	119095.7
2003	103617.3	16631.60	135174.0
2004	119555.4	15929.40	159586.7
2005	141051.0	21496.80	184088.6
2006	161587.3	20544.00	213131.7
2007	172534.2	10967.10	251483.2
2008	217885.4	45353.00	302853.4

图 14.66

2. 模型设定

为了研究1978～2008年期间城乡居民储蓄存款随收入的变化规律是否有变化，考证城乡居民储蓄存款、国民总收入随时间的变化情况，如图 14.67 所示。

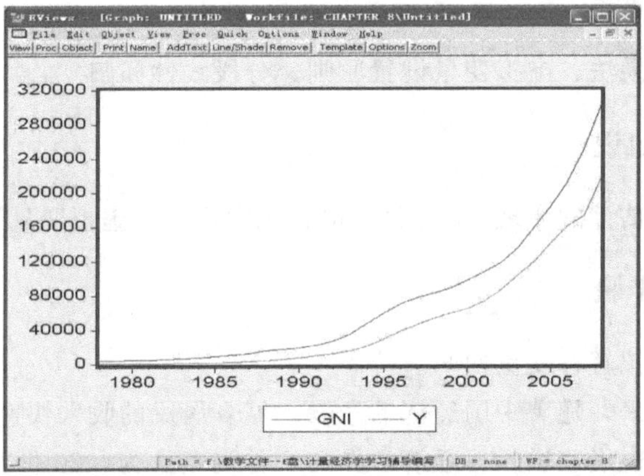

图 14.67

从图 14.67 中尚无法得到居民的储蓄行为发生明显改变的详尽信息。取居民储蓄的增量（YY），并作时序图（图 14.68）。

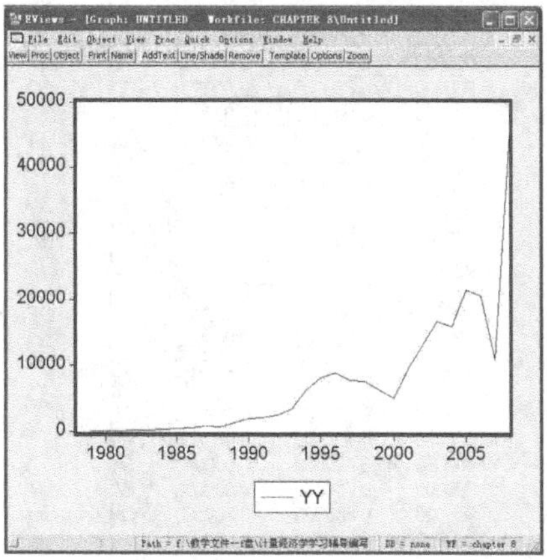

图 14.68

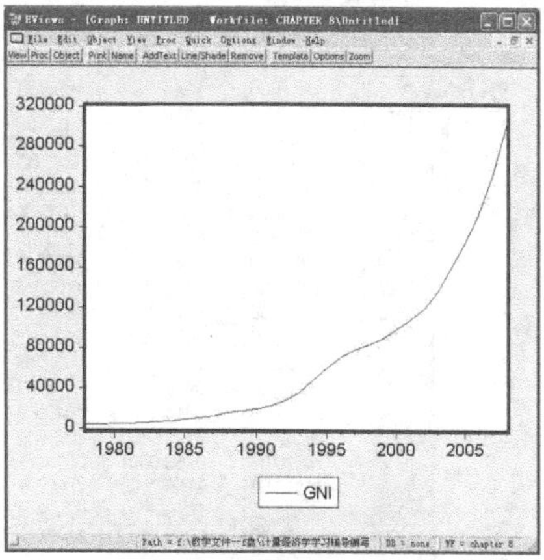

图 14.69

从图 14.68 可以看出，城乡居民的储蓄行为表现了明显的阶段特征：在 1996 年、2000 年、2005 年和 2007 年有四个明显的转折点。再从城乡居民储蓄存款增量与国民总收入之间关系的散布图看（图 14.69），也呈现出了相同的阶段性特征。

为了分析居民储蓄行为在 1996 年、2000 年、2005 年以及 2007 年等不同时期的数量关系，分别引入虚拟变量 D_1，D_2，D_3，D_4。$D_1 \sim D_4$ 的选择，是以 1996 年、2000 年、2005 年和 2007 年四个转折点作为依据，这四个年度所对应的 GNI 分别为 70142.5 亿元、9800.5 亿元、184088.6 亿元和 251483.2 亿元。据此，我们设定了如下以加法和乘法两种方式同时引入虚拟变量的模型：

$$\begin{aligned} YY_t = & \beta_1 + \beta_2 GNI_t + \beta_3 (GNI_t - 70142.5) D_{1t} + \beta_4 (GNI_t - 9800.5) D_{2t} \\ & + \beta_5 (GNI_t - 184088.6) D_{3t} + \beta_6 (GNI_t - 251483.2) D_{4t} + u_t \end{aligned} \quad (14.5)$$

其中

$$D_{1t} = \begin{cases} 1, & t = 1996 \text{ 年以后}, \\ 0, & t = 1996 \text{ 年及以前}, \end{cases} \quad D_{2t} = \begin{cases} 1, & t = 2000 \text{ 年以后}, \\ 0, & t = 2000 \text{ 年及以前}, \end{cases}$$

$$D_{3t} = \begin{cases} 1, & t = 2005 \text{ 年以后}, \\ 0, & t = 2005 \text{ 年及以前}, \end{cases} \quad D_{4t} = \begin{cases} 1, & t = 2007 \text{ 年以后} \\ 0, & t = 2007 \text{ 年及以前} \end{cases}$$

3. 估计与检验

此时虚拟变量的数据如图 14.70 所示。

对（14.5）式进行回归后，有图 14.71 的回归结果，其表达式为

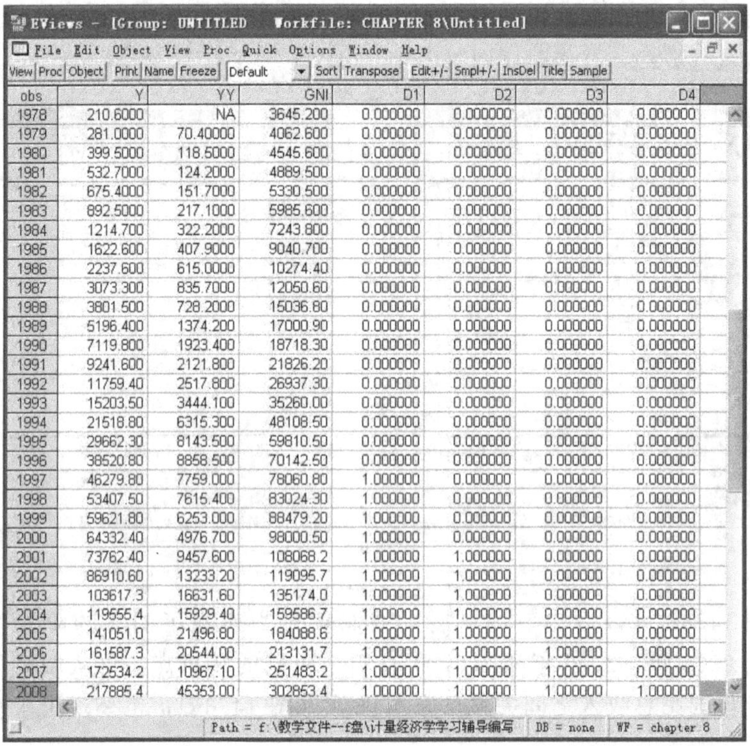
EViews - [Group: UNTITLED Workfile: CHAPTER 8\Untitled]

File Edit Object View Proc Quick Options Window Help

View Proc Object Print Name Freeze Default Sort Transpose Edit+/- Smpl+/- InsDel Title Sample

obs	Y	YY	GNI	D1	D2	D3	D4
1978	210.6000	NA	3645.200	0.000000	0.000000	0.000000	0.000000
1979	281.0000	70.40000	4062.600	0.000000	0.000000	0.000000	0.000000
1980	399.5000	118.5000	4545.600	0.000000	0.000000	0.000000	0.000000
1981	532.7000	124.2000	4889.500	0.000000	0.000000	0.000000	0.000000
1982	675.4000	151.7000	5330.500	0.000000	0.000000	0.000000	0.000000
1983	892.5000	217.1000	5985.600	0.000000	0.000000	0.000000	0.000000
1984	1214.700	322.2000	7243.800	0.000000	0.000000	0.000000	0.000000
1985	1622.600	407.9000	9040.700	0.000000	0.000000	0.000000	0.000000
1986	2237.600	615.0000	10274.40	0.000000	0.000000	0.000000	0.000000
1987	3073.300	835.7000	12050.60	0.000000	0.000000	0.000000	0.000000
1988	3801.500	728.2000	15036.80	0.000000	0.000000	0.000000	0.000000
1989	5196.400	1374.200	17000.90	0.000000	0.000000	0.000000	0.000000
1990	7119.800	1923.400	18718.30	0.000000	0.000000	0.000000	0.000000
1991	9241.600	2121.800	21826.20	0.000000	0.000000	0.000000	0.000000
1992	11759.40	2517.800	26937.30	0.000000	0.000000	0.000000	0.000000
1993	15203.50	3444.100	35260.00	0.000000	0.000000	0.000000	0.000000
1994	21518.80	6315.300	48108.50	0.000000	0.000000	0.000000	0.000000
1995	29662.30	8143.500	59810.50	0.000000	0.000000	0.000000	0.000000
1996	38520.80	8858.500	70142.50	0.000000	0.000000	0.000000	0.000000
1997	46279.80	7759.000	78060.80	1.000000	0.000000	0.000000	0.000000
1998	53407.50	7615.400	83024.30	1.000000	0.000000	0.000000	0.000000
1999	59621.80	6253.000	88479.20	1.000000	0.000000	0.000000	0.000000
2000	64332.40	4976.700	98000.50	1.000000	0.000000	0.000000	0.000000
2001	73762.40	9457.600	108068.2	1.000000	1.000000	0.000000	0.000000
2002	86910.60	13233.20	119095.7	1.000000	1.000000	0.000000	0.000000
2003	103617.3	16631.60	135174.0	1.000000	1.000000	0.000000	0.000000
2004	119555.4	15929.40	159586.7	1.000000	1.000000	0.000000	0.000000
2005	141051.0	21496.80	184088.6	1.000000	1.000000	0.000000	0.000000
2006	161587.3	20544.00	213131.7	1.000000	1.000000	1.000000	0.000000
2007	172534.2	10967.10	251483.2	1.000000	1.000000	1.000000	0.000000
2008	217885.4	45353.00	302853.4	1.000000	1.000000	1.000000	1.000000

Path = f:\教学文件--f盘\计量经济学学习辅导编写 DB = none WF = chapter 8

图 14.70

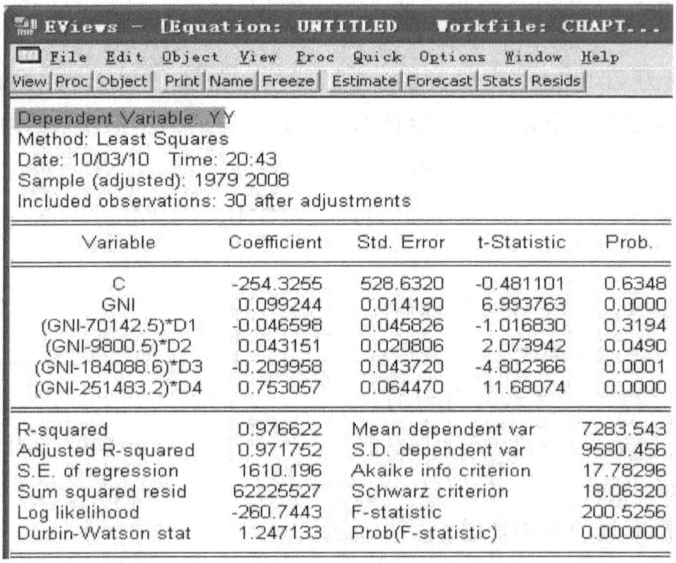
EViews - [Equation: UNTITLED Workfile: CHAPT...

File Edit Object View Proc Quick Options Window Help

View Proc Object Print Name Freeze Estimate Forecast Stats Resids

Dependent Variable: YY
Method: Least Squares
Date: 10/03/10 Time: 20:43
Sample (adjusted): 1979 2008
Included observations: 30 after adjustments

Variable	Coefficient	Std. Error	t-Statistic	Prob.
C	-254.3255	528.6320	-0.481101	0.6348
GNI	0.099244	0.014190	6.993763	0.0000
(GNI-70142.5)*D1	-0.046598	0.045826	-1.016830	0.3194
(GNI-9800.5)*D2	0.043151	0.020806	2.073942	0.0490
(GNI-184088.6)*D3	-0.209958	0.043720	-4.802366	0.0001
(GNI-251483.2)*D4	0.753057	0.064470	11.68074	0.0000

R-squared	0.976622	Mean dependent var	7283.543
Adjusted R-squared	0.971752	S.D. dependent var	9580.456
S.E. of regression	1610.196	Akaike info criterion	17.78296
Sum squared resid	62225527	Schwarz criterion	18.06320
Log likelihood	-260.7443	F-statistic	200.5256
Durbin-Watson stat	1.247133	Prob(F-statistic)	0.000000

图 14.71

$$\hat{YY} = -702.3164 + 0.1330\text{GNI}_t - 0.1909(\text{GNI}_t - 70142.5)D_{1t} + 0.2425(\text{GNI}_t - 9800.5)D_{2t}$$

$$\text{se} = (415.9368) \quad (0.0133) \quad (0.0489) \quad (0.0489)$$

$$t = (1.6885) \quad (10.0240) \quad (-3.9010) \quad (4.9627)$$

$$-0.3467(\text{GNI}_t - 184088.6)D_{3t} + 0.8118(\text{GNI}_t - 251483.2)D_{4t}$$

$$\text{se} = (0.0341) \quad (0.0495)$$

$$t = (-10.1536) \quad (16.3845)$$

由于各个系数的 t 检验均大于 2，表明各解释变量的系数显著地不等于 0，居民人民币储蓄存款年增加额的回归模型分别为

$$\text{YY}_t = \begin{cases} -702.3164 + 0.1330\text{GNI}_t + e_t, & t \leqslant 1996 \\ 12687.8869 - 0.0589\text{GNI}_t + e_t, & 1996 < t \leqslant 2000 \\ -24467.4376 + 0.3775\text{GNI}_t + e_t, & 2000 < t \leqslant 2005 \\ 63121.2012 - 0.2137\text{GNI}_t + e_t, & 2005 < t \leqslant 2007 \\ -204856.3782 + 0.9448\text{GNI}_t + e_t, & 2007 < t \end{cases}$$

4. 结果分析

以上结果表明五个时期居民储蓄增加额的回归方程在统计意义上确实是不相同的。1996 年以前收入每增加 1 亿元，居民储蓄存款的增加额为 0.1330 亿元；在 2007 年以后，则为 0.9448 亿元，已发生了很大变化。上述模型与城乡居民储蓄存款与国民总收入之间的散布图是吻合的，与当时中国的实际经济运行状况也是相符的。

需要指出的是，在上述建模过程中，主要是从教学的目的出发运用虚拟变量法则，没有考虑通货膨胀因素。而在实证分析中，储蓄函数还应当考虑通货膨胀因素。

实验六 时间序列平稳性检验和协整检验

一、实验目的

掌握时间序列的平稳性检验和两变量协整检验。

二、实验要求

应用教材第十章第 274 页案例作平稳性检验和协整检验并建立误差调整模型。

三、实验原理

ADF 单位根检验、EG 两步法协整检验。

四、预备知识

平稳性检验和协整检验，间接最小二乘和两阶段最小二乘。

五、实验步骤

1）建立 Workfile 和对象，录入人均可支配收入 SR 和生活费 ZC 支出数据（数据见教材第 274 页）如图 14.72 所示。

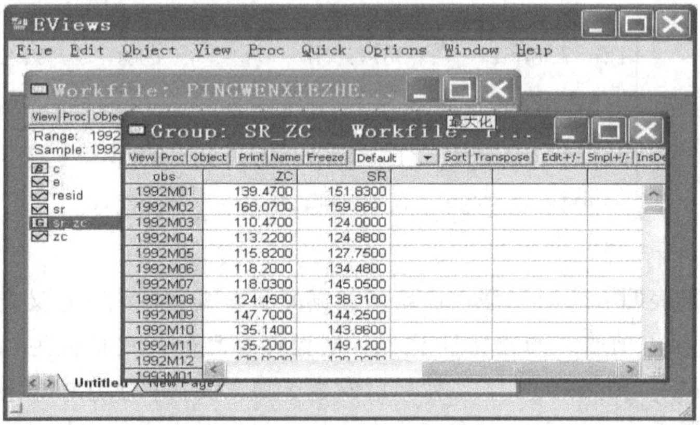

图 14.72

2）双击打开 SR 序列表格形式，点击表格左端 View \ Gragh \ Line，可以看出 SR 是有一定时间趋势的，而且有明显的季节波动，如图 14.73 所示。

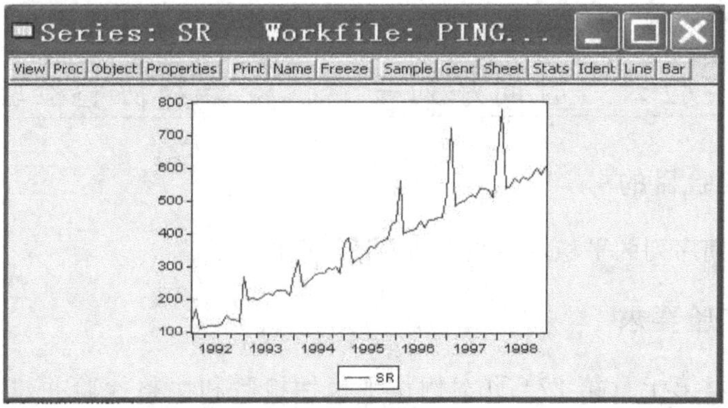

图 14.73

可见序列 SR 具有明显的趋势和季节波动，宜采用模型 3 或模型 2 检验。

3）点击序列 SR 表格上菜单命令：View \ Unit Root Test，出现对话框（图 14.74）。

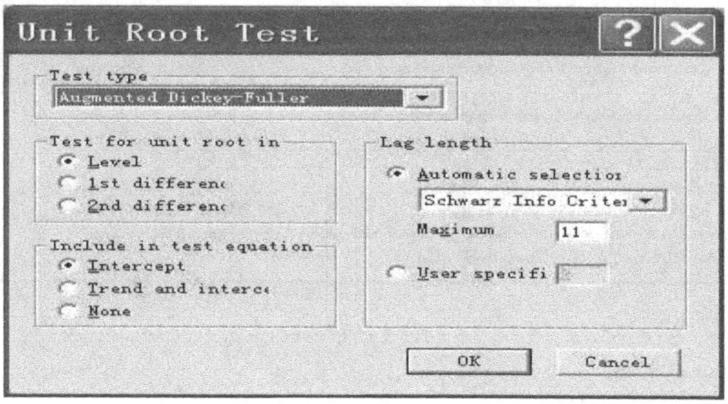

图 14.74

可从图 14.74 中看到，默认的检验方法为 ADF，默认检验水平数据（原始数据，后两者 1st、2nd 为 1 阶差分和二阶差分数据），默认的检验模式为模型 2。而右边在滞后阶数的选取上，默认采用 SIC 最小。

4）将检验模型改为模型 3，其余采用默认设定，点“OK”，出来结果如图 14.75 所示。

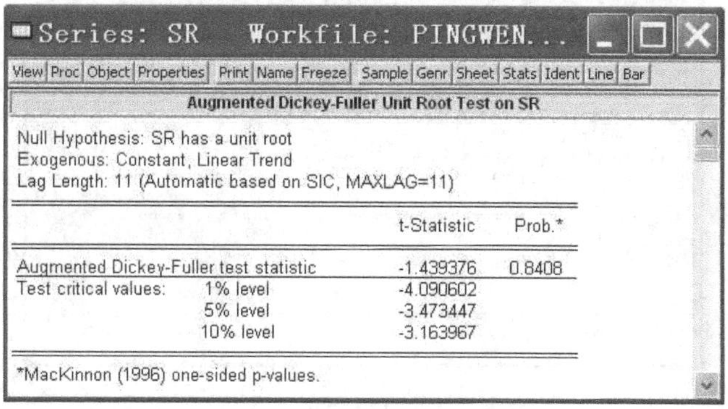

图 14.75

从结果可以判断序列 SR 有单位根。大家可以选择其他模式和滞后期来检验，以形成最终的判断。按同样办法，可以判断 ZC 序列有单位根。

检验序列 SR 一阶差分序列的平稳性：在图 14.74 所示对话框中选 1st diferent，检验模型为模型 2，点 OK，得图 14.76。

从结果中可见序列 SR 为一阶差分平稳的，故序列 SR 为一阶单整的。同样

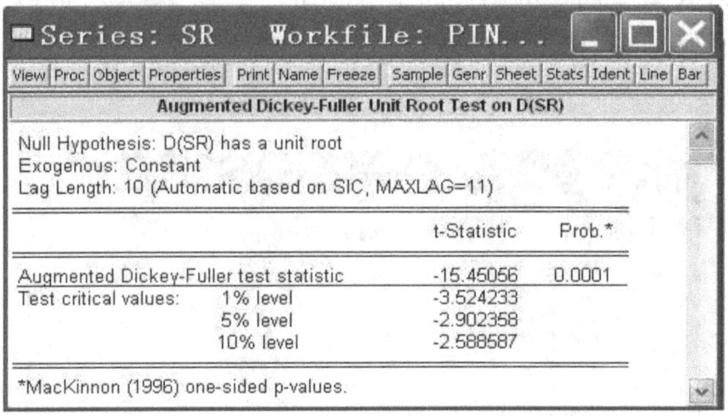

图 14.76

可以检验得到序列 ZC 亦为一阶单整的。

5）协整检验。作 ZC 对 SR 的回归“LS ZC C SR”，得到残差序列 resid。

用 Genr 命令生成新的序列 e：Genr e＝resid（以上命令输入命令栏来执行）。

对新序列 e 作单位根检验：双击序列 e，打开其表格形式，点 View \ Unit Root Test。在弹出的对话框中选择模型 1（None）作检验，结果如图 14.77 所示。

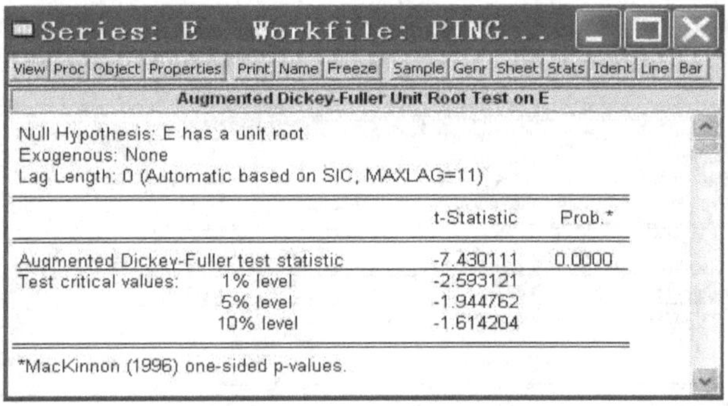

图 14.77

可见序列 e 无单位根，序列 SR 与 ZC 协整。

6）建立误差校正模型。用 Genr 命令生成序列 SR 和 ZC 的一阶差分序列数据。在命令栏中输入一下命令并回车：

Genr　DSR＝SR－SR（－1）

Genr　DZC＝ZC－ZC（－1）

得到序列 SR 和 ZC 的一阶差分序列数据。设定模型为

$$DZC_t = \alpha + \beta DSR_t + \gamma e_{t-1} + \varepsilon_t$$

在命令栏输入命令“LS DZC C DSR e（−1)”，回车，得到误差校正模型回归结果（图 14.78）。

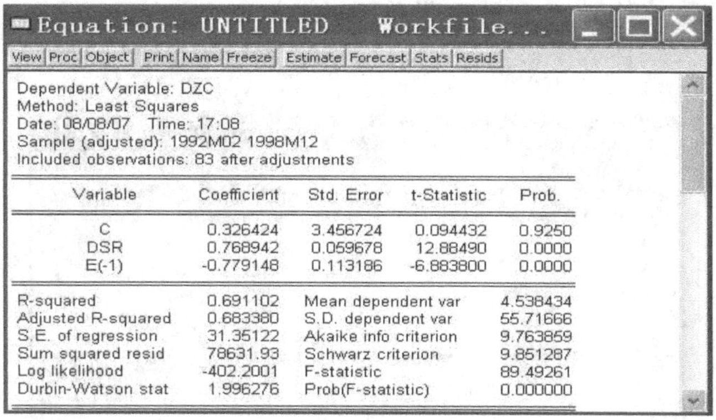

Dependent Variable: DZC
Method: Least Squares
Date: 08/08/07 Time: 17:08
Sample (adjusted): 1992M02 1998M12
Included observations: 83 after adjustments

Variable	Coefficient	Std. Error	t-Statistic	Prob.
C	0.326424	3.456724	0.094432	0.9250
DSR	0.768942	0.059678	12.88490	0.0000
E(-1)	-0.779148	0.113186	-6.883800	0.0000

R-squared	0.691102	Mean dependent var	4.538434
Adjusted R-squared	0.683380	S.D. dependent var	55.71666
S.E. of regression	31.35122	Akaike info criterion	9.763859
Sum squared resid	78631.93	Schwarz criterion	9.851287
Log likelihood	-402.2001	F-statistic	89.49261
Durbin-Watson stat	1.996276	Prob(F-statistic)	0.000000

图 14.78

实验七　联立方程组模型的估计

一、实验目的

掌握用 TSLS 估计联立方程组模型。

二、实验要求

用教材第十章第 306 页案例作联立方程组模型的估计。

三、实验原理

普通最小二乘、两阶段最小二乘。

四、预备知识

间接最小二乘和两阶段最小二乘。

五、实验步骤

1. 过度识别方程的 TSLS 估计

设定简单宏观经济模型为

$$\begin{cases} Y_t = C_t + I_t + G_t \\ C_t = \alpha_0 + \alpha_1 Y_t + \alpha_2 C_{t-1} + u_{1t} \\ I_t = \beta_0 + \beta_1 Y_t + \beta_2 I_{t-1} + u_{2t} \end{cases}$$

可以判断投资方程和消费方程均为过度识别方程，可使用 TSLS 方法估计。

对消费函数的估计：主界面菜单 Quick \ Estimate equation，弹出对话框 specification，在估计方法栏选择 TSLS，则得到如下界面（图 14.79）。

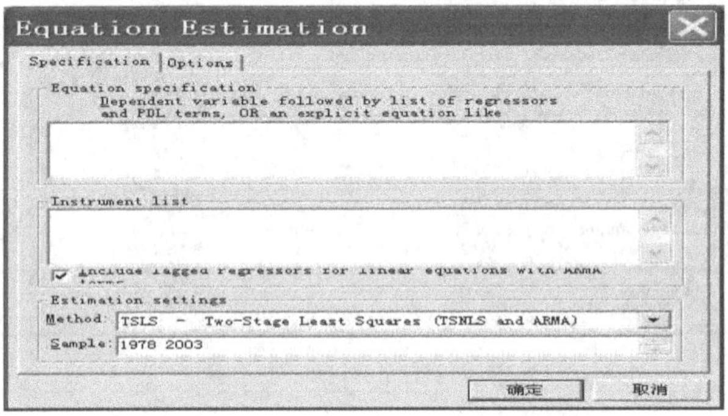

图 14.79

在第一个文本框中，输入回归方程（同 OLS）“COM C GDP COM（−1）”，在第二个文本框中输入前定变量（含 C）“C COM（−1） INV（−1） GOV”，点“确定”，得到回归结果（图 14.80）。

Equation: UNTITLED Wor...

View | Proc | Object | Print | Name | Freeze | Estimate | Forecast | Stats | Resids

Dependent Variable: COM
Method: Two-Stage Least Squares
Date: 08/09/07 Time: 21:35
Sample (adjusted): 1979 2003
Included observations: 25 after adjustments
Instrument list: C INV(-1) COM(-1) GOV

Variable	Coefficient	Std. Error	t-Statistic	Prob.
C	760.1016	241.0503	3.153291	0.0046
GDP	0.393229	0.051167	7.685133	0.0000
COM(-1)	0.342025	0.095291	3.589265	0.0016

R-squared	0.998760	Mean dependent var	24219.91
Adjusted R-squared	0.998647	S.D. dependent var	22011.34
S.E. of regression	809.5354	Sum squared resid	14417648
F-statistic	8856.594	Durbin-Watson stat	0.767087
Prob(F-statistic)	0.000000		

图 14.80

对于投资方程可以同样估计。①对投资函数的估计：主界面菜单 Quick \ Estimate equation，弹出对话框 specification，在估计方法栏选择 TSLS，则得到上面图 14.79 所示界面。②在第一个文本框中，输入回归方程“INV　C　GDP　INV（−1)”，在第二个文本框中同样输入前定变量（含 CZ）“C　COM（−1）　INV（−1）　GOV”，点“确定”，得到回归结果（图 14.81）。

Equation: UNTITLED　Workfile...

View | Proc | Object | Print | Name | Freeze | Estimate | Forecast | Stats | Resids

Dependent Variable: INV
Method: Two-Stage Least Squares
Date: 08/26/07　Time: 16:38
Sample (adjusted): 1979 2003
Included observations: 25 after adjustments
Instrument list: C　COM(-1)　INV(-1)　GOV

Variable	Coefficient	Std. Error	t-Statistic	Prob.
C	-542.5631	397.8729	-1.363659	0.1865
GDP	0.524589	0.122685	4.275913	0.0003
INV(-1)	-0.369164	0.348573	-1.059074	0.3011

R-squared	0.994537	Mean dependent var	15799.04
Adjusted R-squared	0.994040	S.D. dependent var	15119.00
S.E. of regression	1167.206	Sum squared resid	29972123
F-statistic	1999.299	Durbin-Watson stat	0.786536
Prob(F-statistic)	0.000000		

图 14.81

2. 用 OLS 直接对投资方程作估计，比较 TSLS 和 OLS 的结果

直接对投资方程作 OLS，结果如图 14.82 所示。

Equation: UNTITLED　Wor...

View | Proc | Object | Print | Name | Freeze | Estimate | Forecast | Stats | Resids

Dependent Variable: INV
Method: Least Squares
Date: 08/26/07　Time: 16:45
Sample (adjusted): 1979 2003
Included observations: 25 after adjustments

Variable	Coefficient	Std. Error	t-Statistic	Prob.
C	-573.9527	386.3471	-1.485588	0.1516
GDP	0.542975	0.109547	4.956571	0.0001
INV(-1)	-0.421337	0.311347	-1.353273	0.1897

R-squared	0.994544	Mean dependent var	15799.04
Adjusted R-squared	0.994048	S.D. dependent var	15119.00
S.E. of regression	1166.459	Akaike info criterion	17.07350
Sum squared resid	29933792	Schwarz criterion	17.21976
Log likelihood	-210.4187	F-statistic	2004.989
Durbin-Watson stat	0.793327	Prob(F-statistic)	0.000000

图 14.82

参 考 文 献

古扎拉蒂 D N. 2000. 计量经济学. 第三版. 林少宫译. 北京：中国人民大学出版社

古扎拉蒂 D N. 2005. 计量经济学. 第四版. 费剑平，孙春霞等译. 北京：中国人民大学出版社

拉玛纳山 R. 2003. 应用经济计量学. 薛菁睿译. 北京：机械工业出版社

李子奈. 2005. 计量经济学. 第二版. 北京：高等教育出版社

潘文卿，李子奈，高吉丽. 2005. 计量经济学习题集. 北京：高等教育出版社

庞皓. 2001. 计量经济学. 成都：西南财经大学出版社

庞皓. 2010. 计量经济学. 第二版. 北京：科学出版社

王维国. 2002. 计量经济学. 大连：东北财经大学出版社

伍德里奇 J M. 2003. 计量经济学导论：现代观点. 费剑平，林相森译. 北京：中国人民大学出版社

张晓峒. 2004. 计量经济学软件 EViews 使用指南. 第二版. 天津：南开大学出版社

张晓峒. 2009. 应用数量经济学. 北京：机械工业出版社

Wooldridge J M. 2005. Introductory Econometrics. 2nd ed. 费剑平改编. 北京：高等教育出版社